문화와 IT가 함께하는 출발 러시아어

홍기순, 최행규, 브리첸꼬바 엘레나(Бриченкова Е.С.)

선문대학교

문화와 IT가 함께하는 출발 러시아어

초판 인쇄: 2018. 2. 25
초판 발행: 2018. 2. 28
저 자: 홍기순(선문대학교), 최행규(경희대학교), 브리첸꼬바 엘레나(Бриченкова Е.С.) (경희대학교)

발행인: 황선조
발행처: 선문대학교 출판부
등록번호: 제9호
등록일: 1998. 9. 25
주소: (336-708) 충남 아산시 탕정면 선문로 221번길 70
전화: (041)530-2827, 팩스: (041)530-2979

판매가: 16,000원

ISBN 978-89-8423-832-9 03790

목 차

머리말

Добрó пожáловать! (환영합니다!)

출발 러시아어의 세계로 오신 여러분 반갑습니다.

러시아어가 어렵다는 소문을 들어서 배움을 주저했던 학생도 상관없습니다. 이제 기계가 척척 알아서 번역과 통역을 해 줄 세상에 무슨 언어 학습이냐고 회의에 찬 시선을 보낸 학생도 문제없습니다. 출발 러시아어 저자들은 이 모든 분들을 열렬히 환영합니다.

여러분이 알고 있는 사실과 달리 러시아어는 어렵지 않습니다. 여러분이 시간과 노력을 조금만 경주하면 단 몇 시간 만에 러시아어를 읽을 수 있습니다. 우리말처럼 어순, 단어 생략이 자유로워 몇 개의 단어만 알아도 바로 러시아인과 대화를 시작할 수 있습니다. 이 책의 각 과 앞부분에 나오는 일상생활에 필요한 대화문을 구사해 즉시 주변에 있는 러시아인들을 친구로 만들어 보십시오. 여러분의 손에 들려있는 스마트폰의 번역 기능 어플의 도움을 받는다면, 훨씬 더 쉽게 러시아 친구들과 흥미로운 대화를 나눌 수 있습니다. 러시아 친구들과의 즐거운 친교를 위해서 본 교재에서는 학습 준비, 본격 학습, 학습한 것의 응용을 위해 즉시 활용 가능한 다양한 어플리케이션, 프로그램, 웹사이트 등과 그 효과적 활용법을 상세히 소개하고 있습니다. 또한 러시아어 심화학습을 원하는 학생을 위해 중요한 문법사항을 개괄적으로 설명하고 있습니다. 컴퓨터와 스마트폰 등의 정보기술 활용을 통해서 더 쉽고 더 재미있게 러시아어를 학습할 수 있을 것이라 확신합니다. 그러나 가장 중요한 것은 원하는 정보를 언제 어디서든 편리하게 활용할 수 있는 오늘날에도 필요한 정보를 잘 찾을 수 있는 기본 지식이 요구되듯이 풍부한 러시아어 학습 및 활용 정보를 이용하기 위해서는 여러분의 러시아어에 대한 흥미와 기본적인 러시아어 지식이 어느 정도 필요합니다. 이 책은 여러분이 이 단계에 이르게 할 수 있도록 안내하는 역할을 하고자 합니다.

현지 여행을 위한 준비 혹은 어떤 특별한 목적을 가지고 중국어나 일본어를 공부하는 사람들이 많아졌다는 것은 고무적인 현상이라고 생각합니다. 왜냐하면 중국과 일본은 우리의 이웃이며, 어떤 형태로든 역사적으로 오랜 관계를 맺어온 이웃을 잘 아는 것은 매우 중요하다고 생각하기 때문입니다. 그렇다면 이런 동일한 대우를 러시아도 역시 받아야 한다고 생각합니다. 러시아도 역시 우리의 이웃이며 우리 나라의 근·현대사에 큰 영향을 미쳤고 앞으로도 그럴 것이기 때문입니다. 현재의 러시아는 새로운 도약의 시대를 맞이하고 있습니다. 러시아의 광활한 땅과 러시아인의 넓은 마음은 여러분의 지적 호기심과 미래의 꿈을 포용하고도 남음이 있습니다. 2018년 월드컵을 개최하고, 항공권 한 장만 들고 무비자로 60일 동안 여행할 수 있는 우리의 이웃 나라 중 한 곳인 러시아에서 그들이 사용하는 러시아어에 도전해 보십시오.

21세기를 정보화 및 창의적 융합시대라는 말과 함께 감성과 문화의 시대라고 부릅니다. 우리는 기계를 지혜롭게 잘 활용하되 인간의 삶에 더 소중한 감성과 문화의 부분을 발전시켜 나가는 것이 필요합니다. 외국어 학습과정에서 접하게 되는 풍부한 콘텐츠는 우리의 감성, 창의성, 문화적 이해를 증진시키는데 커다란 자극이 될 수 있습니다. 러시아어 공부는 학습의 직접 대상이 되는 다양한 지적, 감성적, 문화적 콘텐츠의 측면에서 볼 때 감성과 문화의 시대를 살아가는 데 필요한 최고의 생존 전략이라 할 수 있습니다.

최근 미국인과 영국인을 대상으로 실시한 여론조사에서 자신의 삶과 직무상의 성공을 위해 외국어 공부가 필요하다는 재미있는 결과가 발표 되었습니다. 외국어를 구사하는 사람은 매력적으로 보이고 직장에서도 성공할 가능성이 높으며 뇌 질환에 걸릴 확률도 낮다는 것입니다. 세계어인 영어의 종주국이자 문화적 자부심으로 가득한 영국인들은 사람을 가장 지적으로 보이게 하는 언어로 러시아어를 꼽았습니다. 지금 러시아어 공부를 시작하는 여러분은 이미 충분히 지적이고 매력적인 출발선에 서 있다는 사실을 꼭 기억하시기 바랍니다. 다양한 IT 기기의 활용을 통한 여러분의 재미있고 흥미로운 러시아어 학습을 기원합니다!

Фонети́ческий курс

Ру́сский алфави́т

인쇄체	필기체	명칭	쓰기연습
А а	*А а*	а	*А а*
Б б	*Б б*	бэ	*Б б*
В в	*В в*	вэ	*В в*
Г г	*Г г*	гэ	*Г г*
Д д	*Д д*	дэ	*Д д*
Е е	*Е е*	е	*Е е*
Ё ё	*Ё ё*	ё	*Ё ё*
Ж ж	*Ж ж*	жэ	*Ж ж*
З з	*З з*	зэ	*З з*
И и	*И и*	и	*И и*
Й й	*Й й*	И КРАТКОЕ	*Й й*
К к	*К к*	ка	*К к*
Л л	*Л л*	эль	*Л л*
М м	*М м*	эм	*М м*
Н н	*Н н*	эн	*Н н*
О о	*О о*	о	*О о*
П п	*П п*	пэ	*П п*
Р р	*Р р*	эр	*Р р*
С с	*С с*	эс	*С с*
Т т	*Т т*	тэ	*Т т*
У у	*У у*	у	*У у*
Ф ф	*Ф ф*	эф	*Ф ф*
Х х	*Х х*	ха	*Х х*
Ц ц	*Ц ц*	цэ	*Ц ц*
Ч ч	*Ч ч*	чэ	*Ч ч*
Ш ш	*Ш ш*	ша	*Ш ш*
Щ щ	*Щ щ*	ща	*Щ щ*
ъ	*ъ*	ТВЁРДЫЙ ЗНАК	*ъ*
ы	*ы*	ы	*ы*
ь	*ь*	МЯГКИЙ ЗНАК	*ь*
Э э	*Э э*	э	*Э э*
Ю ю	*Ю ю*	ю	*Ю ю*
Я я	*я*	я	*я*

발음과 문자 (Зву́ки и бу́квы)

1. 모음 (ГЛА́СНЫЕ)

1. Аа, Оо, Уу, Ээ, ы – 경모음

А а	**[а]**	а – а – а	*А а*
О о	**[о]**	о – о – о	*О о*
У у	**[у]**	у – у – у	*У у*
Э э	**[э]**	э – э – э	*Э э*
ы	**[ы]**	ы – ы – ы	*ы*

Аý! Аý! Уá – уá! Иá – иá!

2. Яя, Ёё, Юю, Ее, Ии – 연모음

Я я	**[йа]**	а – я – а – я	*Я я*
Ё ё	**[йо]**	о – ё – о – ё	*Ё ё*
Юю	**[йу]**	у – ю – у – ю	*Ю ю*
Е е	**[йэ]**	э – е – э – е	*Е е*
И и	**[и]**	и – и – и	*И и*

а – и – у – э, ю – о – е – я, ё – и – э – ы

경모음	**А**	**О**	**У**	**Э**	**Ы**
연모음	**Я**	**Ё**	**Ю**	**Е**	**И**

И **Ы** **У**	а – у – о	ао-оа
	о – а – у	уо-оу
Э **О**	у – э – а	аэ-эа
	э – а – о	иэ-эи
А	и – ы – у	и-ы
	ы – у – а	ы-и

2. 자음 (СОГЛА́СНЫЕ)

1. Бб, Пп

Бб [б] ба – бо – бу – бы *Б б* ______

ба́ба 시골 아주머니, *бана́н* 바나나

Пп [п] па – по – пу – пы *П п* ______

па́па 아빠, *пуп* 배꼽

Сравни́те! 비교해 보세요!

1) ба – бя, бо – бё	бу – бю, бэ – бе	па – пя, по – пё	пу – пю, пэ – пе
2) ба – па, бо – по	бу – пу, бы – пы	би – пи, бе – пе	бя – пя, бэ – пэ
3) бан – пан	бом – пом	бин – пин	бен – пен

2. Вв, Фф

В в [в] ва – во – ву – вы – ве *В в* ______

вы 당신(들), *Во́ва* 보바, *Ива́н* 이반

Фф [ф] фа – фо – фу – фы – фе *Ф ф* ______

фан – фон – фен

Сравни́те! 비교해 보세요!

1) ва – вя, во – вё	ву – вю, вэ – ве	фа – фя, фо – фё	фу – фю, фэ – фе
2) ва – фа, во – фо	ву – фу, вы – фы	ви – фи, ве – фе	ву – фу, вэ – фэ
3) ван – фан	вон – фон	вин – фин	вен – фен

3. Гг, Кк

Гг [г] га – го – гу – ги – ге *Г г* ______

кни́га 책, *га́мма* 감마/ 음계, *бума́га* 종이

Кк [к] ка – ко – ку – ки – ке *К к* ______

как 어떻게, *кто* 누구, *кино́* 영화, *банк* 은행

Сравни́те! 비교해 보세요!

1) га – ка, го – ко	гу – ку, ге – ке	ги – ки, гам – кам	гим – ким
2) гда – гдо – где	гак – как – гук	кок – как – кук	кта – кто – кты

4. Хх

Хх **[х]** ха – хо – ху – хи – хе *Х х*

хо́бби 취미, *Ах! Ох! Ух! Эх!*

Сравни́те! 비교해 보세요!

1) га – ка – ха	го – ко – хо	ги – ки – хи
2) гам – кам – хам	гум – кум – хум	гим – ким – хим

5. Дд, Тт

Дд **[д]** да – до – ду – ды – де *Д д*

да 네/그렇다, *дом* 집, *до́ма* 집에, *дым* 연기

Тт **[т]** та – то – ту – ты – те *Т т*

ты 너, *там* 저기, *тут* 여기, *нет* 아니다

Сравни́те! 비교해 보세요!

1) да – дя, до – дё	дэ – де	та – тя, то – тё	ту – тю, тэ – те
2) да – та, до – то	ду – ту, ды – ты	ди – ти, де – те	дум – тум

6. Зз, Сс

Зз **[з]** за – зо – зу – зы *З з*

зонт 우산, *зада́ние* 숙제/과제, *звук* 소리/음향, *зда́ние* 건물

Сс **[с]** са – со – су – сы *С с*

суп 수프, *сок* 주스, *сын* 아들, *нос* 코, *су́мка* 가방/핸드백

Сравни́те! 비교해 보세요!

1) за – са	зо – со	зу – су	зы – сы
2) зда – ста	здо – зду	ста – сто	сту – зду
3) зба – спа	зну – сну	зве – све	зме – сме
4) за – зя	зы – зи	са – ся, сы – си	со – сё, сэ – се
5) са – ся – вся	со – сё – всё	сэ – се – все	все – всё – вся

7. Лл, Рр

Лл **[л]** ла – ло – лу – лы – ле – ли *Л л* ____________

стол 책상, *стул* 의자, *лук* 파/양파, *луна́* 달, *ла́мпа* 램프

Рр **[р]** ра – ро – ру – ры – ре – ри *Р р* ____________

рис 쌀(밥), *ро́за* 장미, *ры́ба* 생선/물고기, *брат* 남자 형제, *приве́т* 안녕

Сравни́те! 비교해 보세요!

1) ла – ра, ло – ро	ли – ри, ле – ре	ля – ря, лы – ры	лё – рё, лу – лю
2) тря – тра – стра	тры – три – стри	дря – дра – здра	кля – вля – фля
3) мле – мла	влю – вла	плю – блю	блю – люблю́

8. Мм, Нн

Мм **[м]** ма – мо – му – мы *М м* ____________

Нн **[н]** на – но – ну – ны *Н н* ____________

мы 우리들, *но* 그러나, *он* 그 남자, *ма́ма* 엄마, *А́нна* 안나, *и́мя* 이름, *ня́ня* 유모

Сравни́те! 비교해 보세요!

1) ма – мя, мо – мё	му – мю, ме – мэ	на – ня, но – нё	ну – ню, не – нэ
2) мам – мям	нам – ням	ном – нём	ным – ним

9. Жж, Шш

Жж **[ж]** жа – жо – жу – же[жэ] – жи[жы] *Ж ж* ____________

жук 딱정벌레, *жар* 열기/무더위, *упражне́ние* 연습문제

Шш **[ш]** ша – шо – шу – ше[шэ] – ши[шы] *Ш ш* ____________

шок 쇼크/충격, *шум* 소음, *шко́ла* 학교, *маши́на* 자동차/기계

Сравни́те! 비교해 보세요!

1) ша – жа, шо – жо	шё[шо] – жё[жо]	ши[шы] – жи[жы]	ше[шэ] – же[жэ]
2) за – жа – са – ша	зу – жу – су – шу	со – шо	жо – зо
3) же[жэ] – зе	се – ше[шэ]	ши[шы] – жи[жы]	си – ши[шы]
4) збу – жбу	зду – жду	ска – шка	сыр – жир
5) сам – жар – шар	сук – жук – шут	джем – джон	джун – джин

10. Щ щ

Щщ [шш'] ща[шш'а] – щё – щу[шш'у] – ще – щи *Щ щ*

щи 양배추를 끓인 수프, *борщ* 고기 야채를 넣은 수프, *щётка* 솔/수세미

Сравни́те! 비교해 보세요!

1) ша – ща[шш'а] шу – щу[шш'у] ше[шэ] – ще ши[шы] – щи, шё[шо] – щё
2) сё – щё се – ще сю – щу[шш'у] си – щи, ся – ща[шш'а]
3) ша – ща [шш'а] си – ши[шы] ши[шы] – щи се – ше[шэ] – ще

11. Ц ц

Цц [ц] ца – цо – цу – це[цэ] – цы – ци[цы] *Ц ц*

цвет 꽃, *цирк* 서커스, *центр* 센터/중심지, *у́лица* 거리

12. Ч ч

Чч [ч] ча[чя] – чё – чу[чю] – че – чи *Ч ч*

час 시/시간, *мяч* 공, *ру́чка* 볼펜/손잡이, *по́чта* 우체국, *уче́бник* 교과서

Сравни́те! 비교해 보세요!

1) че – ще, чи – щи чё – щё ча[чя] – ща[шш'а] чу[чю] – щу[шш'у]
2) ти – чи, те – че тё – чё тя – ча[чя] тю – чу[чю]
3) са – ша – ча[чя] ша – ща[шш'а] си – ши[шы] – щи ще – ше[шэ] – се– че

13. Й й

й ай – ой – уй, ий – ый, ей – ёй *Й й*

май 5 월, *мой* 나의, *чай* 차(음료), *твой* 너의

14. ь

ь

семь 7, *ию́нь* 6 월, *чита́ть* 읽다, *письмо́* 편지, *семья́* 가족/가정

15. ъ

ъ

подъём 상승/오름, *съёмка* 제거/임차, *съе́сть* 먹다

발음 규칙 (Зако́ны языка́)

I. 모음 (Гла́сные)

자음만으로 구성된 일부 전치사나 소사 등을 제외하고 러시아어 모든 단어는 하나의 강세를 갖는다. 모음의 숫자를 기준으로 음절을 이루는데, 하나의 모음을 포함한 모든 러시아어 단어는 하나의 강세(ударе́ние)를 가지며, 그 강세는 모음 중 하나에 위치한다. 강세를 가진 모음은 본래의 음가대로 발음한다. 그러나 강세 없는 모음 а, я, о, е는 원래의 음가에 비해서 상대적으로 짧게 발음하거나, 또는 '모음 약화'가 발생하여 본래의 음가와 다른 소리로 발음되기도 한다.

1. 모음 약화

1) 모음 **а, о**의 약화

► 강세 없는 а, о는 단어의 맨 앞이나 강세 바로 앞·뒤 음절에 올 때 강세 없는 [а]처럼 발음된다.

А ⇒ [а]	арти́ст 배우	заво́д 공장	ка́ша 죽	кни́га 책
О ⇒ [а]	она́ 그녀	дома́ 집들	э́то 이것	молоко́ 우유
	они́ 그들	вода́ 물	фо́то 사진	оно́ 그것

► ч, щ뒤에서 강세 없는 а는 [и]처럼 발음된다.

О ⇒ [И]　　часы[-чи-]　　пло́щадь[-щи-]

2) 모음 **е, я**의 약화

► 강세 없는 е, я는 [и]처럼 발음된다.

Е ⇒ [И]	река́ 강	сестра́ 누이	метро́ 지하철	телефо́н 전화기
Я ⇒ [И]	язы́к 언어/혀	ме́сяц 달/월	япо́нец 일본인	мясно́й 육류의

3) 강세 없는 ЖЕ, ШЕ, ЦЕ는 [жы], [шы], [цы]로 발음된다.

ЖЕ[жэ] ⇒ [жы]	жена́ 아내/부인	инжене́р 엔지니어/기사
ШЕ[шэ] ⇒ [шы]	шесто́й 제6의	шепта́ть 속삭이다
ЦЕ[цэ] ⇒ [цы]	цена́ 가격	цепо́чка 사슬/목걸이

II. 자음 (Согла́сные)

러시아어에서 자음 발음의 변화 현상은 주로 자음 동화의 형태로 일어난다. 자음 동화란 두 개 이상의 자음이 연이어 발음될 때, 유·무성 대응 관계에 있는 자음으로 변화되어 발음되는 현상을 말하며, 이는 뒤에 오는 자음의 영향으로 앞의 자음이 변화하는 역행동화 형태로 나타난다.

1. 유·무성 자음 동화

러시아어 자음은 발음할 때 성대의 떨림의 유무에 따라 유성자음과 무성자음으로 구분된다. 자음들 가운데 일부 자음은 유·무성 쌍을 이루고 있는데, 유·무성 자음동화는 이러한 쌍을 이루는 자음들 사이에서 일어난다.

유성자음	б	в	г	д	ж	з	й	л	м	н	р				
무성자음	п	ф	к	т	ш	с						х	ц	ч	щ

※ 쌍이 없는 유·무성 자음은 쌍이 없기 때문에 다른 부류의 자음을 동화시키지는 않는다. 다만 쌍이 없는 무성 자음의 경우 자신들의 앞에 있는 유성자음을 무성음화 시킬 수는 있다.

2. 자음의 무성음화

1) 어말 무성음화 – 단어 끝에 위치한 유성 자음은 대응하는 무성자음으로 발음된다.

б → п　зуб 이/치아　хлеб 빵/곡물　клуб 클럽
в → ф　о́стров 섬　лев 사자　це́рковь 교회
г → к　снег 눈　диало́г 대화　друг 친구
д → т　год 해/년　сад 정원　тетра́дь 공책/노트
ж → ш　нож 칼　паде́ж 격　ёж 고슴도치
з → с　глаз 눈/안구　расска́з 단편소설　связь 연결/연계

2) 단어 내 무성음화 – 뒤에 오는 무성자음이 앞의 유성자음을 무성음화시킨다.

оши́бка 잘못/실수　ло́дка 보트/작은 배　ска́зка 이야기/동화
за́втра 내일　ло́жка 숟가락　сосе́дка 이웃 여자

3) 단어의 맨 앞이나 두 단어의 접합에서 무성자음 앞의 유성자음은 무성음화된다.

вто́рник 화요일　вку́сный 맛있는　из Коре́и 한국에서
второ́й 제2의　над столо́м 책상 위에　в среду́ 수요일에

3. 자음의 유성음화

1) 단어 맨 앞의 무성자음은 바로 뒤에 오는 유성자음의 영향을 받아 유성음화 된다.

сбор 수집/징수　　сде́лать 행하다/만들다　　сда́ча 거스름돈/잔돈

2) 단어 내부에서 뒤에 오는 유성자음이 앞의 무성자음을 유성음화 시킨다.

про́сьба 부탁/요청　　бейсбо́л 야구　　бейсболи́ст 야구선수
косьба́ (풀/곡초)베기　　футбо́л 축구　　футболи́ст 축구선수

3) 두 단어의 접합에서 유성자음 앞의 무성자음은 유성음화 된다.

к дру́гу 친구에게　　Как дела́? 어떻게 지내세요?
с дру́гом 친구와 함께　　с Ди́мой 디마와 함께

※ 자음이 연이어 나올 때의 발음

дс, тс ⇒ **ц**	городско́й	도시의	де́тский	아이들의
тся, ться ⇒ **ца**	у́чится	배우다	занима́ться	공부하다
чт ⇒ **шт**	что	무엇	что́бы	~하기 위해
сч, зч ⇒ **щ**	сча́стье	행복	счита́ть	~라고 여기다

III. 정자법 규칙

정자법 규칙은 명사나 형용사의 복수형 형성이나 격변화 할 때, 그리고 동사의 현재시제 인칭 변화 시에 몇몇 자음과 모음의 조음점 충돌에 따라 두 철자의 발음을 쉽게 하기 위해서 원래의 모음 대신에 대응하는 모음을 사용하는 규칙이다.

г, к, х + ы ⇒ и	► 자음 Г, К, Х는 모음 Ы 대신 И로 교체한다.
ж, ш, ч, щ + ы ⇒ и, ю ⇒ у, я ⇒ а	► 자음 Ж, Ч, Ш, Щ는 모음 Ы, Ю, Я 대신 И, У, А를 쓴다. ► 자음 Ц 뒤에는 모음 Ю, Я 대신에 У, А를 쓴다.
ц + ю ⇒ у, я ⇒ а	► Г, К, Х 및 Ц 뒤에는 모음 Ё와 Ь를 쓰지 못한다.

※ 외국의 지명이나 인명을 표기할 때는 이 규칙은 적용되지 않는다.

억양 (Итонáция)

ИК 1

Э́то А́нна. 이 분은 안나입니다.
Э́то Антóн. 이 분은 안톤입니다.

Мáма тут. 엄마는 여기에 계십니다.
Пáпа там. 아빠는 저기에 계십니다.

ИК 2

Кто э́то? 이 분은 누구입니까?
Что э́то? 이것은 무엇입니까?

Где А́нна? 안나는 어디에 있습니까?
Где Антóн? 안톤은 어디에 있습니까?

Сравни́те! 비교해 보세요!

Кто э́то? 이 분은 누구입니까?
Кто э́то? 이 분은 누구입니까?
Кто там? 저기에 누가 있습니까?
Кто тут? 여기에 누가 있습니까?
Что э́то? 이것은 무엇입니까?

Э́то пáпа. 이 분은 아빠입니다.
Э́то мáма. 이 분은 엄마입니다.
Там пáпа. 저기에 아빠가 있습니다.
Тут мáма. 여기에 엄마가 있습니다.
Э́то дом. 이것은 집입니다.

ИК 3

Э́то А́нна? 이 분이 안나입니까?
Э́то Антóн? 이 분이 안톤입니까?

Мáма тут? 엄마는 여기에 있습니까?
Пáпа там? 아빠는 저기에 있습니까?

Сравни́те! 비교해 보세요!

Э́то пáпа? 이 분이 아빠입니까?
Э́то дом? 이것은 집입니까?
Э́то фóто? 이것은 사진입니까?
Э́то шкóла? 이것은 학교입니까?
Мáма там? 엄마는 저기 있습니까?

Да, э́то пáпа. 예, 이 분이 아빠입니다.
Да, э́то дом. 예, 이것은 집입니다.
Да, э́то фóто. 예, 이것은 사진입니다.
Да, э́то шкóла. 예, 이것은 학교입니다.
Да, мáма там. 예, 엄마는 저기 있습니다.

ИК 4

А ты? 그럼 너는(/당신은요)?
А вы? 그럼 당신은요(/너는)?

А он? 그럼 그 남자는?
А онá? 그럼 그 여자는?

강세 도식 (Схе́мы ударе́ния)

–́ –	– –́	–́ – –	– –́ –	– – –́
а́дрес	арбу́з	ба́бушка	авто́бус	аппети́т
а́втор	биле́т	де́вушка	берёза	баскетбо́л
бу́ква	буфе́т	де́душка	бума́га	медсестра́
ве́чер	весна́	зе́ркало	газе́та	молоко́
ви́лка	вода́	ко́мната	Коре́я	рестора́н
вре́мя	вопро́с	ра́дио	хара́ктер	телефо́н
пи́во	кино́	ро́дина	экза́мен	шокола́д

수업시간에 자주 사용하는 어휘들

Преподава́тель	Студе́нт
Вопро́сы есть? 질문 있어요? Говори́те! 말해 보세요! дома́шнее зада́ние 숙제 Жела́ющие есть? 희망자 있어요! Запо́мните! 기억해 두세요! Обрати́те внима́ние! 주목해 주세요! Пиши́те! 써 보세요! Повтори́те ещё раз! 한 번 더 반복하세요! Повторя́йте! 따라 해 보세요! Подними́те ру́ку! 손을 드세요! Понима́ете? 이해가 되나요? Расскажи́те! 이야기해 보세요! Слу́шайте! 들어 보세요! Сравни́те! 비교해 보세요! Чита́йте! 읽어 보세요!	Како́е дома́шнее зада́ние? 숙제가 무엇이에요? Мо́жно войти́? 들어가도 되나요? Мо́жно вы́йти? 나가도 되나요? Мо́жно спроси́ть? 질문해도 되나요? Повтори́те ещё раз, пожа́луйста! 한 번 더 반복해 주세요! Я не зна́ю. 저는 모르겠어요. Я не понима́ю. 저는 이해가 안 돼요. Я не слы́шу. 제가 못 들었어요.

КУЛЬТУ́РА 러시아어의 기원과 발달

동슬라브인들이 문자를 처음 갖게 되는 시기는 그들이 기독교를 수용한 988년 무렵이다. 이 시기의 최초 문자는 교회슬라브어가 불가리아어화된 형태의 '글라골 문자(глаго́лица)' 라고 불리었는데, 이 문자는 당시 불가리아의 시메온 황제 (893-927)에 의해 비잔틴 문학을 동슬라브인들에게 소개·전파 하기 위해 널리 보급한 결과에 따라 이웃국가인 루시(русь)에도 보급되었다. '글라골 문자'는 원래 모라비아(현 슬로바키아)인들에게 복음서와 성서를 읽히고 전파하기 위한 목적으로 만들어졌다. 당시 동슬라브인들은 비잔틴 제국을 비롯한 이웃 국가들과도 교류하고 있었다. 따라서 루시인들은 정교 수용 이전에 그리스 성직자 콘스탄틴(Константи́н, 827-869)과 그의 형 메포지 (Мефо́дий, 815-885)가 그리스어를 모태로 9세기 중엽에 만든 최초의 슬라브 문자인 글라골 문자 체계를 어느 정도 알고 있었다. 869년 콘스탄틴이 사망하자, 로마 교회는 그에게 키릴(Кири́лл) 이라는 성자 명을 부여하였다. 그 후 10세기경에 키릴과 메포지의 제자들이 슬라브인들을 위해서 만든 문자가 키릴문자(кири́ллица)인데, 이 문자는 '교회슬라브어'라고 불리면서 당시에 성직자와 상류층들에 의해 주로 사용되었다.

11세기부터 17세기 후반까지는 교회 슬라브어가 중세 러시아 문학어의 역할을 수행하였다. 18세기 초 표트르 대제(Пётр Вели́кий, 1672-1725)가 서구화 정책과 함께 '교회슬라브어' 중심에서 '고대 러시아어' 기반의 문자 개혁을 단행하여 불필요한 교회슬라브어 문자들의 일부를 폐기하고, 문자에 보편성을 부여함으로써 상용어의 발달을 이끌었다. 표트르 대제는 교회용 도서 외에는 모든 출판물을 새로 재정된 알파벳 자모와 간편한 철자법에 맞춰 인쇄하도록 명령했다. 18세기 중반에 러시아 학술원의 주도로 다시 한 번 더 문자 개혁이 실행되었는데, 이 두 차례의 문자개혁을 통해서 현재 사용하는 러시아어의 근간 체계를 갖추게 되었다. 19세기에 활동한 위대한 시인 푸시킨은 자신의 산문과 운문 작품을 통해 현대 러시아 문학어의 규범을 확립함으로써 러시아어 발전에 공헌하였다. 소비에트 사회주의 혁명을 성공시킨 볼셰비키 정권은 1918년 소 연방 정부 주도하에 고대 러시아어에서 사용하던 철자 중의 일부를 폐기하고, 일부를 단순화한 철자법 개정을 실행하였고, 마침내 현재 사용하는 33개의 철자, 모음 10개, 자음 21개, 2개의 무음가 부호로 통일된 문자 체계를 완성하였다. 러시아어는 인도·유럽어족의 슬라브어군에 속하며, 우크라이나어, 벨라루스어와 함께 동슬라브어군을 형성하고 있다. 러시아어와 같은 키릴문자의 표기 방식을 사용하는 언어로는 우크라이나와 벨라루스어 등을 포함하여 80여개 언어에서 사용하고 있다. 러시아어는 러시아 이외에도 우크라이나, 벨라루스, 카자흐스탄, 우즈베키스탄, 투르크메니스탄 등을 포함한 독립국가연합(СНГ)의 11개 국가에서 제 2공용어로 사용되고 있다. 러시아어는 세계 주요한 언어 중의 하나로 유엔(UN)에서 공용어로 사용하는 6개 언어에 포함되며, 언어별 사용 순위는 9위를 차지하고 있다.

Уро́к 1

Здра́вствуйте! Приве́т!

안녕하세요! 안녕!

Здра́вствуйте!	안녕하세요!
Как у вас дела́?	어떻게 지내세요?
Спаси́бо! Хорошо́.	감사합니다! 잘 지냅니다.

Фóрмы привéтствия　인사말의 형태

1. 만났을 때

안녕하세요!	안녕!
Здрáвствуйте!	Здрáвствуй! Привéт!

2. 시간에 따른 인사

아침 인사	점심 인사	저녁 인사
Дóброе ýтро!	Дóбрый день!	Дóбрый вéчер!

※ 영어의 'good'에 해당하는 러시아어 형용사 дóбрый(-ая, -ое, -ые)는 뒤에 오는 명사의 성에 따라 어미 형태가 달라진다. 형용사는 명사가 남성일 경우 дóбрый, 중성일 경우 дóброе가 수식한다. 따라서 시간에 따른 인사에서 동일한 의미의 형용사가 어미가 다른 형태를 취하고 있다.

3. 헤어질 때

안녕히 가세요(/계세요)! 또 만나요!	잘 가(/있어)! 있다 봐!
До свидáния!	Покá!

4. 감사를 표현하기

(매우) 감사합니다.	(Большóе) Спасѝбо.

5. 안부 묻고 대답하기

어떻게 지내세요?	어떻게 지내니?
Как у вас делá?	Как делá? Как у тебя́ делá?

먼저 «спасѝбо»라고 감사를 표한 후 상황에 따라 다양하게 대답한다.

Óчень плóхо!

Плóхо!

Нормáльно!

Хорошó!

Óчень хорошó!

ДИАЛО́Г 대화

1. 대화를 읽으세요.

1.

- Ни́на, приве́т!
- Приве́т, А́нна!
- Как дела́?
- Спаси́бо. О́чень хорошо́!

2.

- Анто́н, приве́т!
- Здра́вствуй, Ди́ма!
- Как у тебя́ дела́?
- Спаси́бо. Хорошо́.

3.

- Здра́вствуйте!
- До́брый день!
- Как у вас дела́?
- Спаси́бо. Хорошо́.

4.

- До́брое у́тро!
- Здра́вствуйте!
- Как у вас дела́?
- Спаси́бо. О́чень хорошо́!

5.

- До свида́ния, Ири́на Петро́вна!
- До свида́ния, Та́ня!

6.

- До свида́ния, Анто́н!
- Пока́, А́нна!

ТЕКСТ 본문

1. 본문을 읽으세요.

Здрáвствуйте!

Я Игорь Антóнович.

Я профéссор.

Дóбрый день! Я Ивáн. Я студéнт.

Здрáвствуйте! Я Нúна.

Я студéнтка.

1. Дóбрый день!

   Я студéнтка.

   Я Натáша.

2. Здрáвствуйте!

   Я Антóн.

   Я студéнт.

Запóмните!!!

Здрáвствуйте!(안녕하세요!)는 윗사람에게 격식을 갖추어서 하는 인사말이다. *Привéт!*(안녕!)은 친구나 아랫사람에게 가볍게 건네는 인사이다. 친구나 가까운 지인들 사이에는 *Привéт*과 *Здрáвствуй*를 사용할 수 있으며, 이 인사말은 시간에 상관없이 아무 때나 사용할 수 있다.

СЛОВÁРЬ 어휘

герóй	영웅, 주인공
день (남)	낮
здáние	건물
Здрáвствуйте!	안녕하세요!
Как у вас делá?	어떻게 지내세요?
молокó	우유
мóре	바다
музéй	박물관
óпера	오페라
Покá!	안녕(헤어질 때)! 잘 가!
Привéт!	안녕!
профéссор	교수
семья́	가족
сестрá	언니, 여동생, 누나
Спаси́бо!	감사합니다! 고마워!
студéнт	남자 대학생
студéнтка	여자 대학생
сын	아들
телефóн	전화, 전화기
у́тро	아침
учи́тель (남)	남사 선생님
Я преподавáтель.	나는 대학교수이다.
Я профéссор.	나는 교수이다.
Я студéнт.	나는 남자 대학생이다.
Я студéнтка.	나는 여자 대학생이다.

ГРАММА́ТИКА 문법

1. 명사의 성

러시아어 명사는 다른 유럽어와는 다르게 남성, 여성, 중성이라는 3가지의 성이 있는데, 각각의 명사의 성은 단수 주격형 어미의 철자에 의해 구분된다. 보통 사람의 성은 자연의 성과 일치하고, 사물의 성은 그 명사의 어미에 의해서 결정된다.

성	어미/ 끝 자음	예
남성	자음(ø)	телефóн, сын
	-й	музéй, герóй
	-ь	день, учи́тель
여성	-а	óпера, сестрá
	-я	семья́, фами́лия
	-ь	ночь, дочь
중성	-о	ýтро, молокó
	-е	мóре, здáние
	-мя	и́мя, врéмя

※ 연음부호 -ь로 끝나는 명사는 남성 또는 여성 명사이다. 이것을 간단하게 구분하는 방법은 없지만, 일반적으로 자음(ж, ч, ш, щ) 다음에 -ь이 오면 여성명사이다.

남성: день 낮 рубль 루블 дождь 비 гость 손님 словáрь 사전, 어휘

여성: дочь 딸 ночь 밤 вещь 물건 мать 어머니 плóщадь 광장

※ 일부 남성명사는 여성명사처럼 -а, -я로 끝나는 어미를 가지고 있다.

пáпа 아빠 дéдушка 할아버지 дя́дя 아저씨 ю́ноша 청년 мужчи́на 남성

※ -мя로 끝나는 명사는 중성명사이다. 이러한 형태의 중성명사는 총 10개가 있다.

врéмя 시간 и́мя 이름 знáмя깃발

УПРАЖНЕ́НИЯ 연습문제

1. 자신의 생각에 따라 대화를 완성하세요.

1.
- Приве́т, ...!
- ...., Ива́н! .... дела́?
- ....! Спаси́бо.
- Пока́!

2.
- ...., А́нна!
- Приве́т, ...!
- Как ....?
- .... хорошо́. Спаси́бо!

3.
- Здра́вствуйте, ...!
- До́брое ...., Анто́н!
- Как ....?
- ....! Хорошо́.

4.
- ...., приве́т!
- До́брый ...., Ви́ктор!
- Как дела́, ...?
- Спаси́бо, о́чень ....

2. 사진을 사용해서 이야기를 완성하세요.

А́нна Ива́новна
профе́ссор

Ви́ктор
студе́нт

Ни́на
студе́нтка

Здра́вствуйте! Я .... *Я* ....

Приве́т! Я .... *Я* ....

Приве́т! Я .... *Я* ....

3. 주어진 단어의 성을 구분하여 아래 칸에 필기체로 써 보세요.

Словá: центр, плóщадь, автóбус, задáние, банк, бúзнес, анкéта, балéт, вúза, дóктор, мáма, клуб, кинó, истóрия, класс, компью́тер, парк, минýта, поэ́т, проблéма, мýзыка, пáспорт, вóдка, дéдушка, дéвушка, пáпа, дя́дя, тётя, врéмя, здáние, музéй, учúтель, семья́, герóй, ýтро, сестрá, мóре, лéто, óпера, рекá, бáбушка, дочь, сын, брат, фамúлия, день, ночь, слóво, бýква, друг, подрýга, знáмя, úмя, мéсто, мать, отéц, фóто, водá, сóлнце, пéсня

он (23 개)	**онá** (24 개)	**онó** (13 개)
дом	*ýлица*	*метрó*

КУЛЬТУ́РА 인사 예절

러시아인과 처음 만나 인사를 하면서 한국에서처럼 허리를 구부려 인사를 하고 러시아어로 안부를 전한다면, 이런 인사에 익숙하지 않은 러시아인은 당황(?)해 하면서 조금은 어색한 분위기를 연출할 수 있다. 러시아에서 인사 방법은 여러 가지 형태가 있다. 남자들의 경우 거리가 조금 떨어진 상태에서는 서로 팔을 들어 제스처를 하면서 말로 인사를 건네고, 가까이 다가가서 악수를 하며 안부를 묻는 것이 일반적인 인사이다. 나이나 신분의 차이에 상관없이 악수를 할 때는 서로의 눈을 마주보면서 인사말이나 안부를 물어야 한다. 또한 악수를 할 때 반드시 지켜야 하는 에티켓은 어떠한 형태의 문이든 문턱을 사이에 두고 악수를 해서는 안 된다. 가족이나 친한 사이끼리는 친밀한 감정을 표시하는 의미로 서로 볼을 맞대면서 인사하는 경우도 있다. 남성이 모자를 쓰고 있는 경우 모자를 살짝 들어 예의를 표시해야 한다. 여자들끼리 인사하는 경우 가볍게 목례를 하거나 서로 볼을 대며 인사하며 안부를 묻는다. 남녀 사이에도 악수를 하며 인사할 수 있는데, 이 경우는 여성이 먼저 손을 내밀 때 가능하다. 또한 악수를 하며 인사하는 경우, 연장자가 먼저 손을 내밀어야 하고, 상사가 부하에게 먼저 악수를 청하는 것이 에티켓이다. 러시아 영화에서 자주 볼 수 있는 사교계 모임이나 무도회 장면에서 하는 남녀의 인사 방법으로 남성이 허리를 굽히고 여성의 손에 살짝 입맞춤을 하는 인사를 지금도 종종 하는 경우가 있는데, 이 역시 여성이 먼저 손을 내민 경우에 가능하다.

ИНФОРМÁТИКА　IT 활용

데스크톱 컴퓨터에서 러시아어 입력 방법 설정

학생들이 가장 많이 사용하는 윈도우 OS가 깔린 데스크톱에서 러시아어 입력을 설정하는 방법에 대해 알아보도록 하자. 이미 다른 외국어를 사용해 인터넷이나 문서를 작성한 경험이 있는 학생들은 쉽게 영어를 제외한 외국어 글자판을 설치해 보았을 것이다. 러시아어 글자판을 설치하는 요령도 이와 동일하다.

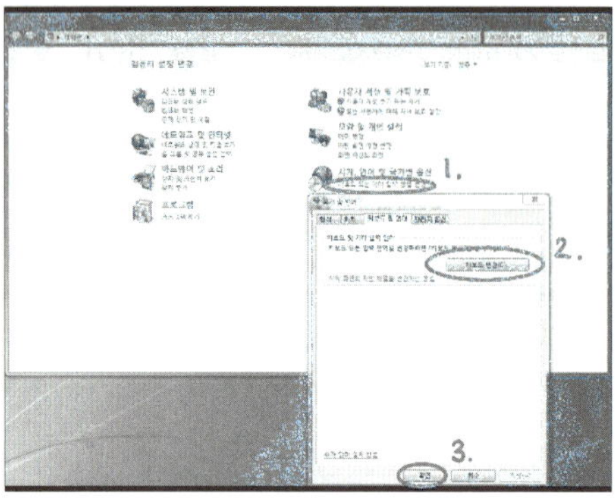

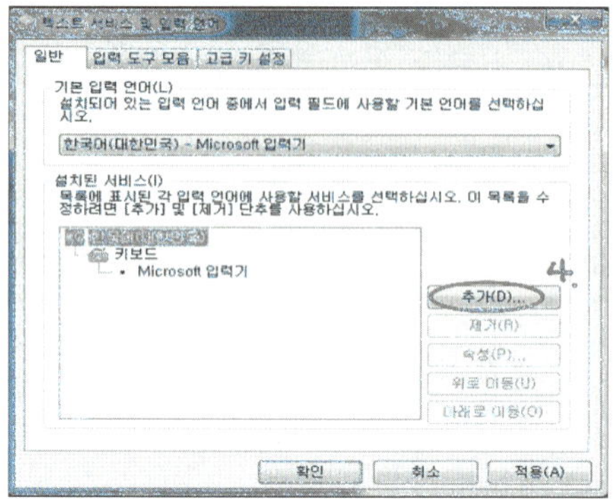

1. 윈도우 제어판을 연다. 제어판의 시계, 언어 및 국가별 옵션 바로 아래에 있는 '키보드 또는 기타 입력 방법 변경'을 누른다. 그러면 '국가 및 언어'라는 다른 창이 하나 열린다.

2. '키보드 변경'을 누른다.

3. 아래에 있는 '확인'을 눌러준다.

일반 메뉴에는 기존에 선택된 키보드가 표시되어 있다. 보통은 한국어와 영어 키보드가 설치되어 있는데 한국어-러시아어의 빠른 전환을 위해 영어 키보드를 제거해 사용하면 편리하다. 이때 영어 키보드가 제거되는 것은 아니며 키보드의 한/영 전환 키를 이용해 영어 글자판을 선택할 수 있다.

4. 입력 언어를 추가하기 위해 '추가' 버튼을 누른다.

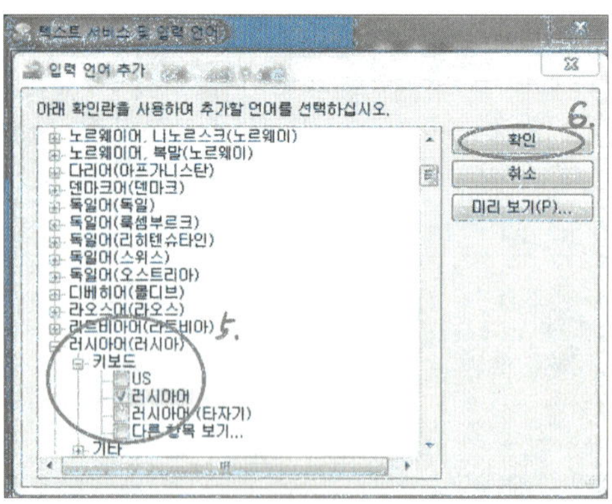

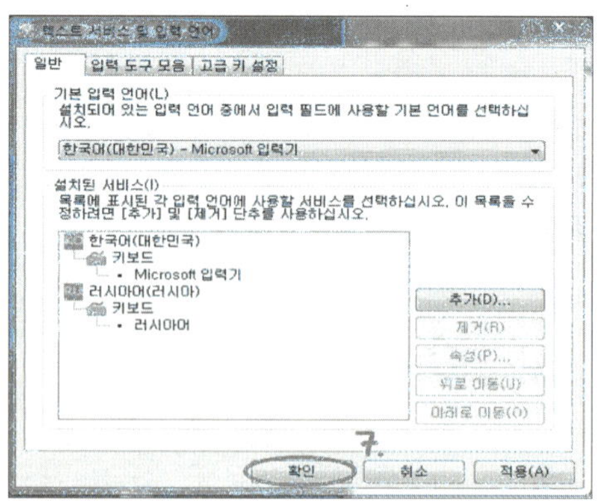

5-6. 그림과 같이 러시아어를 선택하고 확인을 누른다. 참고로 러시아어(타자기)는 과거 타자기에서 사용하던 글자판으로서 맨 윗줄에 할당된 기호의 종류에서 약간의 차이가 있다.

7. 러시아어 키보드가 추가된 것이 보인다. 참고로 인터넷 검색 시 러시아어로 키보드를 변경하려면 글자판에서 Shift + Alt를 누른다. 누를 때마다 설치된 글자판이 순서대로 바뀐다.

Уро́к 2

Э́то университе́т.

이곳은 대학교이다.

Э́то аудито́рия.	이곳은 강의실이다.
Да, она́ студе́нтка.	그래, 그녀는 여대생이야.
Нет, он не профе́ссор, а студе́нт.	아니야, 그는 교수님이 아니라, 학생이야.

ДИАЛО́Г 대화

1.

- Э́то университе́т?
- Да, э́то университе́т.
- Э́то профе́ссор?
- Нет, э́то студе́нтка.

2.

- Э́то аудито́рия?
- Да, э́то аудито́рия.
- Э́то студе́нт?
- Нет, э́то преподава́тель.

ТЕКСТ 본문

Э́то МГУ (эм-гэ-у́).

МГУ – э́то университе́т.

Э́то Ивано́ва А́нна Анто́новна.

Она́ преподава́тель.

Ивано́ва – э́то фами́лия. А́нна – э́то и́мя.

Анто́новна – э́то о́тчество.

ВОПРО́СЫ

1. МГУ – э́то университе́т? ______________________
2. А́нна – студе́нтка? ______________________
3. А́нна – э́то фами́лия? ______________________
4. Ивано́ва – э́то и́мя? ______________________
5. Анто́новна – э́то о́тчество? ______________________

СЛОВА́РЬ 어휘

аудито́рия	강의실
бизнесме́н	비즈니스맨, 사업가
врач	의사
и́мя	이름
каранда́ш	연필
кни́га	책
Коре́я	한국
Кто?	누구?
МГУ(Моско́вский госуда́рственный университе́т)	모스크바 국립 대학교
Москва́	모스크바
о́тчество	부칭
очки́ (복)	안경
преподава́тель (남)	대학 전임교원, 교수
профе́ссор	교수
Росси́я	러시아
ру́чка	볼펜
Сеу́л	서울
слова́рь (남)	사전
спортсме́н	스포츠맨, 운동선수
университе́т	대학교
уче́бник	교과서
учи́тельница	(초 · 중 · 고) 여선생님
фами́лия	성
Что?	무엇?
шко́ла	(초 · 중 · 고) 학교
шко́льник	(초 · 중 · 고) 남학생
шко́льница	(초 · 중 · 고) 여학생

ГРАММА́ТИКА 문법

1. 명사의 격

러시아어 명사는 문장 내에서의 역할에 따라 6개의 격으로 구분된다. 러시아어에서 사용되는 6개의 격은 주격, 생격, 여격, 대격, 조격, 전치격이 있다.

격	주격	생격	여격	대격	조격	전치격
기본 의미	주어 (~은, ~는, ~이, ~가) 술어 (~이다)	소유, 소속 (~의)	간접목적어 (~에게)	직접목적어 (~을, ~를)	도구, 수단 (~으로(서/써), ~을 가지고)	장소 (~에서)

2. 명사의 주격

문장에서 주격은 주어 또는 술어의 역할을 한다. 참고로 사전의 표제어는 대부분 주격형태로 제시된다.

Э́то университе́т.	이곳은 대학교이다.
Ива́н – студе́нт.	이반은 남자 대학생이다.

3. 지시대명사 Э́ТО

지시대명사 Э́ТО가 문장의 주어로 사용될 때에는 사람, 사물, 현상, 언급된 사실 등의 모든 것을 지칭하며, 이 때는 성과 수에 관계없이 모든 명사는 Э́ТО의 술어가 된다.

Э́то кни́га.	이것은 책이다.
Э́то преподава́тель.	이 분은 교수이다.
Э́то магази́н.	이것은 상점이다.
Э́то очки́.	이것은 안경이다.

4. 인칭대명사 주격

인칭대명사 주격은 문장에서 주어 및 술어의 역할을 한다.

인칭	단수	복수
1인칭	я	мы
2인칭	ты	вы
3인칭	он	они́
	она́	
	оно́	

※ ты는 친한 사이에 사용한다. 나이에 상관없이 가족이나 친한 사이일 경우 ты 로 부른다. 따라서 ты는 상황에 따라 '너' 혹은 '당신'(자신과의 관계에 따른 호칭)으로 번역해야 한다.

3 인칭 대명사는 사람이나 사물을 모두 지칭할 수 있다. (남성 명사 он, 여성 명사 она́, 중성 명사 оно́, 복수 они́)

Э́то А́нна. Она́ студе́нтка. 이 사람은 안나이다. 그녀는 여대생이다.
Э́то Ива́н. Он студе́нт. 이 사람은 이반이다. 그는 대학생이다.

5. 긍정과 부정 ДА, НЕТ, НЕ

► 긍정 : '예(да)' – 물음에 대해 긍정하거나 주장에 대해 동의할 때

► 부정 : '아니오(нет)' – 물음에 대해 부정하거나 주장에 대해 동의하지 않을 때

'아니다. ~하지 않다(не)' – 부정하고자 하는 말(주로 동사) 앞에 온다.

- Э́то кни́га? 이것은 책입니까?
- Да, э́то кни́га. 예, 이것은 책입니다.
- Э́то слова́рь? 이것은 사전입니까?
- Нет, э́то **не** слова́рь, **а** уче́бник. 아니오, 이것은 사전이 아니라, 교과서입니다.

※ 러시아어 표현에서 '**не А..., а В...**'는 'A가 아니라 B이다'라는 관용적 표현이다.

6. 접속사 а

접속사 'а'는 문장에서 앞·뒤 내용의 의미가 대조나 대립을 나타낼 때 사용된다.

Тут А́нна, а там Анто́н. 여기에 안나가 있고, 저기에 안톤이 있다.

УПРАЖНЕ́НИЯ 연습문제

1. 예시에 따라 대화를 완성하세요.

Моде́ль: - Э́то *преподава́тель*?
- *Да*, э́то *преподава́тель*.

1. 

врач

2. 

учи́тельница

3. 

шко́ла

4. 

спортсме́н

5. 

студе́нт

6. 

студе́нтка

2. 예시에 따라 대화를 완성하세요.

Моде́ль: - Э́то *учи́тельница?*
- Нет, э́то не *учи́тельница*. Э́то *профе́ссор*.
- Нет, э́то не *учи́тельница*, а *профе́ссор*.

1) университе́т – шко́ла

2) студе́нт – профе́ссор

3) кни́га – слова́рь

4) врач – учи́тель

5) шко́льница – студе́нтка

6) спортсме́н – бизнесме́н

3. 번역 앱(app)을 이용하여 대화를 러시아어로 옮기고 말해 보세요.

1.

- 이 사람은 의사입니까?
- 아니오, 이 사람은 의사가 아닙니다.
  이 사람은 비즈니스 맨입니다.

2.

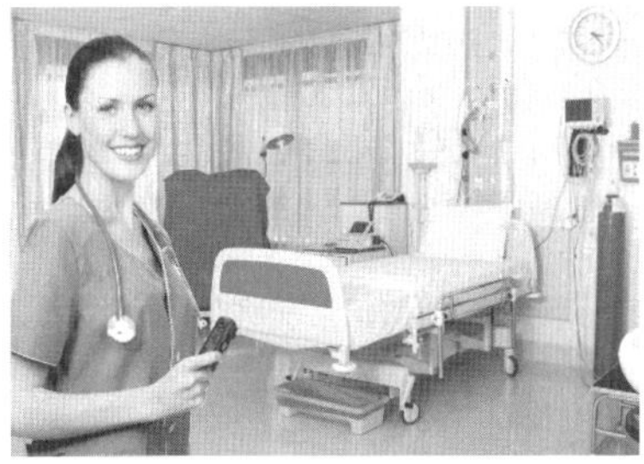

- 이 사람은 학생입니까?
- 아니오, 이 사람은 학생이 아닙니다.
  이 사람은 의사입니다.

3.

- 이곳은 한국(Коре́я)입니까?
- 아니오, 이곳은 러시아(Росси́я)입니다.
- 여기는 서울(Сеу́л)입니까?
- 아니요, 이곳은 (Москва́)입니다.

4.

- 이 분은 안톤(Анто́н)입니까?
- 아니오, 이 분은 안나(А́нна)입니다.
- 그녀는 여대생입니까?
- 아니오, 그녀는 여선생님입니다.

ИНФОРМÁТИКА IT 활용

애플 ios에서 러시아어 글자판 설정

아이폰 또는 아이패드에서 모든 글자판 설정은 바탕화면(초기화면)의 설정 아이콘( )을 누르면 시작할 수 있다.

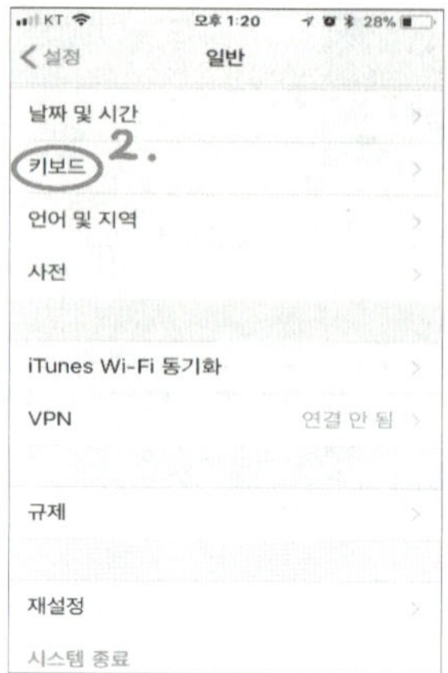

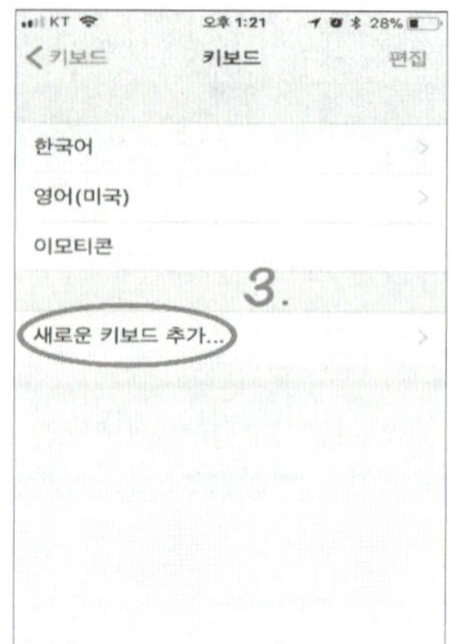

1. 설정을 눌러 나오는 화면에서 아래로 이동해 '일반' 메뉴를 찾아 누른다.

2. 화면을 아래로 이동해 '키보드' 메뉴를 찾아 눌러준다. 그러면 사용 중인 키보드의 다양한 기능 설정 화면이 나오는데 이는 나중에 필요할 경우 외국어의 종류에 상관없이 적용할 수 있으므로 이 화면에서는 그냥 맨 위에 있는 '키보드'를 계속 눌러주기만 하자.

3. 현재 사용 중인 키보드의 종류가 열거되어 있다. 아래에 있는 '새로운 키보드 추가...'를 눌러준다.

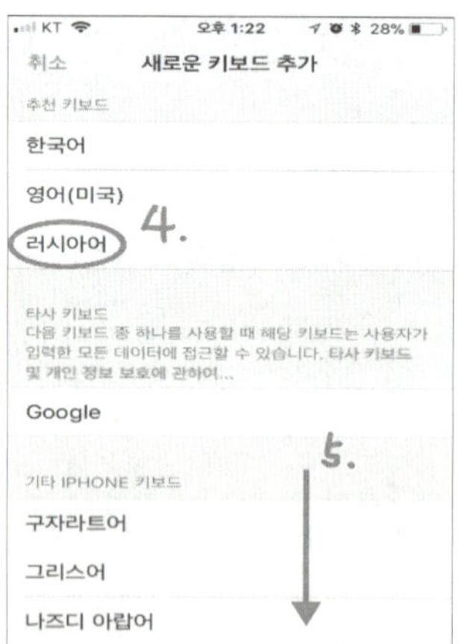

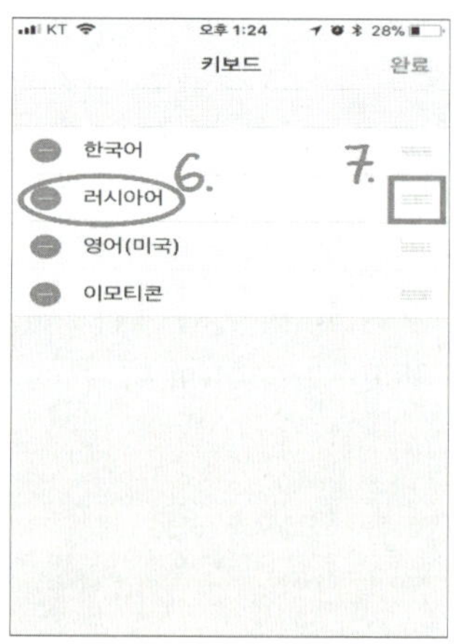

4-5. 추천 키보드 가운데 만일 러시아어가 있으면 러시아어를 선택하면 되고 만일 없으면 기타 키보드에서 화면을 아래로 이동해 우리가 원하는 언어인 러시아어를 선택하면 된다. 그러면 3번 화면에 네 번째 글자판인 러시아어가 추가되는 것을 볼 수 있을 것이다. 세 번째 그림의 우측상단에 있는 '편집'을 누르면 키보드에서 지구모양의 자판을 누를 때 바뀌는 언어의 순서를 변경할 수 있다.

6-7. 세줄 모양의 이동 막대(7번)를 이용해 러시아어를 두 번째 순서로 변경해 놓았다. '완료'를 누르고 빠져 나오면 모든 글자판 설정 과정이 끝난다.

Уро́к 3

Что э́то? Кто э́то?

이것은 무엇입니까? 이 사람은 누구입니까?

Что э́то? 이것은 무엇입니까?

Кто э́то? 이 사람은 누구입니까?

Где Ни́на? 니나는 어디에 있습니까?

ДИАЛО́Г 대화

1. 

- Кто э́то?
- Э́то Ива́н Анто́нович.
- Кто он?
- Он врач.

2. 

- Кто э́то?
- Э́то Ве́ра и Ка́тя.
- Где Ве́ра? Где Ка́тя?
- Ве́ра сле́ва, а Ка́тя спра́ва.

ТЕКСТ 본문

Вот ко́мната. Там окно́.

Тут стол и стул. Спра́ва по́лка.

Сле́ва крова́ть. Здесь Ивано́ва И́ра.

Она́ студе́нтка.

ВОПРО́СЫ

1. Э́то ко́мната? ____________________
2. Где окно́, стол и стул? ____________________
3. Где по́лка? ____________________
4. Где крова́ть? ____________________
5. Кто И́ра? ____________________

СЛОВА́РЬ 어휘

банк	은행
газе́та	신문
де́вочка	소녀, 여자아이
дом	집
же́нщина	여자, 여성
зонт	우산
инжене́р	엔지니어, 기술자
кафе́	카페
ко́мната	방
компью́тер	컴퓨터
ко́фе (남)	커피
ко́шка	고양이
крова́ть (여)	침대
ма́льчик	소년, 남자아이
метро́	지하철
мужчи́на	남자, 남성
окно́	창문
па́па (남)	아빠
по́вар	요리사
по́лка	선반, 책꽂이
рюкза́к	배낭, 메는 가방
соба́ка	개
стол	책상
стул	의자
су́мка	손가방, 핸드백

ГРАММÁТИКА 문법

1. 의문대명사 ЧТО? КТО?

1) 의문대명사 'Что?'는 사물이나 현상을 물을 때 사용한다.

- Что э́то? 이것은 무엇입니까?
- Э́то стол. 이것은 책상입니다.
- Что э́то? 이것은 무엇입니까?
- Э́то кни́га. 이것은 책입니다.

2) 의문대명사 'Кто?'는 사람/동물, 이름/관계, 직업/신분을 물을 때 사용한다.

- Кто э́то? 이 분은 누구입니까?
- Э́то па́па. 이 분은 아빠입니다.
- Кто он? 그는 누구입니까(/직업이 무엇입니까)?
- Он врач. 그는 의사입니다.

2. 접속사 И

접속사 'и'는 '~와(/과), 그리고'의 의미로 문장에서 동등이나 열거의 의미를 나타낼 때 사용한다. 접속사 'и'의 앞과 뒤에 오는 말은 동일한 품사로 이루어져야 한다.

- Кто э́то? 이 분들은 누구입니까? (*이름/신분*)
- Э́то Анто́н и А́нна. 이 사람은 안톤이고, 이 사람은 안나입니다.
- А кто они́? 그럼 그들은 누구입니까? (*직업/신분*)
- Он студе́нт, а она́ студе́нтка. 그는 남학생이고, 그녀는 여학생입니다.

- Что э́то? 이것은 무엇입니까?
- Э́то кни́га и ру́чка. 이것은 책과 볼펜입니다.

3. 의문문의 구성

1) 의문사가 수반된 의문문은 문장의 첫머리에 의문사를 위치시키고, 문장의 끝에 의문부호를 붙이며, 의문사에서 어조를 높여 말한다.

Кто э́то? 이 분은 누구입니까?

Что э́то? 이것은 무엇입니까?

Где он? 그는 어디에 있습니까?

2) 의문사가 없는 경우 – 평서문의 어순을 그대로 유지한 상태에서 문장 끝에 의문부호를 붙이고, 묻고자 하는 단어에서 어조를 높여 말한다.

- Э́то каранда́ш? - 이것은 연필입니까?
- Да, э́то каранда́ш. - 예, 이것은 연필입니다.
- А э́то ру́чка? - 그럼 이것은 볼펜입니까?
- Нет, э́то не ру́чка, а кни́га. - 아니오, 이것은 볼펜이 아니라 책입니다.

4. 의문 부사 ГДЕ?(어디에?)와 장소 부사

의문 부사 Где?(어디에?)는 사람이나 사물 등의 위치, 사건이나 현상이 일어난 장소를 물을 때 사용한다.

- Где Ива́н? - 이반은 어디에 있습니까?
- Он тут. - 그는 여기에 있습니다.
- Где Ни́на? - 니나는 어디에 있습니까?
- Она́ там. - 그녀는 저기에 있습니다.

※ 의문 부사 '어디에?'에 대한 대답이 될 수 있는 장소 부사

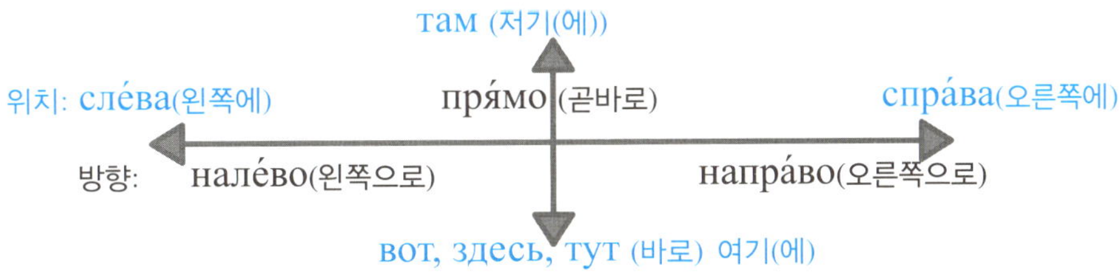

УПРАЖНЕ́НИЯ 연습문제

1. 예시에 따라 대화를 완성하세요.

Моде́ль: - Кто э́то?
- Э́то *студе́нтка.*

1. ма́льчик

2. де́вочка

3. мужчи́на

4. же́нщина

5. соба́ка

6. ко́шка

2. 예시에 따라 대화를 완성하세요.

Моде́ль: - Кто э́то?
- Э́то *Ни́на.*
- Кто *она́?*
- *Она́ врач.*

1. Ви́ктор, по́вар

2. Ива́н, бизнесме́н

3. А́лла, учи́тельница

4. Бори́с, инжене́р

3. 예시에 따라 대화를 완성하세요.

Моде́ль: - Что э́то?
- Э́то *стол.*

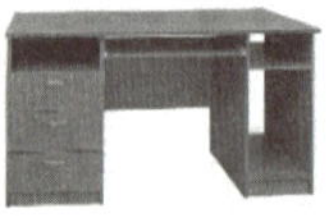

1. дом

2. рюкза́к

3. су́мка

4. телефо́н

5. компью́тер

6. зонт

4. 번역 앱(app)을 이용하여 대화를 러시아어로 옮기고 말해 보세요.

1.

- 카페(кафе́)는 어디 있나요?
- 카페는 저기에 있습니다.

2.

- 은행(банк)은 어디에 있나요?
- 은행은 오른쪽에 있습니다.

3.

- 신문(газе́та)과 커피(ко́фе)는 어디 있나요?
- 신문과 커피는 바로 여기(вот)에 있습니다.

4.

- 지하철(метро́)은 어디 있나요?
- 지하철은 저기에 있어요.

КУЛЬТУ́РА 러시아 연방

러시아의 정식 명칭은 러시아 연방(Росси́йская Федера́ция)인데, 일반적으로 러시아(Росси́я)라고 부른다. 러시아라는 단어가 문헌에 최초로 등장한 것은 15세기 말이고, 그 이전에는 현재의 우크라이나 수도인 키예프를 중심으로 한 루시(Русь)라는 단어로 불렸다. 러시아라는 명칭이 공식적인 국호로 사용된 시기는 18세기 초 표트르 대제 때부터였다. 러시아어의 ру́сский는 Русь에서, росси́йский는 Росси́я에서 파생된 형용사이다. 현재의 러시아 연방은 1991년 소 연방이 해체되고 독립국가연합(СНГ)이 결성되면서 소 연방 15개 공화국 중 가장 큰 러시아 공화국이 국호를 바꾸어 새로이 탄생한 것이다. 총 85개 연방주체(행정구역)로 구성되어 있으며, 전체 인구의 80%가 러시아인이지만, 140여개의 소수민족으로 구성된 다민족 국가이다. 소련 해체 후 출범한 현재의 러시아 연방은 그 역사가 매우 짧다고 할 수 있지만, 소비에트 혁명 이전의 역사인 키예프 루시와 재정 러시아의 전통을 계승한다는 점을 감안한다면, 그 역사는 1000년이 훨씬 넘는다. 러시아는 세계 최대의 영토 대국으로 2위인 캐나다의 1.7배, 한반도의 78배이다. 우리가 러시아에 살고 있는 사람들을 지칭하여 러시아인이라고 부를 때는 두 가지 의미가 있다. 하나는 혈통 중심의 민족적인 의미이고, 다른 하나는 러시아 국민으로서의 의미이다. 러시아어에서 루스키(ру́сский)는 전자에 해당하고, 라시야닌(россия́нин)은 후자에 해당된다. 즉 러시아 순수 민족으로서 러시아인은 ру́сский이고, 일제 강점기에 러시아로 이주하여 정착한 고려인들과 2011년 러시아에 귀화하여 2014년 동계 올림픽에서 러시아에 금메달을 안겨준 안현수 선수 같은 경우의 러시아 국민은 россия́нин이다.

ИНФОРМА́ТИКА IT 활용

안드로이드 기기에서 러시아어 글자판 설정

안드로이드를 기반으로 하는 다양한 스마트폰과 스마트패드(태블릿)들이 있는데 이 책에서는 그 중에서도 넥서스(nexus)라는 스마트패드의 인터페이스를 기준으로 러시아어 글자판을 설정하는 방법을 설명하고자 한다.

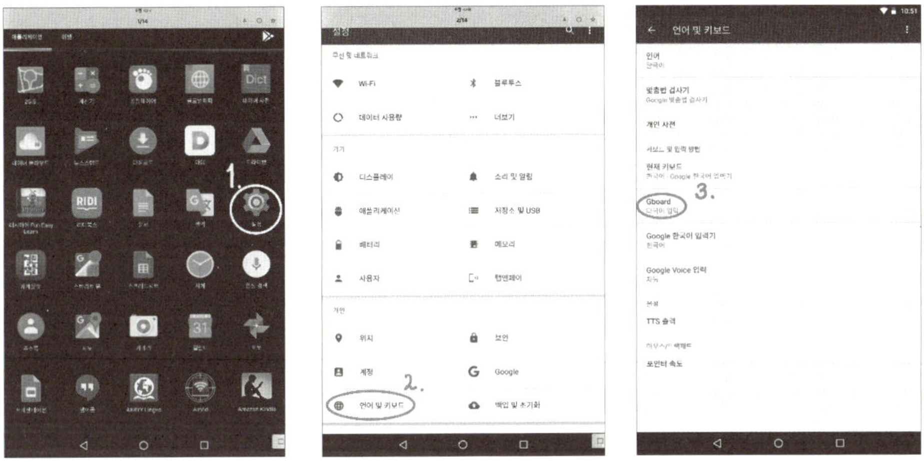

1. 여러 가지 프로그램(어플리케이션)들이 모여 있는 창에서 '설정'을 선택한다.
2. 설정 메뉴의 좌측 하단에 있는 '언어 및 키보드'를 선택한다.
3. 'Gboard 다국어입력'을 선택한다.

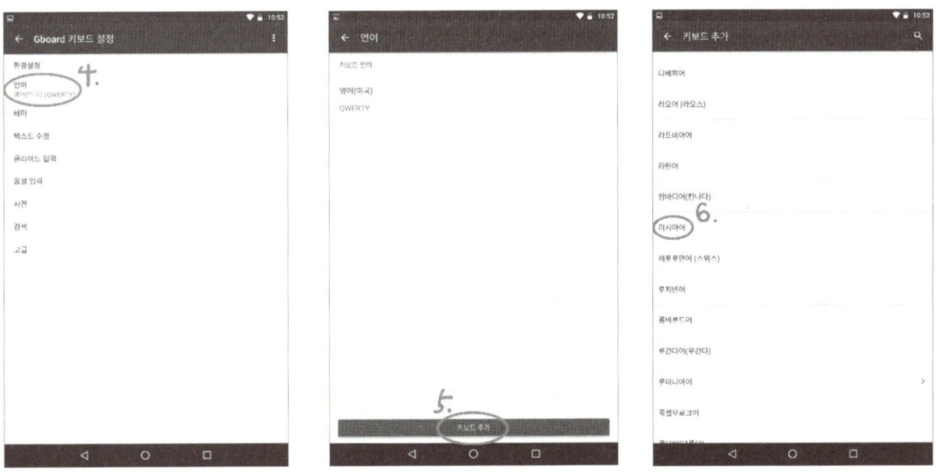

4. 보통은 영어만 선택되어 있는 언어 메뉴를 터치해서 연다.
5. 키보드 언어로 영어만이 설치되어 있음을 확인할 수 있다. 화면 하단에 있는 '키보드 추가'를 선택한다.
6. 화면을 이동해 러시아어를 찾은 다음 선택한다.

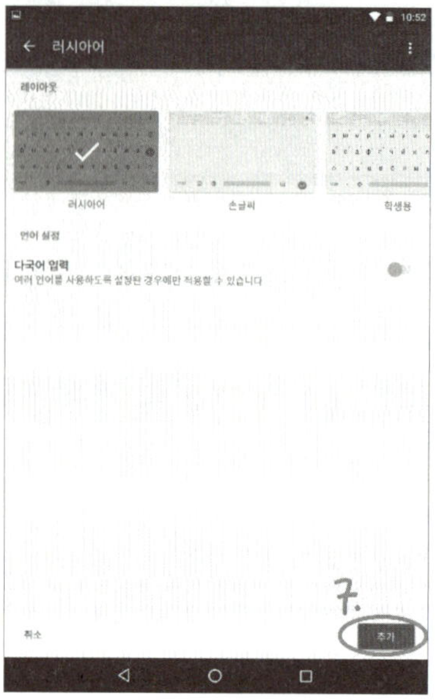

7. 우측 아래에 있는 '추가'를 누른다.

8. 러시아어 글자판으로 러시아를 입력하기 위해 자신이 즐겨 사용하는 메모용 어플을 연다. 보통은 영어 글자판이 먼저 등장한다. 키보드를 다국어입력에 필요한 Gboard로 바꾸기 위해 우측 하단의 키보드 모양의 아이콘을 누른다.

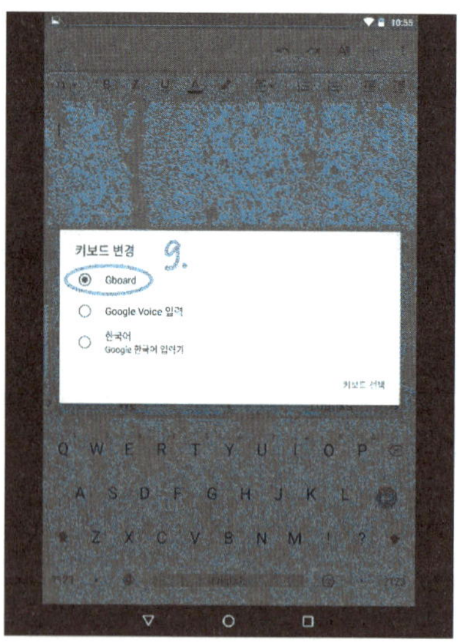

9. 키보드 변경 창에서 'Gboard'를 선택한다.

10. 글자판이 모두 러시아어를 바뀌었다. 여기서 영어로 변경하려면 지구 모양의 아이콘을 누르면 된다. 그리고 한국어로 바꾸려면 우측 하단의 키보드 모양 아이콘을 누르고 9번의 변경 메뉴에서 한국어를 선택하면 된다.

Уро́к 4

Э́то моя́ семья́.

이 분들이 나의 가족입니다.

Э́то мой па́па.	이 분은 나의 아빠입니다.
Э́то моя́ ма́ма.	이 분은 나의 엄마입니다.
Э́то наш дом.	이곳은 우리 집입니다.

ДИАЛÓГ 대화

1.

- И́горь, кто э́то?
- Э́то мой пáпа.
- Кто твой пáпа?
- Он инженéр.

2.

- Натáша, где твоя́ тетрáдь?
- Онá тут.
- Где твой словáрь?
- Он там.

ТЕКСТ 본문

Вот наш дом.

Э́то моя́ семья́: пáпа, мáма, сестрá и я. Я Антóн. Я студéнт.

Моя́ сестрá Ви́ка – тóже студéнтка.

Мой пáпа – экономи́ст.

Моя́ мáма – врач.

ВОПРÓСЫ

1. Кто э́то Антóн? ____________________
2. Э́то егó семья́? ____________________
3. Кто э́то Ви́ка? ____________________
4. Кто их мáма? ____________________
5. Кто их пáпа? ____________________

СЛОВА́РЬ 어휘

а́дрес	주소
ба́бушка	할머니
брат	형제
внук	손자
вну́чка	손녀
де́душка	할아버지
де́ло	일
дом	집
дочь (여)	딸
друг	친구
дя́дя (남)	아저씨, 삼촌, 고모부, 이모부, 큰아버지
зада́ние	숙제, 과제
каранда́ш	연필
ма́ма	엄마
мать (여)	어머니
мо́ре	바다
оте́ц	아버지
письмо́	편지
план	계획
подру́га	여자친구
по́ле	들판, 평야
преподава́тель (남)	대학 전임교원, 교수
роди́тели (복)	부모님
семья́	가족, 가정
ссстра́	누이
сын	아들
тетра́дь (여)	공책
тётя	아주머니, 숙모, 이모, 고모
то́же	역시, ~도 또한
часы́ (복)	시계
экономи́ст	경제학자, 경제전문가

ГРАММÁТИКА 문법

1. 1인칭, 2인칭 소유대명사

러시아어1인칭, 2인칭 소유대명사는 명사와 성·수·격이 항상 일치한다.

성·수 / 인칭	단수 남성(Чей?)		단수 여성(Чья?)		단수 중성(Чьё?)		복수(Чьи?)	
я	мой	дом	моя́	мать	моё	фóто	мои́	часы́
ты	твой		твоя́		твоё		твои́	
мы	наш		нáша		нáше		нáши	
вы	ваш		вáша		вáше		вáши	

мой(твой, наш, ваш) áдрес 나의(너의, 우리의, 당신의) 주소

моя́(твоя́, нáша, вáша) кни́га 나의(너의, 우리의, 당신의) 책

моё(твоё, нáше, вáше) письмó 나의(너의, 우리의, 당신의) 편지

мои́(твои́, нáши, вáши) роди́тели 나의(너의, 우리의, 당신의) 부모님

2. 3인칭 소유대명사

3인칭 소유대명사는 수식하는 명사의 성·수에 의한 구별이 없으며, 각각 한 가지 형태만이 존재한다.

성·수	단수 남성	단수 여성	단수 중성	복수
인칭대명사	он	онá	онó	они́
소유대명사	егó	её	егó	их

егó	план	그의 계획	её	отéц	그녀의 아버지	их	сын	그들의 아들
	газéта	그의 신문		мать	그녀의 어머니		дочь	그들의 딸
	письмó	그의 편지		дéло	그녀의 일		кафé	그들의 카페
	часы́	그의 시계		кни́ги	그녀의 책들		роди́тели	그들의 부모님

3. 의문대명사 ЧЕЙ?, ЧЬЯ?, ЧЬЁ?, ЧЬИ? (누구의?)

의문대명사는 남성, 여성, 중성 그리고 복수 형태가 있으며, 모두 관계하는 명사와 성·수·격이 일치한다. 의문대명사 Чей?는 주로 э́то 와 함께 사용한다.

남성	여성	중성	복수
Чей э́то ......?	**Чья** э́то ......?	**Чьё** э́то ......?	**Чьи** э́то ......?
Э́то **мой** слова́рь. Э́то **наш** учéбник.	Э́то **моя́** кни́га. Э́то **на́ша** газе́та.	Э́то **моё** письмо́. Э́то **на́ше** зада́ние.	Э́то **мои́** кни́ги. Э́то **на́ши** газе́ты.

- Чей э́то файл? — 이것은 누구의 파일이냐?
- Э́то мой файл. — 이것은 내 파일이다.

- Чья э́то ру́чка? — 이것은 누구의 볼펜이냐?
- Э́то её ру́чка. — 이것은 그녀의 볼펜이다.

- Чьё э́то письмо́? — 이것은 누구의 편지이냐?
- Э́то его́ письмо́. — 이것은 그의 편지이다.

- Чьи э́то кни́ги? — 이것은 누구의 책들이냐?
- Э́то их кни́ги. — 이것은 그들의 책들이다.

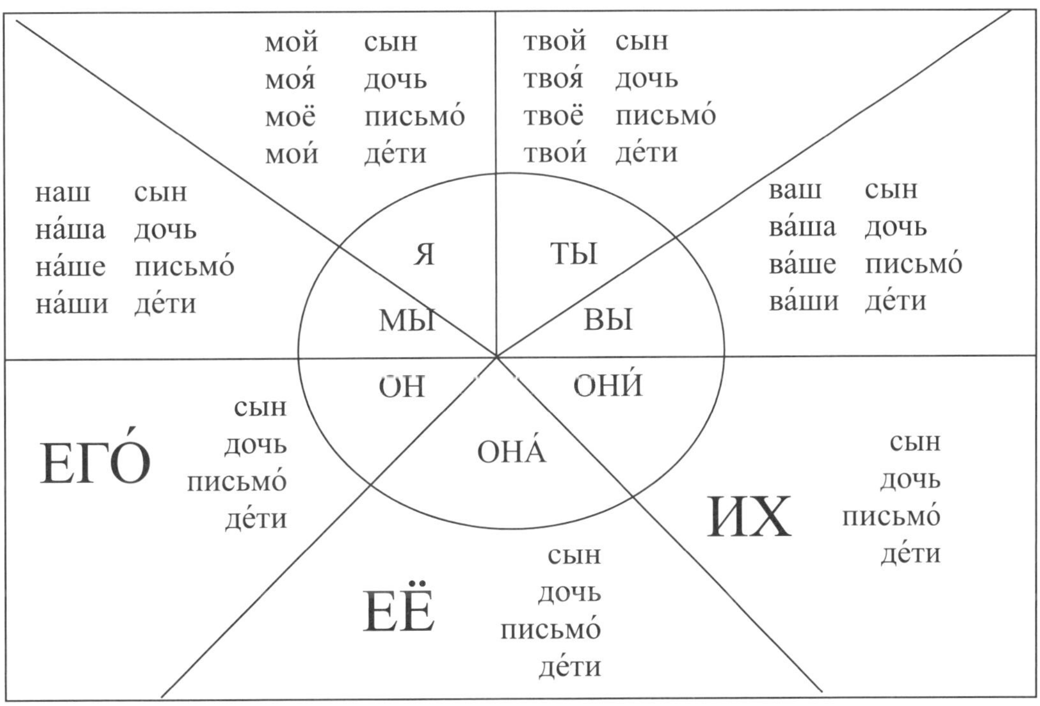

УПРАЖНЕ́НИЯ 연습문제

1. 참고 어휘를 활용하여 예시에 따라 대화를 완성하세요.

Моде́ль: - Э́то *твой каранда́ш*?
- Да, э́то *мой каранда́ш*.

Слова́ для спра́вок:

школа, ко́шка, профе́ссор, су́мка, дом, ко́мната, крова́ть, окно́, соба́ка, тетра́дь, сестра́, сад, зонт, дочь, учи́тель, ма́ма, брат, врач, зада́ние, рюкза́к, университе́т, пла́тье, кольцо́, и́мя

2. 예시에 따라 문장을 완성하세요.

Моде́ль: Э́то Анто́н. Вот ..... университе́т. → Вот *его́* университе́т.

1) Э́то Ви́ка. Вот ...... ру́чка.

2) Э́то И́горь, а э́то ...... подру́га.

3) Э́то мы, а э́то ...... преподава́тель.

4) Э́то Мари́на и Ива́н. Э́то ...... па́па.

5) Э́то я. Э́то ...... друг.

3. 참고 어휘를 활용하여 예시에 따라 대화를 완성하세요.

Моде́ль: - Кто э́то?
- Э́то *моя́ ма́ма*.

Слова́ для спра́вок:

муж 남편 – жена́ 아내
па́па 아빠 – ма́ма 엄마
сын 아들 – дочь 딸
дя́дя 아저씨 – тётя 아주머니
внук 손자 – вну́чка 손녀
брат 형제/오빠 – сестра́ 누이/자매
де́душка 할아버지 – ба́бушка 할머니

4. 번역 앱(app)을 이용하여 대화를 러시아어로 옮기고 말해 보세요.

1.

- 이 분이 너의 할아버지시니?
- 응, 이 분이 내 할아버지야.
- 그럼 이 분은 너의 할머니시겠네?
- 그래, 이 분은 내 할머니이셔.

2.

- 이 사람들이 당신의 가족입니까?
- 예, 이 사람들이 제 가족입니다.
- 이것은 당신의 개입니까?
- 예, 이것은 우리 개입니다.

3.

- 이 애들이 당신의 아이들(дéти)입니까?
- 예, 이 애가 딸이고, 이 애가 아들입니다.
- 당신은 어디에 있지요?
- 저는 집에 있습니다.

4.

- 이 분들은 누구시죠?
- 이 분들은 제 부모님입니다.
- 당신의 아버지의 직업은 무엇입니까?
  어머니의 직업은요?
- 그는 비즈니스맨이고, 그녀는 의사입니다.

http://www.keybr.com

러시아어 글자판을 간단하게라도 익혀 두면 러시아어를 학습할 때 여러모로 유리하다. 이런 연습은 어플 을 통해서는 하기가 힘들다. 따라서 인터넷에서 러시아어 글자판을 익힐 수 있는 웹사이트를 소개한다.

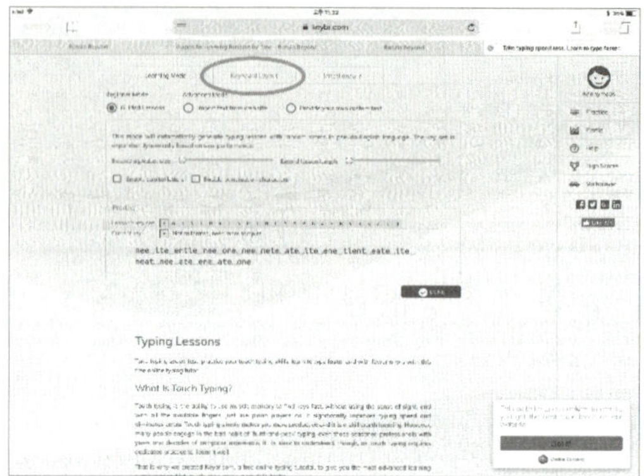

좌측화면은 이 사이트의 초기 화면이다. 초기 화면에 등장하는 글자판은 영어로 되어 있다. 러시아어 글자판으로 변경하기 위해서는 우선 팝업 창을 닫고 우측 상단에 있는 세팅 버튼(2번)을 누른다. 그러면 화면이 열리는데 제일 위에 있는 시트 메뉴 가운데 중간에 있는 Keyboard Layout(3번)을 선택한다.

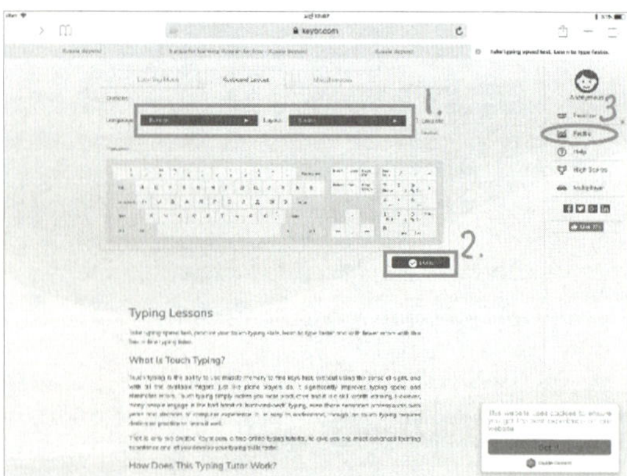

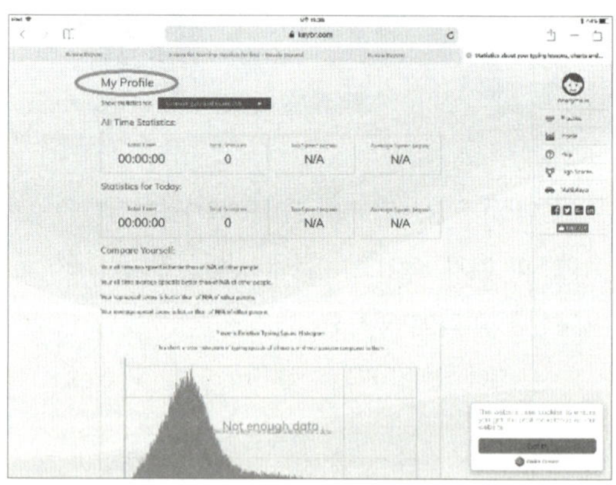

좌측 그림의 1번에서처럼 언어를 러시아어로 변경한다. 반드시 DONE(2번)을 눌러준다. 그러면 아래 글자판이 모두 러시어로 바뀐다. 만일 자신이 연습한 결과를 알고 싶다면 프로필(3번)을 눌러준다. 그러면 우측 화면이 열리면서 자신의 타이핑 연습과 관련한 다양한 통계를 확인할 수 있다.

Уро́к 5

Её зову́т Вера́.

그녀의 이름은 베라입니다.

Как тебя́ зову́т?	네 이름이 뭐니?
Меня́ зову́т Серге́й.	제 이름은 세르게이입니다.
Его́ зову́т Андре́й.	그의 이름은 안드레이입니다.

ДИАЛÓГ   대화

1.

- Давáйте познакóмимся! Меня́ зовýт Сергéй. Как вас зовýт?
- Меня́ зовýт Вéра.
- Óчень прия́тно.

2.

- Привéт! Как тебя́ зовýт?
- Меня́ зовýт Свéта. А тебя́?
- Меня́ зовýт Ди́ма.
- Óчень прия́тно.

ТЕКСТ   본문

Э́то мой друг. Егó зовýт Ивано́в Андрéй. Он студéнт. Э́то егó пáпа. Он инженéр. Егó зовýт Ивано́в Антóн Петрóвич. Э́то егó мáма. Онá перевóдчик. Её зовýт Ивано́ва А́нна Сергéевна.

ВОПРÓСЫ

1. Кто э́то Андрéй? ______________________
2. Кто э́то Антóн Петрóвич? ______________________
3. Кто э́то А́нна Сергéевна? ______________________
4. Ивано́в – э́то óтчество? ______________________
5. Сергéевна – э́то фами́лия? ______________________

СЛОВА́РЬ 어휘

Дава́йте познако́мимся!	알고 지냅시다! 서로 인사합시다!
Его́ зову́т...	그를 .... 라고 부른다. 그의 이름은 ... 이다.
Её зову́т...	그녀를 ... 라고 부른다. 그녀의 이름은 ... 이다.
звать (зову́, зовёшь; зову́т)	부르다
и́мя	이름
инжене́р	엔지니어, 기사
Как вас зову́т? (/ А вас?)	당신 이름이 뭐죠? 당신을 어떻게 부릅니까? (/당신은요?)
Как тебя́ зову́т? (/ А тебя́?)	네 이름이 뭐니? 너를 어떻게 부르지? (/너는?)
о́тчество	부칭
О́чень прия́тно.	매우 반갑습니다.
перево́дчик	통역사, 번역가
фами́лия	성

수사를 외워 활용합시다!

수사		
	개수사	순서수사
1	оди́н, одна́, одно́, одни́	пе́рвый (-ая, -ое, -ые)
2	два(남, 중), две(여)	второ́й (-а́я, -о́е, -ы́е)
3	три	тре́тий, тре́тья, тре́тье, тре́тьи
4	четы́ре	четвёртый (-ая, -ое, -ые)
5	пять	пя́тый (-ая, -ое, -ые)
6	шесть	шесто́й (-а́я, -о́е, -ы́е)
7	семь	седьмо́й (-а́я, -о́е, -ы́е)
8	во́семь	восьмо́й (-а́я, -о́е, -ы́е)
9	де́вять	девя́тый (-ая, -ое, -ые)
10	де́сять	деся́тый (-ая, -ое, -ые)

ГРАММÁТИКА 문법

1. 인칭대명사 대격

인칭대명사의 대격은 타동사의 목적어로 사용되며 문장에서 '~을(를)'의 의미이다. 3인칭 대명사는 사람뿐만 아니라 사물을 대신하여 사용할 수 있다.

수·격 / 인칭	단수		복수	
	주격	대격	주격	대격
1인칭	я	меня́	мы	нас
2인칭	ты	тебя́	вы	вас
3인칭	он	его́	они́	их
	она́	её		
	оно́	его́		

- Как вас зову́т? — 당신의 이름은 무엇입니까? (/당신을 어떻게 부릅니까?)
- Меня́ зову́т Андре́й Ива́нович. — 내 이름은 안드레이 이바노비치입니다.
- Как тебя́ зову́т? — 네 이름은 뭐니? (/너를 어떻게 부르니?)
- Меня́ зову́т Ви́ктор. — 제 이름은 빅토르입니다. (/저를 빅토르라고 불러요.)

2. 동사 звать(…를 ~라고 부르다)의 인칭 변화

	я	ты	он/она́	мы	вы	они́
звать	зову́	зовёшь	зовёт	зовём	зовёте	зову́т

- Как его́ зову́т? — - 그를 어떻게 부르지? (그의 이름이 뭐야?)
- Его́ зову́т Са́ша. — - 그를 사샤라고 불러. (그의 이름은 사샤야.)
- Как её зову́т? — - 그녀를 어떻게 부르지? (그녀의 이름이 뭐야?)
- Её зову́т Ка́тя. — - 그녀를 까쨔라고 불러. (그녀의 이름은 까쨔야.)

3. 러시아인의 이름(и́мя), 부칭(óтчество), 성(фами́лия)

러시아인의 성명은 이름, 부칭, 성으로 구성되어 있다.

성 \ 성명	이름	부칭	성
남성	Антóн	Ивáнович	Чéхов
여성	А́нна	Ивáновна	Чéхова

러시아인의 성명에는 아버지의 이름에서 비롯된 부칭이라는 특이한 명칭을 볼 수 있다. 부칭은 '~의 아들', '~의 딸'이라는 것을 의미한다. Антóн Ивáнович Чéхов는 '이반의 아들 안톤 체호프'를, А́нна Ивáновна Чéхова는 '이반의 딸 안나 체호바'를 의미한다. 보통 예의를 갖추어 상대를 부를 때는 이름과 부칭을 함께 부르는 것이 일반적이다. 또한 유명한 정치 지도자나 존경하는 인물의 경우 이름, 부칭, 성을 모두 다 불러주는 것이 일반적인 호칭법이다. 러시아인의 성은 부계를 승계하며, 여성의 경우 결혼을 하면 남편의 성을 따르기도 한다. 부칭은 아버지의 이름이 어떻게 끝나는가에 따라 달라진다.

성 \ 어미	경자음으로 끝날 때	-й나 -ь로 끝날 때
남성	-ович ⇒ Ивáнович	-евич ⇒ Сергéевич -евич ⇒ И́горевич -евич ⇒ Ю́рьевич
여성	-овна ⇒ Ивáновна	-евна ⇒ Сергéевна -евна ⇒ И́горевна -евна ⇒ Ю́рьевна

※ 러시아인의 성, 이름, 부칭을 구분하여 부를 줄 알아야 한다.

1) Э́то мой отéц. Егó зовýт Алексáндр Сергéевич Пýшкин.

Пýшкин – егó фами́лия,

Алексáндр – егó и́мя,

Сергéевич – егó óтчество. (Егó отéц – Сергéй.)

2) Э́то егó сын. Егó зовýт Антóн Алексáндрович Пýшкин. (Егó отéц – Алексáндр.)

3) Э́то егó дочь. Её зовýт А́нна Алексáндровна Пýшкина. (Её отéц – Алексáндр.)

4. 러시아인의 애칭

러시아인들은 보통 친한 사이이거나 연하의 사람일 경우 이름을 부르지만, 아주 친밀한 경우에는 일반적으로 이름을 더 짧게 축약한 애칭으로 부른다.

	이름	지소형 애칭
남자	Алексáндр	Сáша, Сáня
	Алексéй	Алёша
	Бори́с	Бóря
	Васи́лий	Вáся
	Влади́мир	Волóдя, Вóва
	Дми́трий	Ди́ма
	Ивáн	Вáня
	Константи́н	Кóстя
	Михаи́л	Ми́ша
	Пётр	Пéтя
	Сергéй	Серёжа
	Ю́рий	Ю́ра
여자	Алексáндра	Сáша
	А́нна	А́ня
	Анастаси́я	Нáстя
	Гали́на	Гáля
	Дáрья	Дáша
	Екатери́на	Кáтя
	Елéна	Лéна
	Ири́на	И́ра
	Мари́я	Мáша
	Натáлья	Натáша
	О́льга	О́ля
	Светлáна	Свéта
	Сóфья	Сóня
	Татья́на	Тáня
	Ю́лия	Ю́ля

УПРАЖНЕ́НИЯ 연습문제

1. 예시에 따라 대화를 완성하세요.

Моде́ль: - Как *её* зовут?
- *Её* зову́т *Ната́ша.*
- Кто она́?
- *Ната́ша* – врач.

1. Ле́на студе́нтка

2. Анто́н инжене́р

3. Па́вел спортсме́н

4. Ли́за перево́дчик

2. 예시에 따라 문장을 완성하세요.

Моде́ль: Э́то мой брат. .... зову́т ....
⇒ *Его́* зову́т *Анто́н.*

1) Э́то моя́ подру́га. .... зову́т ....
2) Э́то мы. .... зову́т .... и ....
3) Э́то его дочь. .... зову́т ....
4) Э́то дя́дя и тётя. .... зову́т .... и ....
5) Э́то я. .... зову́т ....
6) Э́то моя́ соба́ка. .... зову́т ....
7) Э́то моя́ ко́шка. .... зову́т ....

3. 러시아인의 부칭을 만들어 보세요.

아버지 이름	남자의 부칭	여자의 부칭
Антóн	Антóнович	Антóновна
Ивáн		
Йгорь		
Алексáндр		
Сергéй		

4. 번역 앱(app)을 이용하여 대화를 러시아어로 옮기고 말해 보세요.

1.

- 안녕하세요! 당신 이름이 뭐죠?
- 제 이름은 세르게이입니다.
- 매우 반갑습니다. 당신 이름은요?
- 저는 이리나입니다. 저 역시 반갑습니다.

2.

- 안녕!
- 안녕하세요!
- 나는 표트르야. 네 이름은 뭐니?
- 내 이름은 마리아야.

3.

- 당신 이름이 뭐죠?
- 제 이름은 이리나입니다. 당신은요?
- 제 이름은 유라입니다.
- 매우 반갑습니다.

4.

- 이 애들이 네 남동생과 여동생이니?
- 응, 이 애들이 내 남동생과 여동생이야.
- 이 애들의 이름이 뭐야?
- 그들의 이름은 사샤와 이고리야.

ИНФОРМÁТИКА IT 활용

TenguGo Cyrillic Alphabet

러시아어 알파벳을 배우는 어플들은 엄청나게 많다. 하지만 대부분이 유아들이 처음으로 알파벳을 배울 때 사용할 수 있는 아주 간단한 어플이거나 성인들에게 적합한 것은 거의 유료이다. 지금 소개하는 어플은 무료이면서도 비교적 상세하고 쉽게 러시아어 자모를 익힐 수 있게 만들어졌다. 영어로 설명이 되어 있어 조금은 불편함이 있지만 무료로 이용할 수 있다는 점에서 어플의 도움으로 쉽게 알파벳을 익히는 최선의 선택이 될 수 있다. 개인적으로 필요한 경우에는 유료로 자신에게 맞는 프로그램을 구하도록 하자.

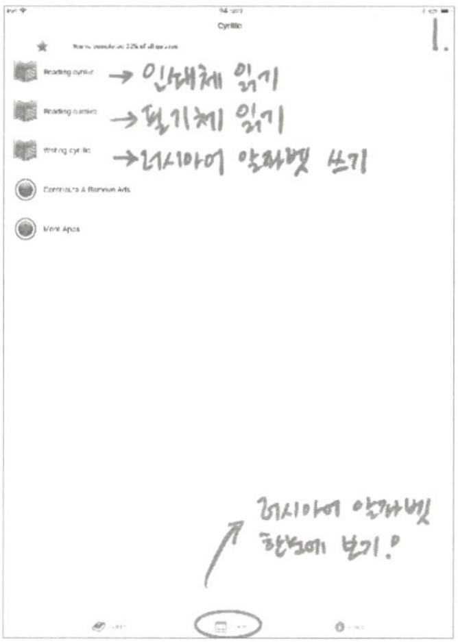

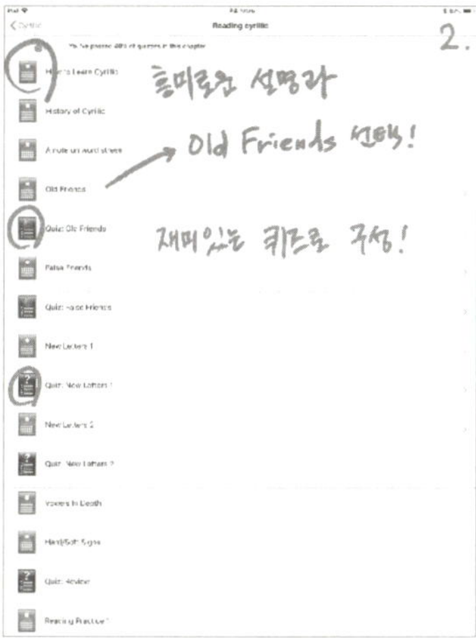

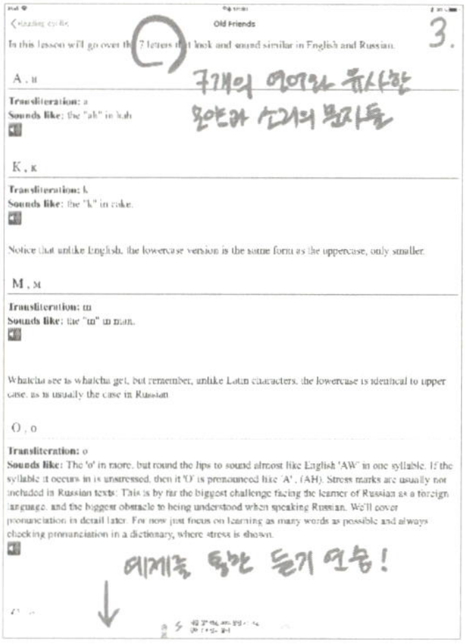

1번 그림 초기 화면의 첫 번째 메뉴는 인쇄체 러시아어 알파벳 읽기(배우기)이다. 계속해서 필기체 읽기, 인쇄체 쓰기 등의 메뉴가 있다. 초기 화면에서 만일 러시아어 알파벳 전체를 한눈에 보고 싶다면 하단 중앙에 있는 아이콘을 누른다.

2번 그림은 이 어플에서 러시아어 알파벳을 영어 알파벳과 비교해 효과적이고 체계적으로 배우기 위한 과정을 보여주고 있다. 하나하나의 메뉴를 선택하면 흥미로운 설명과 지루하지 않은 퀴즈 풀이의 방식으로 러시아어 알파벳을 배울 수 있다. 2번 그림에서 네 번째 Old Friends 메뉴를 선택하면 3번 그림이 열린다. 영어와 모양과 소리가 유사한 모음과 자음 7개를 간단한 설명, 듣기 연습을 통해 익힐 수 있다.

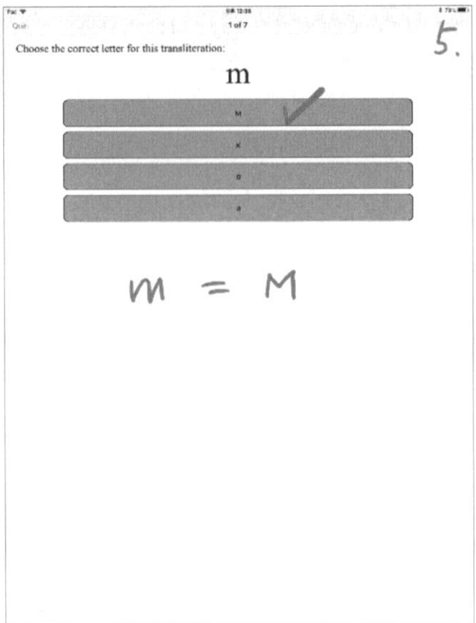

4번 그림은 2번 그림에서 다섯 번째 Quiz:Old Friends 메뉴를 열면 보인다. 퀴즈 시작을 눌러 문제를 푼다. 5번 화면에 준비된 총 7개의 문제를 푼 다음 잘 모르는 것은 4번 화면의 두 번째 메뉴인 Rewiew Material를 통해 확인한다.

1번 그림에서 소개한 것처럼 만일 러시아어 알파벳의 전체적인 모습을 보고 싶을 때 누르면 열리는 화면이 6번 화면이다. 원하는 각각의 문자를 하나씩 누르면 해당 문자에 대한 설명을 볼 수 있다.

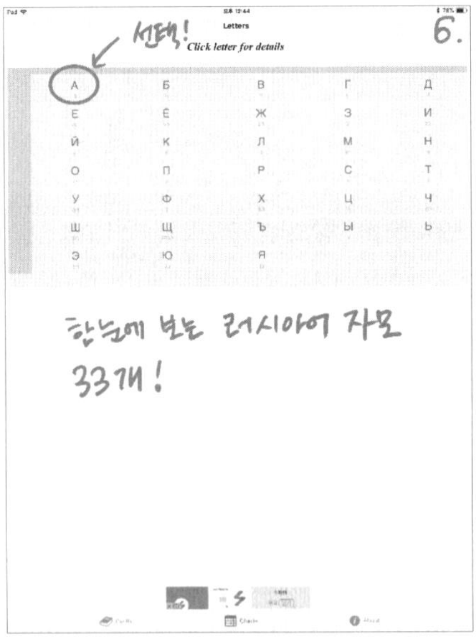

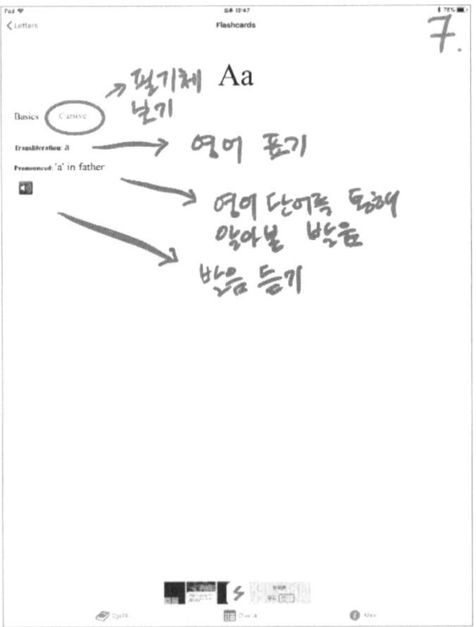

7번 그림은 6번에 나오는 개별 문자들 가운데 러시아어 제일 첫 번째 문자인 A를 누를 때 보이는 화면이다. 대문자 A와 소문자 a, 이 문자의 영어식 표기, 영어 단어를 통해 비교해 볼 수 있는 러시아어 A의 발음, 직접적으로 발음을 들어 볼 수 있는 아이콘으로 구성되어 있다.

Cursive를 누르면 이 문자의 필기체를 볼 수 있다.

Уро́к 6

Э́то наш краси́вый го́род.

이곳은 우리의 아름다운 도시이다.

Э́то большо́й парк.	이곳은 큰 공원이다.
Э́то но́вая кни́га.	이것은 새 책이다.
Э́то хоро́шее кафе́.	이것은 좋은 카페이다.

ДИАЛО́Г 대화

1.

- Кака́я э́то у́лица?
- Э́то но́вая у́лица.
- Како́й э́то дом?
- Э́то высо́кий дом.

2.

- Како́е э́то кино́?
- Э́то но́вое кино́.
- Кака́я э́то му́зыка?
- Э́то кра́сивая му́зыка.

ТЕКСТ 본문

Э́то наш краси́вый го́род.

Он совреме́нный. Вот метро́.

Здесь на́ша широ́кая у́лица.

Сле́ва наш высо́кий дом.

Спра́ва больша́я и широ́кая река́.

Там но́вый стадио́н.

ВОПРО́СЫ

1. Како́й э́то го́род? ______________________
2. Кака́я э́то у́лица? ______________________
3. Како́й э́то дом? ______________________
4. Како́й э́то парк? ______________________
5. Како́й э́то стадио́н? ______________________

СЛОВА́РЬ 어휘

большо́й (-а́я, -о́е, -и́е)	큰
брю́ки (복)	바지
высо́кий (-ая, -ое, -ие)	높은
го́род	도시
до́брый (-ая, -ое, -ые)	착한, 선량한, 좋은
дорого́й (-а́я, -о́е, -и́е)	소중한, 귀한
журна́л	잡지
зда́ние	건물
кафе́	카페
краси́вый (-ая, -ое, -ые)	아름다운, 예쁜
ма́ленький (-ая, -ое, -ие)	작은
метро́	지하철
ми́лый (-ая, -ое, -ые)	귀여운, 사랑스런, 애교 있는
молодо́й (-а́я, -о́е, -ы́е)	젊은
му́зыка	음악
ни́зкий (-ая, -ое, -ие)	낮은
но́вый (-ая, -ое, -ые)	새로운
парк	공원
плохо́й (-а́я, -о́е, -и́е)	나쁜
си́ний (-яя, -ее, -ие)	파란, 청색의
совреме́нный (-ая, -ое, -ые)	동시대의, 현대의, 최신식의
стадио́н	경기장, 운동장
ста́рый (-ая, -ое, -ые)	오래된, 늙은
у́зкий (-ая, -ое, -ие)	좁은
у́лица	거리
хоро́ший (-ая, -ее, -ие)	좋은
чёрный (-ая, -ое, -ые)	검은, 검정색의
широ́кий (-ая, -ое, -ие)	넓은

ГРАММÁТИКА 문법

1. 형용사

형용사는 관계하는 명사의 모양이나 상태 또는 성질의 어떠한 특성을 보여주는 품사이다. 형용사는 관계하는 명사와 성·수·격이 항상 일치하며, 명사의 성에 따라 서로 다른 어미를 취한다. 문장에서 형용사는 술어와 정어로 사용되는데, 술어로 사용될 때는 일반적으로 관계하는 명사 뒤에 자리하고, 정어로 사용될 때는 관계하는 명사 앞에 위치한다.

남성	여성	중성	복수
нóвый студéнт	нóвая студéнтка	нóвое кафé	нóвые журнáлы
пéрвый сын	пéрвая любóвь	пéрвое фóто	пéрвые очкú
большóй дом	большáя странá	большóе óзеро	большúе брю́ки
хорóший подáрок	хорóшая погóда	хорóшее мéсто	хорóшие часы́

※ 형용사의 남성어미가 -ой인 것은 언제나 강세(ударéние)가 어미에 있다.

※ 형용사 рýсский, англúйский등의 남성어미가 -ый대신에 -ий인 것은 정자법 규칙에 따라 к, г, х뒤에 ы를 쓸 수 없기 때문에 ы대신에 и가 온 것이다.

Э́тот дом большóй. 이 집은 크다.

Э́та кóмната большáя. 이 방은 크다.

Э́то óзеро большóе. 이 호수는 크다.

Э́ти брю́ки большúе. 이 바지는 크다.

2. 형용사 주격

형용사의 주격은 명사를 수식하거나, 문장의 술어로 사용될 수 있으며, 관계하는 명사의 성·수·격과 항상 일치한다. 형용사는 어미의 모음에 따라 **경변화**와 연변화의 두 가지 형태로 구분되며, 형용사 남성의 주격 어미는 -ый, -óй, -ий, 여성의 주격 어미는 -ая, -яя, 중성의 주격 어미는 -ое, -ее, 복수의 주격 어미는 -ые, -ие가 있다.

어미형태 \ 성·수		남성 Как**óй**?	여성 Как**áя**?	중성 Как**óе**?	복수 Как**úе**?
경변화	-ый	стáр**ый**	стáр**ая**	стáр**ое**	стáр**ые**
	-ой	дорог**óй**	дорог**áя**	дорог**óе**	дорог**úе**
연변화	-ий	сúн**ий**	сúн**яя**	сúн**ее**	сúн**ие**

3. 의문대명사 КАКÓЙ?, КАКÁЯ?, КАКÓЕ?, КАКИ́Е?

1) 사람의 성격과 사물의 특성을 물을 때 의문대명사 Какóй?(어떤, 어떠한)을 사용하며, 그 대답은 주로 형용사가 사용된다.

2) 의문문을 구성할 때, 사물을 가리키는 지시대명사 э́тот/тот (이/저)와 함께 사용한다.

지시대명사	남성	여성	중성	복수
이	э́тот	э́та	э́то	э́ти
저	тот	та	то	те

4. 형용사 용법

1) 한정적 기능 (의문사 Какóй?에 답할 때 주로 사용)

- Какóй э́то дом?
- Э́то хорóший дом.
- 이것은 어떤 집인가?
- 이것은 좋은 집이다.

- Какáя э́то газéта?
- Э́то хорóшая газéта.
- 이 신문은 어떤 신문인가?
- 이것은 좋은 신문이다.

- Какóе э́то местó?
- Э́то хорóшее местó.
- 이것은 어떤 자리인가?
- 이것은 좋은 자리이다.

2) 술어적 기능 (주어의 상태나 성질을 설명)

Э́тот дом новый. 이 집은 새 것이다.
Э́та газéта нóвая. 이 신문은 새 것이다.
Э́то окнó нóвое. 이 창문은 새 것이다.
Э́ти брю́ки нóвые. 이 바지는 새 것이다.

5. 형용사의 반의어

большóй ⇔ мáленький	хорóший ⇔ плохóй	ширóкий ⇔ у́зкий
큰 ⇔ 작은	좋은 ⇔ 나쁜	넓은 ⇔ 좁은
нóвый ⇔ стáрый	молодóй ⇔ стáрый	высóкий ⇔ ни́зкий
새로운 ⇔ 오래된	젊은 ⇔ 늙은	높은 ⇔ 낮은

※ 어떤 형용사는 반대의 의미 관계를 표현할 때 접두사 не-를 붙여 만드는 경우도 있다:

краси́вый ⇔ некраси́вый   интерéсный ⇔ неинтерéсный (=ску́чный).

УПРАЖНЕ́НИЯ 연습문제

1. 예시에 따라 대화를 완성하세요.

Модéль: - *Какóй* э́то *стол*?
- Э́то *ни́зкий стол*.

1. большóй храм

2. краси́вая у́лица

3. нóвое метрó

4. нóвый парк

5. совремéнная маши́на

6. высóкое здáние

7. мáленькое кафé

8. ширóкая рекá

2. 예시에 따라 문장을 완성하세요.

Модéль: Э́тот журнáл *нóвый*, а тот ....
⇒ Э́тот журнáл *нóвый*, а тот журнáл *стáрый*.

1) Э́та сýмка некраси́вая, а та сýмка ....

2) Э́тот стол большóй, а тот стол ....

3) Э́то здáние ни́зкое, а то здáние ....

4) Э́тот мужчи́на стáрый, а тот мужчи́на ....

5) Э́та кни́га хорóшая, а та кни́га ....

6) Э́то письмó стáрое, а то письмó ....

3. 번역 앱(app)을 이용하여 대화를 러시아어로 옮기고 말해 보세요.

1.

- 이 가방은 누구 거야?
- 이 가방은 내 거야.
- 이것은 새 가방이니?
- 아니, 이 가방은 오래 된 거야.

2.

- 이것은 새 경기장(стадио́н)이니?
- 아니, 이것은 오래된 경기장이야.
- 그럼 이 공원은 어떤 거야?
- 이 공원 역시 오래된 거야.

3.

- 이것은 어떤 개야?
- 이것은 크고 착한(до́брый) 개야.
- 이것은 어떤 고양이야?
- 이것은 작고 귀여운(ми́лый) 고양이야.

4.

- 이것은 어떤 공(мяч)이야?
- 이것은 큰 공이야.
- 그럼 저것은 어떤 공이야?
- 저것은 작은 공이야.

КУЛЬТУ́РА 러시아 국기와 문장

러시아 국기 (Росси́йский флаг)

러시아 국기는 가로 세로 3:2 비율의 직사각형 안에 위로부터 아래로 흰색, 파란색, 빨간색을 넣은 3색기이다. 1705년 1월 20일 표트르 Ⅰ(Пётр Пéрвый)세의 명령에 따라 현재의 러시아 국기와는 약간 다른 3색기가 국기로서 최초로 인정되었다. 소 연방 해체 시기인 1991년 8월 21일에 현재의 3색기가 다시 국기로서 등장하였고, 2000년 12월 8일 러시아 의회는 현재의 러시아 국기를 공식적으로 지정하였다. 흰색은 '자유, 독립, 고귀함과 진실'을, 파란색은 '정직, 헌신, 충성'을, 빨간색은 '용기, 사랑, 자기희생'을 각각 상징한다. 또한 전통적인 해석으로 흰색은 '천상의 세계', 파란색은 '하늘나라', 빨간색은 '지상의 세계'를 나타내는 우주적 개념을 설명하고 있다.

러시아 문장 (Росси́йский герб)

15세기 말 비잔틴 제국에서 계승된 쌍두 독수리의 형태를 근간으로 한 문장은 제정 러시아 황실의 권력을 상징하면서, 러시아가 동로마 제국의 진정한 계승자이자 동방 정교의 마지막 수호자라는 자부심을 표현하고 있으며, 이 문장은 17세기부터 재정 러시아 황실의 공식 문장으로 사용되었다. 동쪽과 서쪽을 바라보고 있는 쌍두 독수리의 머리에는 각각 작은 왕관이 있고, 그 위에 다시 큰 왕관이 올려져 있는 형태이다. 이 3개의 왕관은 행정, 입법, 사법권을 의미하며, 쌍두 독수리의 두 발이 각기 잡고 있는 지팡이(홀)는 세속적인 권력을 상징하고, 종교적 권력을 상징하는 십자지구본(황금 구)는 주권 수호의 의지와 국가의 통일성을 의미한다. 쌍두 독수리의 중심에 있는 방패 모양의 문양(모스크바 문장)에는 성자 게오르기가 창으로 용을 찌르고 있는 모습을 하고 있는데, 이는 악에 대한 승리와 정치적 중심으로서 모스크바의 중요성을 상징하고 있다.

ИНФОРМÁТИКА IT 활용

KoRusDic

KoRusDic은 유료 러-한·한-러 사전 유료 어플이다. 북한에서 발행된 삼흥대사전에 러시아에서 발행된 다른 러시아어 사전들을 더해 표제어가 매우 많다. 제대로 된 러-한·한-러 사전 어플이 거의 없다는 측면에서 보면 약간 비싼 가격이긴 하지만 활용도를 생각해 과감하게 구입해 볼만하다.

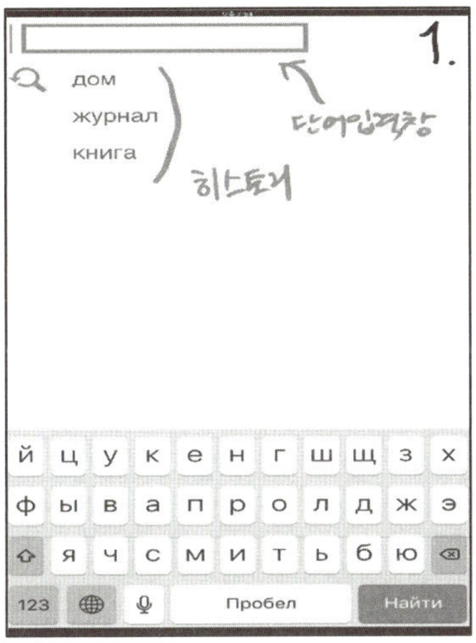

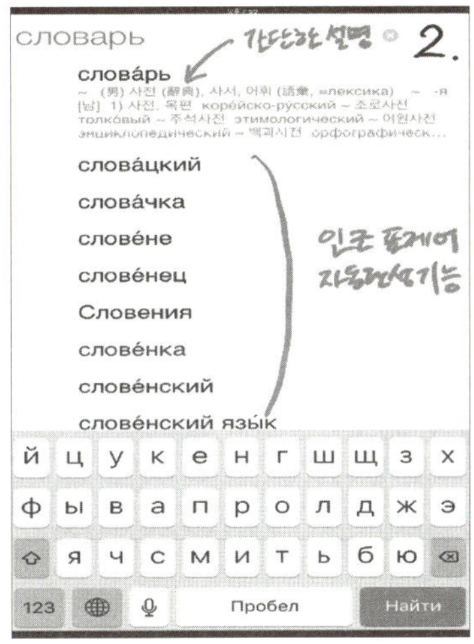

어플을 실행하면 맨 위쪽에 단어 입력창이 뜨는데 1번 그림에서 커서 옆 사각형으로 표시된 부분이다. 아래 부분에 나열되어 있는 단어들은 최근까지 찾아본 단어들의 히스토리이다. 2번 그림에서 보듯이 словáрь라는 러시아어 단어를 검색해 보았다. 바로 아래 간단한 설명이 보인다. 그 아래 나열된 단어들은 유사한 다른 단어들을 찾아볼 수 있도록 인근 표제어를 알파벳순으로 열거해 놓았다. 2번의 간단한 설명 부분을 터치하면 3번 그림의 화면이 열린다. 해당 단어를 상세히 설명하는 다른 창이 열리는 것이다. 첫 부분에는 그 단어의 간단한 뜻을, 아래에는 용례를 포함한 상세한 뜻을 보여주고 있다. 뜻을 확인하고 다시 새로운 단어 찾기로 돌아가려면 입력창 제일 우측에 있는 x표시나 화면 맨 아래 우측에 있는 키보드 표시를 누르면 된다.

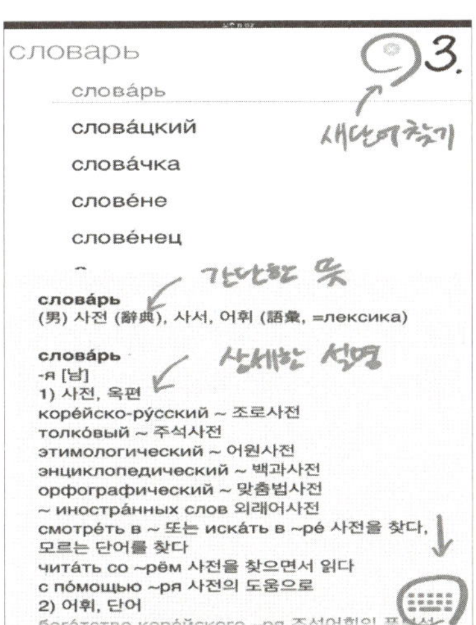

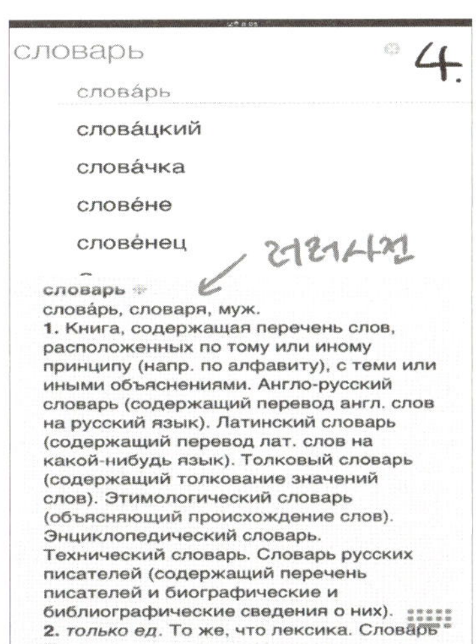

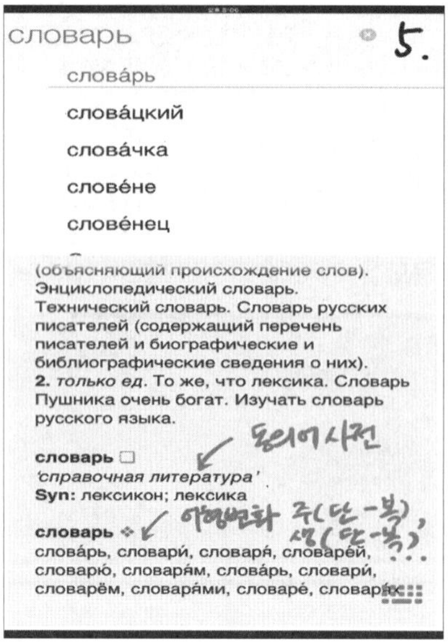

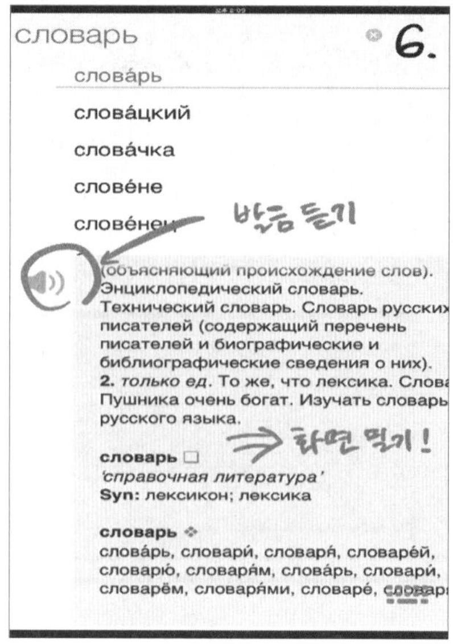

단어 설명 화면을 좀 더 아래로 내리면 러-러 사전이 나오고 좀 더 내리면 동의어사전이 나온다. 마지막에는 러시아어 어형변화가 수록되어 있는데 명사인 경우 주격 단수와 복수, 생격 단수와 복수 순으로 나열되어 있다. 화면을 오른쪽으로 밀면 이 단어의 발음을 들을 수 있다.

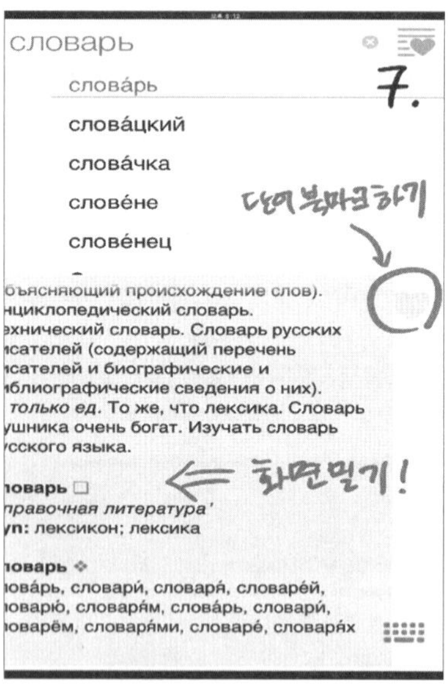

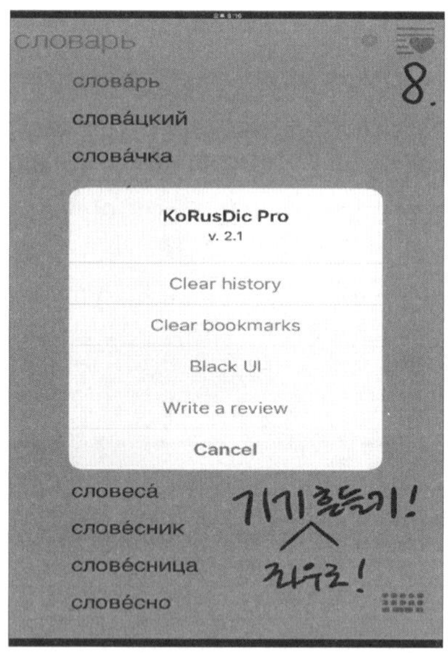

화면을 왼쪽으로 밀면 하트 표시가 나타나면서 해당 단어가 북마크로 기록된다. 7번 그림의 우측 상단에 텍스트를 뜻하는 줄 위에 하트 표시가 그려져 생긴 것을 확인할 수 있다. 북마크 한 단어는 여유 시간에 수시로 열어보아 암기하는데 활용한다. 8번 그림에서처럼 휴대폰을 좌우로 살짝 흔들면 사전 환경설정을 할 수 있다. 히스토리를 삭제하고, 북마크도 없앨 수 있으면 현재 하얀색으로 되어 있는 사전 바탕색을 검정색으로 바꿀 수도 있다.

Уро́к 7

Э́то на́ша аудито́рия.

이곳은 우리 강의실이다.

Э́то мои́ хоро́шие друзья́.	이 애들은 내 친한 친구들이다.
Чьи э́ти удо́бные столы́ и сту́лья?	이 편리한 책상과 의자들은 누구 거야?
Каки́е э́то шкафы́?	이것은 어떤 책장(/옷장)들이야?

ДИАЛÓГ 대화

1.

- Какúе э́то пáрки?
- Э́то стáрые пáрки.
- Какúе э́то дерéвья?
- Э́то высóкие дерéвья.

2.

- Чьи э́то кнúги?
- Э́то моú кнúги.
- Э́то твоú тетрáди?
- Нет, э́то нáши тетрáди.

ТЕКСТ 본문

Э́то нáша аудитóрия.

Вот нáши удóбные столы́ и стýлья.

Тут высóкие шкафы́.

Там нáши учéбники и рáзные словарú.

Э́то моú хорóшие друзья́ А́нна и Ивáн.

Тут их большúе сýмки и рюкзакú.

ВОПРÓСЫ

1. Какúе там столы́ и стýлья? ______________________
2. Какúе там шкафы́? ______________________
3. Какúе там словарú? ______________________
4. Кто э́то А́нна и Ивáн? ______________________
5. Чьи э́то большúе сýмки? ______________________

СЛОВА́РЬ 어휘

авто́бус	버스
аудито́рия	강의실
вещь (여)	물건, 사물
вре́мя	시간
глаз (복: глаза́)	눈, 시력, 시각
де́рево	나무
доро́га	길, 도로, 여행
изве́стный (-ая, -ое, -ые)	유명한, 잘 알려진
ка́рта	카드, 지도
маши́на	자동차, 기계
парк	공원
па́спорт	여권, 신분증
пе́сня	노래
пло́щадь (여)	광장
подру́га	여자친구
ра́зный (-ая, -ое, -ые)	다양한, 여러 가지의
ребёнок	아이, 어린이
си́ний (-яя, -ее, -ие)	파란, 청색의
слова́рь (남)	사전, 어휘
сосе́д	이웃, 이웃집 사람
су́мка	가방, 핸드백
теа́тр	연극, 극장
удо́бный (-ая, -ое, -ые)	편안한
у́лица	거리
у́хо (복: у́ши)	귀, 청각
уче́бник	교과서
учи́тель (남)	(초 · 중 · 고) 선생님
футболи́ст	축구선수
хоро́шие друзья́	친한 친구들, 좋은 친구들
ша́хматы (복)	체스
шкаф	책장
эта́ж	층
ю́бка	치마

ГРАММÁТИКА 문법

1. 명사의 복수 주격

명사의 복수 주격은 3가지 성의 마지막 어미 형태에 따라 다양한 어미를 취한다.

1) 남성명사(자음-Ø)와 여성 명사(-а)의 복수형 어미의 기본형은 -ы이다.

2) 남성 명사 마지막 철자가 -й, -ь, 여성명사 마지막 철자가 -я, -ь일 때 -и이다.

3) 어간의 마지막 자음이 г, к, х, ж, ч, ш, щ일 때는 -и이다. (정자법 규칙)

4) 중성명사 복수형 어미의 기본형은 -а, -я이다.

성	단수주격	단수 → 복수주격 어미	단수 주격	복수 주격
남성	자음(Ø)	ø → + -ы	студéнт теáтр	студéнты теáтры
여성	-а	-а → -ы	кáрта маши́на	кáрты маши́ны
남성	-й -ь -г, -к, -х -ж, -ч, -ш, -щ	-й → -и -ь → -и -г, -к, -х → +и - ж, -ч, -ш, -щ → +и	музéй словáрь парк этáж	музéи словари́ пáрки этажи́
여성	-я -ь -г, -к, -х+а -ж, -ч, -ш, -щ +ь	-я → -и -ь → -и -га, -ка, -ха → -и -жь, -чь, -шь, -щь → -и	пéсня плóщадь подрýга вещь	пéсни плóщади подрýги вéщи
중성	-о	-о → а	окнó	óкна
중성	-е	-е → я	мóре здáние	моря́ здáния

5) 단수로만 사용되는 명사 – 방위를 의미하는 명사, 일부 추상명사, 물질명사, 집합명사

востóк	동	зáпад	서	юг	남	сéвер	북
дрýжба	우정	здорóвье	건강	прирóда	자연	вóздух	공기
мя́со	고기	молокó	우유	рис	쌀, 밥	лук	양파
óбувь	신발	одéжда	의복	мéбель	가구	картóфель	감자

6) 복수로만 사용되는 명사

дéньги	돈	очкú	안경	родúтели	부모님
брю́ки	바지	щи	시(양배추 수프)	канúкулы	방학
лы́жи	스키	часы́	시계	шáхматы	체스

7) 예외적인 명사 복수형

дом – домá	друг – друзья́	человéк – лю́ди
гóрод – городá	брат – брáтья	ребёнок – дéти
глаз – глазá	стул – стýлья	сестрá – сёстры
пáспорт – паспортá	сын – сыновья́	ýхо – ýши
учúтель – учителя́	дéрево – дерéвья	сосéд - сосéди

※ *일부 명사는 복수형에서 강세가 이동한다.*

※ *일부 남성·중성 명사의 복수 주격 어미는* **-ья***이다.*

※ *단수와 복수 형태가 완전히 다른 경우도 있다.*

2. 형용사의 복수 주격

	남성형용사	여성형용사	중성형용사
경변화 어미	-ый, -ой → -ые	-ая → -ые	-ое → -ые
연변화 어미	-ий → -ие	-яя → -ие	-ее → -ие

- Как**úе** э́то студéнт**ы**? - Э́то нóв**ые** студéнт**ы**? - Как**úе** э́то рýчк**и**? - Э́то сúн**ие** рýчк**и**?	- Как**úе** э́то кнúг**и**? - Э́то нóв**ые** кнúг**и**? - Как**úе** э́то ю́бк**и**? - Э́то сúн**ие** ю́бк**и**?	- Как**úе** э́то слов**á**? - Э́то нóв**ые** слов**á**. - Как**úе** э́то мор**я́**? - Э́то сúн**ие** мор**я́**.

УПРАЖНЕ́НИЯ 연습문제

1. 예시에 따라 대화를 완성하세요.

Моде́ль: - *Каки́е* э́то *музе́и*?
- Э́то *ста́рые музе́и.*

1. у́зкие у́лицы

2. ста́рые часы́

3. ни́зкие дома́

4. больши́е поля́

5. высо́кие дере́вья

6. но́вые авто́бусы

7. краси́вые ша́хматы

8. широ́кие доро́ги

2. 예시에 따라 대화를 완성하세요.

Моде́ль: Э́то *мой брат.* → Э́то *мои́ бра́тья.*

1) Э́то твоя́ подру́га? ....
2) Э́то ва́ша сестра́? ....
3) Э́то но́вый слова́рь. ....
4) Э́то ма́ленький ребёнок. ....
5) Э́то высо́кое зда́ние. ....
6) Э́то большо́е окно́. ....
7) Чей э́то стул? ....

3. 번역 앱(app)을 이용하여 대화를 러시아어로 옮기고 말해 보세요.

1.

- 이 축구선수들(футболи́сты)은 어떤 선수들이지?
- 이들은 유명한(изве́стный) 선수들이야.
- 이 곳은 어떤 경기장이지?
- 이 곳은 새로운 경기장이야.

2.

- 이 분들이 당신의 부모님입니까?
- 예, 이 분들이 제 어머니와 아버지에요.
- 이 사람들이 당신의 아내와 아이들입니까?
- 예, 저기 제 아내가 있고, 여기에 내 아들과 딸이 있어요.

3.

- 이들은 누구의 친구들이지?
- 이들은 내 친구들이야.
- 이들은 어떤 친구들이지?
- 이들은 좋은 친구들이야.

4.

- 저기에는 어떤 책장이 있지?
- 저기에는 높은 책장이 있어.
- 우리의 새 공책들은 어디에 있지?
- 여기에 우리의 새 공책들이 있어.

ИНФОРМА́ТИКА IT 활용

네이버(NAVER) 사전

네이버 러시아어 사전은 포털사이트 네이버가 운영하는 다양한 종류의 외국어 사전 가운데 하나이다. 네이버 홈페이지에서 사전 메뉴를 선택해 찾아 들어갈 수도 있고 주소창에 rudic.naver.com을 입력해 아래 1번 그림처럼 바로 검색 페이지를 열수 있다.

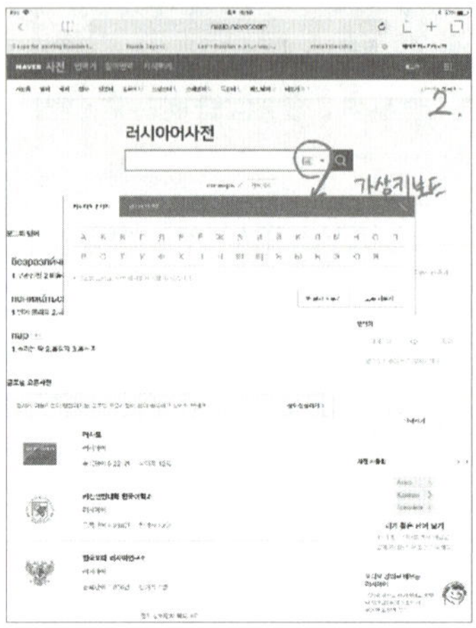

1번 그림은 찾고자 하는 단어를 입력하는 창과 '오늘의 단어'를 보여주는 러시아어 사전 초기 화면이다. 러시아어 글자판이 아직 익숙하지 않은 학생들은 2번 그림처럼 검색창 오른쪽 끝부분에 있는 글자판 아이콘을 눌러 가상키보드를 열어 마우스를 이용해 입력할 수 있다.

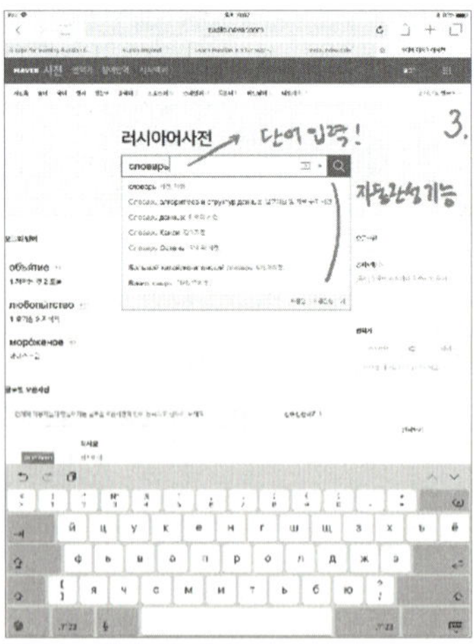

3번 그림에서 보듯 검색창에 слова́рь라는 단어를 찾아보았다. 이때 검색창 아래 이 단어와 관련한 단어나 어구들이 나타나는데 이를 '자동완성기능'이라 부른다. 단어를 모두 입력하지 않아도 찾고자 하는 단어를 미리 보여주며 관련 단어 결합들을 빠르게 찾을 수 있게 도와준다. 네이버 사전은 듣기는 물론 러-러사전도 보여주는데 출처가 되는 '윅셔너리'를 누르면 단어 하나를 마치 백과사전 표제어 하나처럼 구성해 해당 단어와 관련한 많은 다양한 지식들을 보여주는 викислова́рь로 연결된다. 단어의 모든 변화형을 보고 싶으면 일단 눌러보자!

Уро́к 8

Сейча́с заня́тие.

지금은 수업 시간이다.

Что де́лают студе́нты?	대학생들은 무엇을 합니까?
Они́ внима́тельно слу́шают.	그들은 주의 깊게 듣고 있어요.
Как чита́ют студе́нты?	대학생들은 어떻게 읽고 있나요?

ДИАЛÓГ 대화

1. 

- Что он дéлает?
- Он рисýет.
- Как он рисýет?
- Он óчень хорошó рисýет.

2. 

- Что ты дéлаешь?
- Я отдыхáю.
- Ты гуля́ешь?
- Нет, я не гуля́ю. Я читáю дóма.

ТЕКСТ 본문

Сейчáс заня́тие.
Там наш профéссор, а тут студéнты.
Сергéй Ивáнович хорошó объясня́ет.
Студéнты внимáтельно слýшают.
Потóм онѝ пѝшут.
Сергéй Ивáнович спрáшивает, а студéнты бы́стро отвечáют.

ВОПРÓСЫ

1. Что дéлает Сергéй Ивáнович? ____________________
2. Что дéлают студéнты? ____________________
3. Как слýшают студéнты? ____________________
4. Что студéнты дéлают потóм? ____________________
5. Как онѝ отвечáют? ____________________

СЛОВА́РЬ 어휘

бы́стро	빨리, 빠르게
внима́тельно	주의 깊게, 신중히
гуля́ть(I) (гуля́-ю, -ешь; -ют)	산책하다
дава́ть(I) (даю́, даёшь; даю́т)	주다
де́лать(I) (-ю, -ешь; -ют)	하다, 만들다
днём	낮에
до́ма	집에서, 집에
ду́мать(I) (-ю, -ешь; -ют)	생각하다
заня́тие	강의, 수업
игра́ть(I) (-ю, -ешь; -ют)	놀다, 연주하다, 경기하다
коре́йский (-ая, -ое, -ие)	한국의, 한국인의
кра́йне	매우, 극단적으로
кра́йний (-яя, -ее, -ие)	극도의, 극단적인, 최후의
ле́том	여름에
ме́дленно	느리게, 천천히
но́чью	밤에, 한 밤중에
объясня́ть(I) (-ю, -ешь; -ют)	설명하다
отвеча́ть(I) (-ю, -ешь; -ют)	대답하다
отдыха́ть(I) (-ю, -ешь; -ют)	쉬다, 휴식하다
о́чень	매우, 엄청
писа́ть(I) (пиш-у́, пиш-ешь; пиш-ут)	쓰다
пло́хо	나쁘게, 서투르게, 나쁘다
по-коре́йски	한국어로, 한국식으로
понима́ть(I) (-ю, -ешь; -ют)	이해하다
по-ру́сски	러시아어로, 러시아식으로
пото́м	나중에, 다음에, 후에
рабо́тать(I) (-ю, -ешь; -ют)	일하다
рисова́ть(I) (рису́-ю, -ешь; -ют)	(그림을) 그리다
ру́сский (-ая, -ое, -ие)	러시아의, 러시아인의
слу́шать(I) (-ю, -ешь; -ют)	듣다
спра́шивать(I) (-ю, -ешь; -ют)	묻다
танцева́ть(I) (танцу́-ю, -ешь; -ют)	춤추다
то́же	~도 또한
у́тром	아침에

ГРАММА́ТИКА 문법

I. 동사

동사는 사람이나 사물의 동작이나 행위를 나타내는 품사로 시제에 따라 그 동작이 언제 실행되고 있는가를 알 수 있다. 러시아어 동사는 과거, 현재, 미래 시제의 세 가지로 형태로 나뉘며, 각 시제마다 다른 어미 변화형을 갖는다.

1. 동사 현재시제 (I)

знать(알다), говори́ть(말하다)와 같이 동사의 기본 형태를 동사의 미정형이라고 한다. 동사 미정형의 대부분은 -ть로 끝난다. 동사의 현재시제 변화는 주어의 인칭(лицо́)과 수(число́)에 따라 여섯 가지로 변화하며, 그 변화 방식은 크게 I식 변화와 II식 변화로 구분된다. 어떤 동사가 I식 변화를 하고, 어떤 동사가 II식 변화를 하는지를 미정형의 형태상으로 구분할 수는 없다. 일반적으로 동사 미정형이 -ать, -ять로 끝나는 동사는 I식 변화를 주로 하고, 미정형이 -ить, -еть로 끝나는 동사는 II식 변화를 주로 한다. 물론 예외는 있다.

1) I식 변화(e형 변화)

동사 미정형이 -ать, -ять로 끝나는 대부분의 동사는 I식 변화를 한다. I식 변화는 동사 미정형 어미 '-ть'를 떼어내고, 남은 부분을 현재형 어간으로 하여 그 자리에 동사 인칭 어미인 -ю, -ешь, -ет, -ем, -ете, -ют를 붙인다.

동사 / 인칭	чита́ть 읽다	слу́шать 듣다	рисова́ть 그리다	де́лать ~을 하다	жить 살다
я	чита́-ю	слу́ша-ю	рису́-ю	де́ла-ю	жив-у́
ты	чита́-ешь	слу́ша-ешь	рису́-ешь	де́ла-ешь	жив-ёшь
он / она́	чита́-ет	слу́ша-ет	рису́-ет	де́ла-ет	жив-ёт
мы	чита́-ем	слу́ша-ем	рису́-ем	де́ла-ем	жив-ём
вы	чита́-ете	слу́ша-ете	рису́-ете	де́ла-ете	жив-ёте
они́	чита́-ют	слу́ша-ют	рису́-ют	де́ла-ют	жив-у́т

※ -овать, -евать로 끝나는 I식 동사는 현재시제 인칭 변화 시 -ова-, -ева-를 생략하고, 그 대신에 -у-를 넣어서 변화시킨다.

※ 동사 жить는 인칭 변화 시에 어간에 자음 -в-가 나타난다.

2) I식 치음(잇소리) 변화 (동사 писáть의 변화)

인칭	я	ты	он/онá	мы	вы	они́
писáть	пишý	пи́шешь	пи́шет	пи́шем	пи́шете	пи́шут

러시아어 동사 현재 시제 변화에 있어서 어간의 마지막 자음이 **치음**(д, з, с, т, ст)일 경우, 이들 치음은 대응하는 **상악음**(д,з→ж, с→ш, т→ч, ст→щ)으로 교체된다. 동사 писáть는 현재 시제 인칭변화에서 치음 с가 대응하는 상악음 ш로 모든 인칭에서 자음이 전부 교체되어 나타난다. I식 변화에서 치음변화를 하는 동사는 그렇게 많지 않다. 1인칭 단수 어미와 3인칭 복수 어미인 -ю, -ют 대신에 -у, -ут가 된 것은 정자법 규칙에 따른 것이다. 반면에 II식 변화에서는 어간의 마지막에 치음이 있는 모든 동사는 치음 변화가 일어나는데, 치음의 교체는 오직 1인칭 단수에서만 일어난다.

3) I식 변화를 하는 동사

читáть 읽다	знать 알다	рабóтать 일하다	отвечáть 대답하다
понимáть 이해하다	спрáшивать 질문하다	слýшать 듣다	отдыхáть 쉬다
дýмать 생각하다	объяснять 설명하다	рисовáть 그리다	танцевáть 춤추다
изучáть 공부하다	гулять 산책하다	писáть 쓰다	игрáть 놀다

2. 동사 ХОТÉТЬ (원하다)

동사 хотéть(원하다)는 특수한 형태로 변화한다. 즉 단수 1, 2, 3인칭은 I식 변화에 준하여 치음(т→ч) 변화가 수반되고, 복수 1, 2, 3인칭은 II식 변화에 준하여 변화하는 특수한 형태의 혼합변화를 하고 있다.

	я	ты	он, онá	мы	вы	они́
хотéть	хоч-ý	хóч-ешь	хóч-ет	хот-и́м	хот-и́те	хот-я́т

※ 동사 хотéть는 문장에서 조동사의 역할을 하며, 그 경우 동사의 미정형이 수반된다.

Он всегдá хóчет игрáть в футбóл. 그는 항상 축구경기 하기를 원한다.

3. 동사의 부정형

동사는 무엇인가를 행하는(«дéлать ~하다») 동작의 의미를 가지고 있다. 어떤 행위의 부정적인 의미(«не дéлать ~하지 않다»)를 전달하기 위해서는 부정 소사 **HE**를 동사 앞에 붙여주면 된다.

Антóн читáет.	안톤은 읽고 있다.
Антóн **не** читáет.	안톤은 읽고 있지 않다.
Áнна слýшает.	안나는 듣고 있다.
Áнна **не** хóчет слýшать.	안나는 듣기를 원하지 않는다.

1. 의문사 КАК?(어떻게?)와 부사

어떤 행위가 어떻게 진행되고 있는지를 알고자 할 때, 의문사 Как?를 사용하여 묻는다. 이에 대한 대답은 행위의 다양한 의미를 알려주는 부사를 이용하여 답한다.

- **Как** он читáет? - **Как** онá понимáет?	- Он читáет ... - Онá понимáет ...	хорошó (óчень хорошó, нехорошó) плóхо (óчень плóхо, неплóхо) внимáтельно, бы́стро, мéдленно

5. 부사의 형성

부사는 단어 자체가 원래부터 존재해 온 본원부사와 다른 품사에서 파생된 파생부사가 있다. 본원부사로는 как, тут, там 등이 있으며, 명사와 형용사에서 만들어진 파생 부사 ýтром, хорошó, бы́стро, по-рýсски 등이 있다.

1) 파생부사는 형용사에서 주로 만들어지며, -о와 -е로 끝나는 부사 대부분이 여기에 속한다.

хорóший ⇒ хорошó　　плохóй ⇒ плóхо　　крáйний ⇒ крáйне

2) -ский로 끝나는 형용사는 어간에 -и를 붙인다.

рýсский ⇒ по-рýсски　　корéйский ⇒ по-корéйски

3) 시각과 계절을 나타내는 명사의 조격을 그대로 부사로 사용한다.

ýтро ⇒ ýтром　　день ⇒ днём　　ночь ⇒ нóчью　　лéто ⇒ лéтом

УПРАЖНÉНИЯ 연습문제

1. 참고 어휘를 활용하여 예시에 따라 대화를 완성하세요.

Модéль:

- Что вы дéлаете?
- Я *слýшаю*.
- Он тóже *слýшает*?
- Нет, он *не слýшает*. Он *читáет*.

Словá для спрáвок:

1) игрáть, дýмать	3) читáть, рисовáть
2) рабóтать, отдыхáть	4) танцевáть, гулять

2. 예시에 따라 문장을 완성하세요.

Модéль: Натáша .... (гулять). → Натáша *гуляет*.

1) Я ....(читáть).
2) Вы ....(отдыхáть)?
3) Что он ....(дéлать)?
4) Как онѝ ....(писáть)?
5) Ты хорошó...................................(танцевáть)?
6) Ивáн Петрóвич ....(объяснять).

3. I 식변화 동사들을 현재시제로 인칭변화 시키세요.

	я	ты	он/онá	мы	вы	онѝ
гулять						
давáть						
игрáть						
писáть						
понимáть						
танцевáть						

4. 번역 앱(app)을 이용하여 대화를 러시아어로 옮기고 말해 보세요.

1.

- 아빠는 무엇을 하고 있나요?
- 아빠는 책을 읽고 있어요.
- 그의 아들은 무엇을 하고 있나요?
- 그의 아들은 듣고 있어요.

2.

- 그들은 무엇을 하고 있나요?
- 그들은 춤을 추고 있어요.
- 그들은 어떻게 춤을 추나요?
- 그들은 매우 아름답게 춤추고 있어요.

3.

- 너는 무엇을 하고 있니?
- 나는 집에서 책을 읽고 있어.

4.

- 당신은 무엇을 하고 있나요?
- 나는 음악을 듣고 있어요.

КУЛЬТУ́РА 러시아 기념일과 경축일

러시아가 1917년 소비에트 혁명 후 신력(그레고리력)을 채택하여 사용한 것과는 달리 러시아 정교회는 여전히 구력(율리우스력)의 사용을 고수하고 있다. 이런 이유로 러시아 전통 축제와 경축일은 정교회의 전통에 따라 대부분 율리우스력을 기준으로 기념하고 있다. 이를 테면, 성탄절과 새해를 여전히 구력으로 기념하는데, 구력은 신력보다 매년 11분 정도가 늦는데, 현재 두 역법 사이에는 13일의 차이가 난다. 따라서 러시아에서는 1월 7일에 성탄절을 기념하고, 1월 13일을 새해로 간주한다. 성탄절과 부활절, 마슬레니차는 러시아 정교와 관련된 축일이다.

성탄절(Рождество́)과 새해(Но́ый год)

러시아의 성탄절은 12월 25일이 아니라, 정교회 전통에 의해 1월 7일이다. 그러나 성탄절과 신년을 축하하는 분위기는 12월 말부터 시작된다. 또한 새해 맞이 행사도 12월 31일 자정에 성대하게 기념하고 있다. 새해 전날인 12월 31일에 가족과 친지들이 집에 함께 모여서 새해 맞이 파티의 식탁을 준비한 후, 음식을 먹고 주류를 마시면서 자정 무렵에 TV를 통해 행해지는 새해 전야제 행사를 기다린다. 모스크바 크렘린에 있는 시계탑의 종이 새해를 알리는 12시를 가리키는 방송과 함께 시작되는 러시아 대통령의 신년사를 시청하면서 샴페인을 터트리고 서로에게 키스를 하며 새해를 축하한다. 이 때의 인사말은 "새해를 축하합니다!(С Но́вым го́дом!)"이다. 새해 아침이 되면 어린이들은 '겨울 할아버지'(Дед Моро́з)와 '눈꽃 소녀'(Снегу́рочка)가 집안의 크리스마스 트리 밑에 놓고 간 선물을 개봉한다. 이와 같이 신력 1월 1일에 새해 맞이 행사를 한 러시아인들은 구력에 따라 1월 14일에 또 한 번의 전통적인 새해(Ста́рый Но́вый год)를 맞이한다.

마슬레니차(Мáсленица)

마슬레니차는 러시아의 전통적인 봄맞이 축제로 부활절 8주전인 2월 중순에서 3월 초순에 1주일 동안 치러진다. 마슬레니차가 끝나면 7주간의 대금식 기간이 시작되기 때문에 러시아인들에게 이 축제기간은 술과 음식에 취하는 '폭식'과 '유흥'의 주간이다. 마슬레니차 기간은 일주일 동안 진행되는데, 월요일은 '만남의 날', 화요일은 '유희의 날', 수요일은 '미식가의 날', 목요일은 '폭음의 날', 금요일은 '장모의 날', 토요일은 '시누이의 날', 일요일은 '용서의 날'이라고 불린다.

러시아인들은 태양을 상징하는 블린(блин)에 버터(мáсло)를 발라 배불리 먹고 전통에 따라 다양한 놀이를 진행하며, 짚으로 만든 인형을 불에 태우는 등 겨울의 액운을 쫓아내는 행사를 벌이기도 한다. 이 축제기간 중에 수많은 공연과 볼거리, 술과 음식 접대 등 다양한 놀이를 하며, 남자들은 두 패(겨울과 봄)로 나뉘어 눈밭에서 격렬한 싸움을 벌인다.

국제 여성의 날(Междунарó дный жéнский день)

3월 8일은 '국제 여성의 날'인데, 특히 러시아 여성들이 가장 좋아하는 날이다. 이날 러시아의 여성들은 남성들 혹은 자녀들로부터 애정이 담긴 카드와 꽃 등의 선물을 받으며 축하를 받는다. 또한 직장에서도 여성에게 꽃과 선물 그리고 축하의 말과 함께 모든 일을 남성들이 여성들을 대신하여 해 주기도 한다.

부활절(Пáсха)

러시아에서 부활절은 종교적인 의미에서 가장 중요한 축일 이다. 러시아인들은 부활절에 이 세상과 저 세상의 경계가 투명해져서 망자와 교류할 수 있는 날이라고 믿었다. 부활절 전날 저녁에 러시아인들은 성당에 모여 예배를 드리고, 자정 예배가 시작되면 세 번의 키스와 함께 사제가 기쁜 목소리로 "그리스도가 부활하셨다."(Христóс Воскрéсе!)라고 말하면, 신자들은 "진정으로 부활하셨다."(Воистину Воскрéсе!)라고 말하면서 서로에게 인사한다. 부활절에 러시아인들은 아름답게 채색한 달걀 '피산카'(пи́санка)를 선물로 주고 받는다. 부활절 예배를 마치고 나면 십자가와 이콘을 든 행렬이 마을을 도는 '십자가 행진'이 거행된다. 이 행사는 기독교 축일인 부활절에 이교적인 풍습이 결합한 러시아 정교만의 독특한 의식으로 마을 전체의 행복과 풍년을 기원하는 전통이다.

Урóк 9

Мы хотим говорить по-рýсски.

우리는 러시아어로 말하기를 원한다.

Я хорошó говорю́ по-рýсски. 나는 러시아어로 잘 말한다.

Вы говори́те по-англи́йски? 당신은 영어로 말합니까?

Я занимáюсь дóма. 나는 집에서 공부한다.

ДИАЛÓГ 대화

1.

- Что дéлает мáма?
- Онá готóвит.
- Что дéлает Антóн?
- Он спит.

2.

- Ты хорошó говори́шь по-рýсски?
- Нет, я ещё плóхо говорю́ по-рýсски.
- Ты говори́шь по-англи́йски?
- Да, я хорошó говорю́ по-англи́йски.

ТЕКСТ 본문

Э́то нáши друзья́. Они́ инострáнцы.
Ви́ктор – рýсский. Он ýчится здесь.
Он хорошó говори́т по-корéйски.
Джон – америкáнец. Он прекрáсно говори́т по-англи́йски и хорошó по-корéйски.
Он не ýчится, он рабóтает.

ВОПРÓСЫ

1. Ви́ктор и Джон – корéйцы? ______________________
2. Что здесь дéлает Ви́ктор? ______________________
3. Джон ýчится? ______________________
4. Как Ви́ктор говори́т по-корéйски? ______________________
5. Как Джон говори́т по-англи́йски? ______________________

СЛОВА́РЬ 어휘

америка́нец	미국 남자
америка́нка	미국 여자
боя́ться(II) (бо-ю́сь, -и́шься; -я́тся)	무서워하다, 두려워하다
в университе́те (учи́ться)	대학교에서 (공부하다)
гото́вить(II) (гото́вл-ю, -вишь; -ят)	준비하다, 음식을 만들다
держа́ть(II) (держ-у́, -ишь; -ат)	잡고 있다, 유지하다
занима́ться(II) (занима́-юсь, -ешься; -ются)	공부하다, 종사하다, 배우다
звони́ть(II) (звон-ю́, -и́шь; -я́т)	~에게 전화하다
иностра́нец	외국인
коре́ец	한국 남자
коре́йцы (복)	한국인들
корея́нка	한국 여자
лежа́ть(II) (леж-у́, -и́шь; -а́т)	누워있다, 놓여있다
петь(I) (пою́, поёшь; пою́т)	노래하다
пла́вать(I) (пла́ва-ю, -ешь; -ют)	수영하다, 헤엄치다, 항해하다
по-англи́йски	영어로, 영국식으로
познако́миться(II) (познако́мл-юсь, -мишься; -ятся)	아는 사이가 되다, 인사 나누다
по-коре́йски	한국어로, 한국식으로
прекра́сно	매우 잘, 멋지게, 훌륭하게
ру́сский (-ая, -ое, -ие)	러시아의, 러시아인의, 러시아인
спать(II) (спл-ю, сп-ишь; сп-ят)	자다, 잠자다
стро́ить(II) (стро́-ю, -ишь; -ят)	건축하다, 건설하다
у́читься(II) (уч-у́сь, -ишься; -атся)	배우다, 공부하다
япо́нка	일본 여자

ГРАММА́ТИКА 문법

1. 동사 현재시제 (II)

1) II식 변화 (и형 변화)

II식 변화하는 동사 미정형은 어미가 주로 -ить, -еть로 끝나는 동사들이 많다. 그러나 лежа́ть(누워있다), держа́ть(잡고 있다), боя́ться(무서워하다)처럼 -ать, -ять로 끝나는 동사도 간혹 있다. II식 변화는 동사의 미정형에서 어미 -ить(-ать, -ять)를 떼어내고, 나머지 부분을 어근으로 하여 거기에 인칭 어미인 -ю, -ишь, -ит, -им, -ите, -ят를 붙인다.

동사 / 인칭	говори́ть 말하다	учи́ть 가르치다	смотре́ть 보다	ви́деть 보이다	**лежа́ть** 눕다
я	говорю́	учу́	смотрю́	ви́жу	лежу́
ты	говори́шь	у́чишь	смо́тришь	ви́дишь	лежи́шь
он / она́	говори́т	у́чит	смо́трит	ви́дит	лежи́т
мы	говори́м	у́чим	смо́трим	ви́дим	лежи́м
вы	говори́те	у́чите	смо́трите	ви́дите	лежи́те
они́	говоря́т	у́чат	смо́трят	ви́дят	лежа́т

2. II 식 변화 동사의 순음 변화

-ить 또는 -ать를 떼어낸 마지막 자음이 **순음**(б-п, в-ф, м)인 경우, 동사 미정형에 없던 자음 -л-이 **1인칭 단수** 변화형에서만 나타난다.

► люби́ть(사랑하다), спать(잠자다), гото́вить (준비하다), знако́миться(아는 사이가 되다)의 현재형 변화

인칭	я	ты	он / она́	мы	вы	они́
люби́ть	люблю́	лю́бишь	лю́бит	лю́бим	лю́бите	лю́бят
спать	сплю	спишь	спит	спим	спи́те	спят
гото́вить	гото́влю	гото́вишь	гото́вит	гото́вим	гото́вите	гото́вят
знако́миться	знако́м-люсь	знако́м-ишься	знако́м-ится	знако́м-имся	знако́м-итесь	знако́м-ятся

3. II 식 변화를 하는 동사

говори́ть 말하다 учи́ть 배우다 смотре́ть 보다 люби́ть 사랑하다
спать 자다 звони́ть 전화하다 гото́вить 준비하다 стро́ить 건축하다
кури́ть 흡연하다 проси́ть 요청하다 по́мнить 기억하다 спо́рить 논쟁하다
купи́ть 구입하다 дари́ть 선물하다 ве́рить 믿다 стоя́ть 서 있다

4. -ся가 붙은 동사 (재귀동사)

учи́ться와 같이 -ся가 붙은 동사를 재귀동사라고 한다. 재귀동사는 인칭변화의 활용에서 -ся를 떼고 활용형을 만든 뒤, 자음으로 끝나면 -ся, 모음으로 끝나면 -сь를 붙인다. -ся는 원래 재귀대명사 себя́ (자기·자신을)에서 파생된 것으로 동작이 자기 자신에게 되돌아오는 것을 뜻한다.

인칭	я	ты	он, она́	мы	вы	они́
учи́ться	уч-у́сь	у́ч-ишься	у́ч-ится	у́ч-имся	у́ч-итесь	у́ч-атся
занима́ться	занима́-юсь	занима́-ешься	занима́-ется	занима́-емся	занима́-етесь	занима́-ются

5. 부사 по-ру́сски

러시아어 동사는 보어 및 목적어를 수반하는 형태에서 부사 혹은 대격을 취한다. 타동사는 일반적으로 목적어인 대격을 취하지만, 몇몇 동사들은 언어와 관련하여 사용될 때 항상 по-ру́сски 와 같은 부사 형태를 취한다.

Я	чита́ю	по-ру́сски	나는 러시아어로 읽는다.
	говорю́	по-англи́йски	나는 영어로 말한다.
	пишу́	по-коре́йски	나는 한국어로 쓴다.
	понима́ю	по-кита́йски	나는 중국어를 이해한다.
	отвеча́ю	по-япо́нски	나는 일본어로 대답한다.
	ду́маю	по-неме́цки	나는 독일어로 생각한다.
	пою́	по-францу́зски	나는 프랑스어로 노래한다.

- Вы говори́те **по-англи́йски**?	- **Как** вы говори́те по-англи́йски?
- Да, я говорю́ **по-англи́йски**.	- Я **хорошо́** говорю́ по-англи́йски.

УПРАЖНÉНИЯ 연습문제

1. 예시에 따라 대화를 완성하세요.

Модéль: - Что *дéлает Глеб*?
- *Он читáет*.

1. Ири́на, плáвать

2. Дáша, звони́ть

3. Артём, готóвить

4. они́, говори́ть по-англи́йски

5. кóшка, спать

6. дéти, игрáть дóма

2. 예시에 따라 문장을 완성하세요.

Модéль: Áнна – *рýсская*. Онá хорошó говори́т ....
→ Онá хорошó говори́т *по-рýсски*.

1) Минхó и Сухó – корéйцы. Они́ хорошó говоря́т ....

2) Ивáн – рýсский. Он хорошó говори́т ....

3) Джейн – америкáнка. Онá хорошó говори́т ....

4) Юки́ко – япóнка. Онá хорошó говори́т ....

5) Э́то рýсские студéнты. Они́ хорошó говоря́т .... и ....

6) Э́то корéйские студéнты. Они́ хорошó говоря́т .... и ....

7) Меня́ зову́т .... Я корéец/корея́нка. Я .... говорю́ ....

8) Э́то мои́ друзья́. Они́ корéйцы. Они́ хорошó говоря́т .... и ....

3. II 식변화 동사들을 현재시제로 인칭변화 시키세요.

	я	ты	он/она́	мы	вы	они́
боя́ться						
готóвить						
звони́ть						
лежа́ть						
люби́ть						
познакóмиться						
спать						
стрóить						
учи́ться						

4. 번역 앱(app)을 이용하여 대화를 러시아어로 옮기고 말해 보세요.

1.

- 너는 러시아어로 말하니?
- 나는 러시아어로 잘 말해.
- 너는 러시아어를 어떻게 말하니?
- 나는 러시아어로 잘 말하지는 못해.

2.

- 마리야는 지금 요리하고 있니?
- 아니, 마리야는 지금 쉬고 있어.
- 스베타는 잠자고 있니?
- 아니, 그녀는 요리하고 있어.

ИНФОРМÁТИКА IT 활용

구글번역

구글번역은 다국어 통·번역 어플이다. 계통적으로 동일한 언어인 러시아어-영어, 영어-러시아어 통·번역은 이미 상당한 수준에 도달해 있다. 러시아어-한국어, 한국어-러시아어 통·번역은 복잡한 문장에서는 상대적으로 취약한 면을 보이긴 하지만 러시아어를 약간 아는 한국인이 일상생활에서 사용하기에는 크게 부족함이 없다. 영어나 기타 자신이 아는 다른 외국어를 적극 활용한다면, 이 어플 하나로 러시아를 여행하고 러시아인과 생활에 필요한 의사소통을 하는데 많은 도움을 받을 수 있을 것이다.

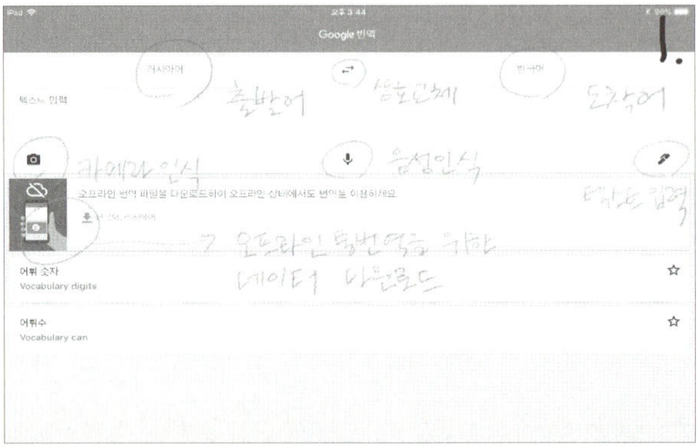

상단 왼쪽에 있는 언어를 눌러 러시아어를 선택한다. 오른쪽에 있는 언어를 눌러 한국어를 선택한다. 왼쪽은 출발어가 되고 오른쪽은 도착어가 되어 러시아어 단어나 어구, 문장을 한국어로 통역 또는 번역하게 된다. 중앙에 있는 양쪽 지시 화살표를 누르면 출발어와 도착어가 서로 바뀐다. 중앙 열에 3개의 아이콘이 있는데 첫 번째 카메라 아이콘은 카메라로 문자를 찍어 즉시 번역하는데 사용된다. 거리의 안내문 번역에 이용하면 좋다. 두 번째 마이크 아이콘은 러시아어 또는 한국어를 말하면 원하는 도착어로 통역해 주는 기능을 한다. 마지막 펜 아이콘은 '텍스트 입력' 창에 직접 번역을 원하는 자료를 입력할 때 사용한다. 활용도를 높이기 위해 해외여행 중 와이파이가 되지 않는 지역에서도 즉시 외국인과의 의사소통에 활용할 수 있게 통·번역을 위한 기본 데이터를 미리 다운로드 할 수 있게 해놓았다.

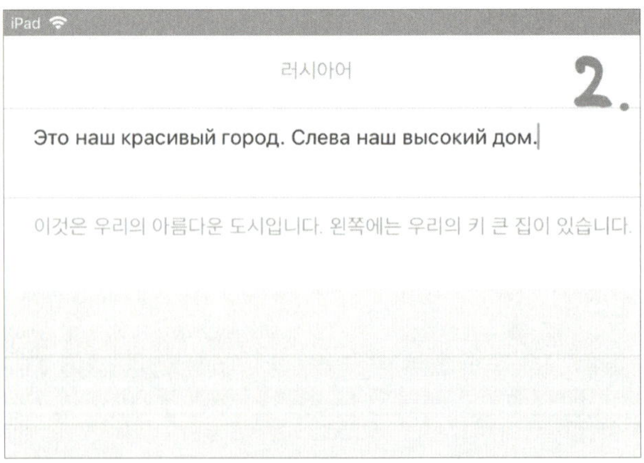

2번 그림은 우리 교과서 6과 본문의 문장을 직접 입력해 우리말로 옮겨본 것이다. 매우 빠른 속도로 실시간 번역이 가능하다.

Уро́к 10

Я люблю́ слу́шать му́зыку.

나는 음악 듣는 것을 좋아해요.

Он слу́шает популя́рную пе́сню.	그는 대중가요를 듣고 있어요.
Она́ чита́ет но́вую кни́гу.	그녀는 새 책을 읽고 있어요.
Что они́ лю́бят?	그들은 무엇을 좋아하나요?

ДИАЛÓГ 대화

1.

- Что вы лю́бите?
- Я люблю́ кинó и спорт. А вы?
- Я люблю́ слушáть популя́рную му́зыку.

2.

- Что ты лю́бишь дéлать?
- Я люблю́ читáть кни́ги.
- Что ещё ты лю́бишь дéлать?
- Я люблю́ путешéствовать.

ТЕКСТ 본문

Моё хóбби – э́то спорт.

Я люблю́ футбóл.

Я хорошó игрáю в футбóл.

Я люблю́ смотрéть кинó.

Я чáсто смотрю́ нóвые фи́льмы.

Я тóже люблю́ соврéменную му́зыку.

ВОПРÓСЫ

1. Что он лю́бит? ______________________
2. Он не игрáет в футбóл? ______________________
3. Что он лю́бит смотрéть? ______________________
4. Каки́е фи́льмы он чáсто смóтрит? ______________________
5. Каку́ю му́зыку он слу́шает? ______________________

СЛОВА́РЬ 어휘

брю́ки (복)	바지
диало́г	대화
игра́ть в футбо́л	축구를 하다
идти́(I) (иду́, идёшь; иду́т)	가다
кино́	영화, 영화관
кла́ссика	고전
ко́микс	만화, 만화책
конце́рт	콘서트, 음악회
куда́	어디로
люби́ть(II) (любл-ю́, -бишь; -ят)	사랑하다, 좋아하다
му́зыка	음악
мю́зикл	뮤지컬
начина́ться(I) (начина́-юсь, -ешься; -ются)	시작되다
популя́рный (-ая, -ое, -ые)	대중적인, 인기 있는
по́чта	우체국
рок	록(음악)
рома́н	소설, 장편소설
рэп	랩(음악)
смотре́ть(II) (смотр-ю́, -ишь; -ят)	보다, 바라보다
совреме́нный (-ая, -ое, -ые)	동시대의, 현대의, 최신식의
спорт	스포츠, 운동
текст	텍스트, 본문, 글
уро́к	수업, 학과, 과
фи́льм	영화, 필름
футбо́л	축구
хо́бби (중)	취미
ча́сто	자주
че́рез	~후에, ~지나서, ~을 통해
шарф	스카프, 목도리

ГРАММÁТИКА 문법

1. 명사의 대격 (I) – 불활동체 명사

명사의 대격은 문장에서 주로 목적어의 기능을 한다. 대격은 의문사 Когó?와 Что?에 대한 대답을 말할 때 사용한다. 불활동체 명사는 의문사 Что?로 묻는다. 대격을 지배하는 전치사는 в, на, за, чéрез등이 있다.

1) 남성 명사 불활동체와 중성명사 그리고 여성명사 -ь의 대격은 주격과 동일하다.

2) 여성 명사 -а로 끝나는 명사는 -у, -я로 끝나는 명사는 -ю로 어미가 바뀐다.

성 / 격		남성			여성			중성		
		자음	-й	-ь	-а	-я	-ь	-о	-е	-мя
단수	주	стол	музéй	словáрь	кнúга	пéсня	тетрáдь	oкнó	мóре	úмя
	대	стол	музéй	словáрь	кнúгу	пéсню	тетрáдь	oкнó	мóре	úмя
복수	주	столы́	музéи	словáри	кнúги	пéсни	тетрáди	óкна	моря́	именá
	대	столы́	музéи	словáри	кнúги	пéсни	тетрáди	óкна	моря́	именá

2. 형용사의 대격

형용사의 대격은 수식하는 명사와 성·수·격이 항상 일치한다. 여성 형용사의 어미는 경변화일 경우 -ую로 연변화일 경우 -юю로 변화한다. 불활동체 명사를 수식하는 형용사 복수 대격 어미는 -ые, -ие로 주격 어미와 같다.

남성	여성 -ая → -ую, -яя → -юю	중성	복수
нóвый журнáл большóй дом сúний шарф	нóвую кнúгу большýю тетрáдь сúнюю ю́бку	нóвое письмó большóе oкнó сúнее мóре	нóвые журнáлы большúе брю́ки сúние ю́бки

3. 소유대명사와 지시대명사의 대격

소유대명사와 지시대명사는 형용사와 마찬가지로 명사와 성·수·격이 항상 일치한다.

	소유대명사				지시대명사	
남성	мой	твой	наш	ваш	э́тот	тот
여성	мою́	твою́	нáшу	вáшу	э́ту	ту
중성	моё	твоё	нáше	вáше	э́то	то
복수	мои́	твои́	нáши	вáши	э́ти	те

4. 대격의 용법

1) 타동사의 직접 목적어로 쓰여 '~을(를)'의 의미를 갖는다.

- **Что** ты читáешь? — - 너는 무엇을 읽고 있니?
- Я читáю **э́ту нóвую кни́гу**. — - 나는 이 새 책을 읽고 있어.

- **Что** вы лю́бите? — - 당신은 무엇을 좋아합니까?
- Я люблю́ **класси́ческую му́зыку**. — - 나는 고전 음악을 좋아해요.

2) 대격을 지배하는 전치사(в/на, чéрез, за)와 함께 쓰인다.

- **Кудá** ты идёшь? — - 너는 어디 가고 있니?
- **Я иду́ на пóчту.** — - 나는 우체국에 가고 있어.

- **Когдá** начинáется урóк? — - 언제 수업이 시작하니?
- Урóк начинáется **чéрез мину́ту.** — - 수업은 1분후에 시작해.

5. 의문대명사 Какóй?와 Чей?의 대격

남성	Какóй журнáл	он читáет?	Чей журнáл	онá читáет?
여성	Как**у́ю** кни́г**у**		Ч**ью** кни́г**у**	
중성	Какóе письмó		Чьё письмó	
복수	Каки́е газéты		Чьи газéты	

6. 동사 люби́ть(좋아하다, 사랑하다)

러시아어에서는 **люби́ть** 동사를 사용해 자신이 좋아하는 것을 말할 때, 두 가지 문장 형태로 말한다.

1) **люби́ть** + 명사 대격

- Что вы лю́бите? — - 당신은 무엇을 좋아합니까?
- Я люблю́ **спорт и му́зыку**. — - 나는 스포츠와 음악을 좋아해요.

2) **люби́ть** + 원형동사

- Что вы лю́бите дéлать? — - 당신은 무엇을 하는 것을 좋아합니까?
- Я люблю́ **читáть кни́ги**. — - 나는 책 읽는 것을 좋아해요.

УПРАЖНÉНИЯ 연습문제

1. 참고어휘를 활용하여 예시에 따라 대화를 완성하세요.

Модéль: - Что ты дéлаешь?
- Я читáю *кни́гу*. А ты?
- Я слýшаю *мýзыку.*

Словá для спрáвок:

читáть			слýшать		
газéта	*журнáл*	*письмó*	*óпера*	*пéсня*	*диалóг*
ромáн	*задáние*	*словáрь*	*мю́зиклы*	*поп-мýзыка*	*клáссика*
кóмиксы	*кни́ги*	*текст*	*концéрт*	*рэп*	*рок*

2. 예시에 따라 유사한 대화를 완성하세요.

Модéль: - Что лю́бит Ивáн?
- Он лю́бит *мóре*.
- Что он хóчет *дéлать*?
- Он хóчет *плáвать*.

1. студéнты

2. Я́на

3. Глеб

4. Олéся

3. 번역 앱(app)을 이용하여 대화를 러시아어로 옮기고 말해 보세요.

1.

- 당신은 어떤 계절을 좋아합니까?
- 나는 가을을 좋아합니다.
- 당신은 여름을 좋아합니까?
- 아니오, 나는 여름을 좋아하지 않습니다.

2.

- 너는 어떤 음악을 좋아하니?
- 나는 팝음악(поп-му́зыка)을 좋아해.
- 너는 랩(рэп)을 좋아하니?
- 아니, 나는 랩을 좋아하지 않아.

3.

- 그는 무엇을 하고 있습니까?
- 그는 지금 그림을 그리고 있습니다.
- 그는 무엇을 그리기를 원합니까?
- 그는 도시(го́род)를 그리기를 원합니다.

4.

- 당신은 무엇을 좋아합니까?
- 나는 스포츠를 좋아합니다.
- 당신은 축구를 좋아합니까?
- 아니오, 나는 축구를 좋아하지 않습니다.

КУЛЬТУ́РА　러시아에서의 꽃 선물

러시아인들이 일상생활에서 가장 많이 주고 받는 선물은 꽃일 것이다. 러시아 도시의 거리 및 대도시의 지하철 역 도처에는 크고 작은 꽃 가게들이 있으며, 거리에서 꽃을 들고 다니는 사람들을 보는 것은 흔한 풍경이다. 러시아에서 꽃을 주로 선물하는 날은 생일이나 특별한 경축일 그리고 여성의 날이 가장 대표적이다. 러시아에서 이런 특별한 날에 꽃을 선물할 때, 꽃의 수는 매우 중요하며 매우 특별한 의미를 함유하고 있기 때문에 반드시 주의를 기울일 필요가 있다. 누군가를 축하하거나 사랑을 표하거나 존경을 담아 선물할 경우 반드시 꽃의 숫자는 홀수여야만 한다. 이성과의 첫 만남이나 상대방에게 관심을 표현하는 경우에 주로 꽃을 선물하는데 부담스럽지 않을 정도로 하는 것이 좋다. 한 송이의 꽃을 선물하는 것도 일반적인 관례이다. 꽃을 선물하는 경우 꽃의 색깔과 종류는 그다지 중요하지 않지만, 사랑하는 이를 위한 꽃을 준비하는 남성들은 대부분 사랑을 의미하는 정열적인 빨간 장미를 선물하는 것이 좋다. 그러나 연인에게 노란색 꽃을 선물하는 것은 금기이다. 그 이유는 노란색 꽃이 이별과 배신을 의미하기 때문이다. 또한 기억해 두어야 할 사실은 러시아인들은 축하를 하는 좋은 날에 화환이나 조화(造花)가 아닌 반드시 홀수 송이의 생화 꽃다발을 선물한다는 점이다. 짝수의 꽃다발이나 화환 및 조화는 일반적으로 고인과의 이별의 표시로 장례식이나, 혹은 고인을 추모하는 날에 묘지에 가지고 가서 헌정하기 때문이다. 이처럼 짝수의 꽃이 부정적인 의미를 갖게 된 것은 기독교 수용이전의 민간 신앙에 기인한 것으로 동슬라브족의 주술사들은 짝수를 '삶의 완결' 즉 죽음을 의미하는 숫자로 여기면서 유래된 것이다. 러시아 속담 중에서 '불행은 혼자 오지 않는다(Бедá не прихóдит однá)'도 이러한 역사적 기원을 가지고 있다.

Уро́к 11

Я лю́блю э́того певца́.

나는 이 가수를 좋아한다.

Но́вого студе́нта зову́т Са́ша.	신입생의 이름은 사샤이다.
Я зна́ю э́того молодо́го челове́ка.	나는 이 젊은이를 알고 있다.
Кого́ он ча́сто спра́шивает?	그는 누구에게 자주 묻습니까?

ДИАЛО́Г 대화

1.

- Ты зна́ешь э́того но́вого студе́нта?
- Да, я зна́ю его́.
- Как его́ зову́т?
- Э́того но́вого студе́нта зову́т Са́ша.

2.

- Ты лю́бишь му́зыку?
- Да, я люблю́ поп-му́зыку.
- Како́го певца́ ты лю́бишь?
- Я люблю́ э́того изве́стного певца́.

ТЕКСТ 본문

Мои́х ру́сских друзе́й зову́т Я́на и Анто́н. Я́на лю́бит класси́ческую му́зыку, осо́бенно компози́тора Чайко́вского. Анто́н лю́бит ру́сскую литерату́ру, осо́бенно писа́теля Че́хова. Я студе́нт и изуча́ю ру́сский язы́к и ру́сскую культу́ру. Я ча́сто спра́шиваю Я́ну и Анто́на.

ВОПРО́СЫ

1. Как зову́т его́ ру́сскую подру́гу? ______________________
2. Как зову́т его́ ру́сского дру́га? ______________________
3. Како́го компози́тора лю́бит Я́на? ______________________
4. Како́го писа́теля лю́бит Анто́н? ______________________
5. Кого́ он ча́сто спра́шивает? ______________________

СЛОВА́РЬ 어휘

актёр	배우
ви́деть(II) (вижу, -дишь; -дят)	보다, 보이다
де́вушка	아가씨
ждать(I) (жду, ждёшь; ждут)	기다리다
знать(I) (зна́-ю, -ешь; -ют)	알다
изуча́ть(I) (изуча́-ю, -ешь; -ют)	배우다, 공부하다, 연구하다
класси́ческая му́зыка	클래식, 고전음악
компози́тор	작곡가
культу́ра	문화
литерату́ра	문학
люби́мый (-ая, -ое, -ые)	사랑하는, 좋아하는
мла́дший (-ая, -ее, -ие)	보다 어린(젊은), 연하의
молодо́й челове́к	젊은이
осо́бенно	특히
певе́ц	가수
писа́тель (남)	작가
проси́ть(II) (прошу́, прос-ишь; -ят)	요청하다, 부탁하다
рисова́ть(I) (рису́-ю, -ешь; -ют)	(그림) 그리다
спра́шивать(I) (спра́шива-ю, -ешь; -ют)	묻다, 질문하다
ста́рший (-ая, -ее, -ие)	나이가 더 많은, 연상의
фотографи́ровать(I) (фотографи́ру-ю, -ешь; -ют)	사진 찍다, 촬영하다
ча́сто	자주

ГРАММА́ТИКА 문법

1. 명사의 대격 (II) – 활동체 명사

활동체 명사의 대격은 의문사 Когó?에 대한 대답으로 사용된다.

1) 남성명사의 경우 사람을 나타내는 활동체 명사는 생격과 대격이 동일하다.
2) 여성명사의 경우 활동체와 불활동체 명사 동일하게 대격 어미 -у, -ю를 갖는다.
   단, 여성명사의 복수가 활동체일 경우 대격은 남성명사 활동체처럼 생격과 동일하다.

성/격		남성			여성		
		자음	-й	-ь	-а	-я	-ь
단수	주	студéнт	герóй	учи́тель	сестрá	тётя	дочь
	생	студéнта	герóя	учи́теля	сестры́	тёти	дóчери
	대	студéнта	герóя	учи́теля	сестрý	тётю	дочь
복수	주	студéнты	герóи	учителя́	сёстры	тёти	дóчери
	생	студентов	герóев	учи́телей	сестёр	тётей	дóчерей
	대	студентов	герóев	учи́телей	сестёр	тётей	дóчерей

2. 형용사의 대격 (II)

형용사는 수식하는 명사와 성·수·격이 항상 일치한다. 활동체 명사를 수식하는 형용사 남성 단수 대격의 어미는 생격과 동일한 -ого, -его이고, 여성 단수 대격의 어미는 관계하는 명사의 활동체, 불활동체 여부와 상관없이 -ую, -юю이다. 형용사 복수의 어미는 -ых, -их이다.

	Э́то ... (주격).	Я знáю ... (대격).
남성	нóвый студéнт	нóвого студéнта
여성	нóвая студéнтка	нóвую студéнтку
복수	нóвые студéнты	нóвых студéнтов

3. 소유대명사와 지시대명사의 대격 (II)

소유대명사와 지시대명사는 형용사처럼 지시·한정하는 명사와 성·수·격이 항상 일치한다.

	소유대명사				지시대명사	
남성	моегó	твоегó	нáшего	вáшего	э́того	тогó
여성	мою́	твою́	нáшу	вáшу	э́ту	ту
복수	мои́х	твои́х	нáших	вáших	э́тих	тех

4. 의문대명사 Какóй?와 Чей?의 대격 (II)

의문대명사 Какóй?와 의문소유대명사 Чей?는 형용사와 마찬가지로 수식하는 명사와 성·수·격이 항상 일치한다.

남성	Как**óго** студéнта	он знáет?	Ч**ьегó** студéнта	он спрáшивает?
여성	Как**у́ю** студéнтку		Ч**ью** студéнтку	
복수	Как**и́х** студéнтов		Ч**ьих** студéнтов	

5. 인칭 대명사의 대격

수	단수					복수		
주격	я	ты	он	онá	онó	мы	вы	они́
대격	меня́	тебя́	егó	её	егó	нас	вас	их

6. 대격을 지배하는 동사

знать 알다
ви́деть 보다
приглашáть 초대하다
фотографи́ровать 사진찍다
люби́ть 좋아하다
встречáть 만나다
спрáшивать 묻다
рисовáть 그림그리다
понимáть 이해하다
ждать 기다리다
проси́ть 요청하다
слу́шать 듣다

УПРАЖНЕ́НИЯ 연습문제

1. 오른 쪽의 단어를 사용하여 질문에 대답해 보세요.

1) Кого́ ты ча́сто ви́дишь? *друг, Све́та, Артём, профе́ссор*

2) Кого́ она́ хорошо́ зна́ет? *Са́ша, Андре́й, Дени́с, И́горь*

3) Кого́ вы ждёте? *дя́дя, оте́ц, учи́тель, де́душка*

4) Кого́ спра́шивает профе́ссор? *э́та де́вушка, э́тот студе́нт*

5) Кого́ зову́т Анто́н? *ста́рший брат, изве́стный певе́ц*

6) Кого́ зову́т Мари́на и Глеб? *но́вые студе́нты, мои́ друзья́*

2. 아래의 문장처럼 서로에게 질문해 보세요.

1) Как вас зову́т?

2) Как зову́т ва́шего бра́та и ва́шу сестру́?

3) Как зову́т ва́шу подру́гу и ва́шего дру́га?

4) Что вы лю́бите?

5) Как зову́т ва́шего люби́мого певца́/актёра/писа́теля/спортсме́на?

3. 자신의 생각에 따라 빈칸을 채워 대화를 완성하세요.

1.

- Как зову́т ва́шего ста́ршего бра́та?
- Его́ ....
- Как зову́т вашу мла́дшую сестру́?
- Её ....

2.

- .... ты ждёшь?
- Я жду моего́ дру́га.
- Как его́ зову́т?
- Его́...

3.

- Как зову́т твоего́ люби́мого певца́?
- Его́ ....
- Как зову́т твоего́ люби́мого актёра?
- Его́ ....

4.

- Как зову́т твоего́ дру́га?
- Его́ ....
- Как зову́т твою́ подру́гу?
- Её ....

ИНФОРМА́ТИКА IT 활용

NAVER 글로벌 회화

1. 네이버에서 사전식으로 만든 다국어 회화어플이다. 전반적인 내용을 숙지해 두었다가 여행할 때 쓰면 유용하다. 오른쪽 위 국기 아이콘을 눌러 언어를 선택한다.

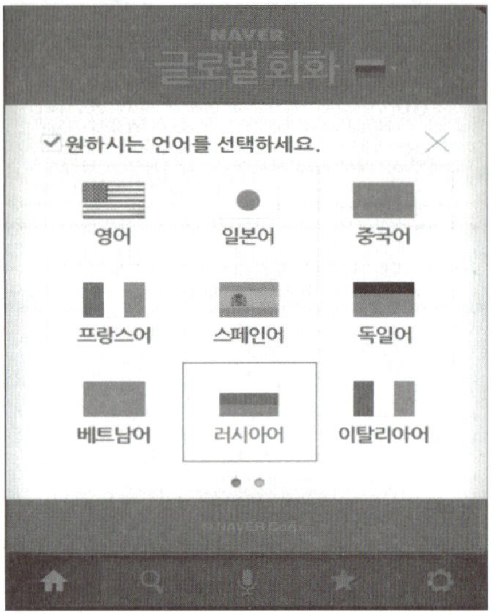

2. 초기 화면에 있는 기본표현을 누르면 나오는 내용이다. 총 13개의 주제로 구성되어 있으며 인사/안부에는 해당 주제의 39개의 표현과 간단한 대화가 포함되어 있다.

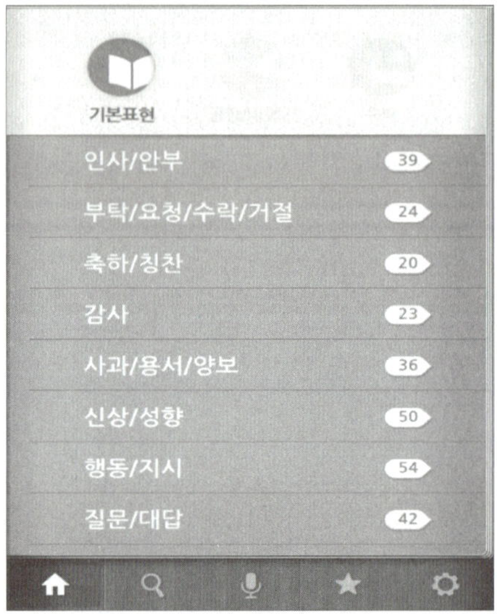

3. 안부/인사 주제의 첫 번째 문장이다. 스피커 아이콘을 누르면 원어민 음성을 들을 수 있다. 해당 주제의 문장을 모두 듣고 싶으면 '전체듣기'를 선택한다.

4. 상황별 표현을 선택하면 더 세분화된 주제의 문장들을 학습할 수 있다. 환경설정 아이콘을 누르면 DB파일을 관리할 수 있고 표현이 많은 유료 어플도 구매할 수 있다.

Урóк 12

Где ваш брат был вчерá?

당신 형은 어제 어디에 갔었니?

Он был в кинотеáтре. 그는 영화관에 갔었다.

Он игрáл в футбóл на стадиóне. 그는 운동장에서 축구(경기)를 했다.

Он отдыхáл на Чёрном мóре. 그는 흑해에서 휴식을 취했다.

ДИАЛÓГ 대화

1. 

- Где рабóтает ваш друг?
- Он рабóтает на большóм завóде.
- Где он учи́лся рáньше?
- Он учи́лся в университéте.

2. 

- Где вы бы́ли лéтом?
- Мы бы́ли на Чёрном мóре.
- Что вы дéлали там?
- Мы гуля́ли и отдыхáли.

ТЕКСТ 본문

Вчерá былá хорóшая погóда. У́тром я был в университéте на заня́тиях. Днём я игрáл в футбóл на стадиóне. Потóм я и мои́ друзья́ обéдали в нóвом кафé. Вéчером я был в кинó и смотрéл интерéсный фильм. Потóм читáл кни́ги дóма.

ВОПРÓСЫ

1. Где он был у́тром? ________________
2. Что он дéлал днём и вéчером? ________________
3. Где он игрáл в футбóл? ________________
4. Где он смотрéл кинó? ________________
5. Где он читáл кни́ги? ________________

СЛОВÁРЬ 어휘

аптéка	약국
библиотéка	도서관
быть(I) (бýду, бýдешь; бýдут)	...이다, 있다, 존재하다
вернýться(I) (верн-ýсь, -ёшься; -ýтся)	돌아오다
вокзáл	역, 기차역
встать(I) (встáн-у, -ешь; -ут)	일어나다, 기상하다
вчерá	어제
давáть(I) (даю́, даёшь; даю́т)	주다, 넘겨주다
дать (дам, дашь, даст, дади́м, дади́те, дадýт)	주다, 제공하다
есть (ем, ешь, ест, еди́м, еди́те, едя́т)	먹다
жить(I) (живý, живёшь; живýт)	살다, 거주하다
завóд	공장
зáвтракать(I) (зáвтрака-ю, -ешь; -ют)	아침 식사하다
заня́тия (복)	강의, 수업
интерéсный (-ая, -ое, -ые)	재미있는, 흥미로운
курс	학년, 과정
магази́н	상점, 가게
мáленький (-ая, -ое, -ие)	어린, 작은
мочь(I) (могý, мóжешь; мóгут)	할 수 있다
нести́(I) (несý, несёшь; несýт)	나르다, 운반하다, 가지고 오다
обéдать(I) (обéда-ю, -ешь; -ют)	점심 먹다, 식사하다
пéрвый (-ая, -ое, -ые)	첫 번째, 제 1의, 처음의
пить(I) (пью, пьёшь; пьют)	마시다
погóда	날씨
ресторáн	레스토랑, 식당
ры́нок	시장
странá	나라, 국가
столóвая	음식점, 구내식당
ти́хий (-ая, -ое, -ие)	조용한, 고요한, 평온한
ýжинать(I) (ýжина-ю, -ешь; -ют)	저녁 식사하다
факультéт	대학학부, 단과대학
фи́рма	회사
Чёрное мóре	흑해

ГРАММА́ТИКА 문법

1. 명사의 전치격

전치격은 항상 전치사와 함께 사용되며, 장소 및 위치를 묻는 의문부사 где?(어디에?)에 대한 대답의 문장에서 사용된다. 대부분의 명사 전치격 어미는 -е이고, 간혹 -и가 있다.
-ь로 끝나는 여성 명사의 단수 전치격 어미는 -и이다.
-ий로 끝나는 남성명사, -ия로 끝나는 여성 명사, -ие로 끝나는 중성 명사의 전치격 어미는 -ии이다. 명사의 복수 전치격 어미는 -ах, -ях이다. 전치격 지배 전치사는 в, на, о 등이 있다.

성	단수				복수		
	주격	어미	전치격어미	전치격	주격	전치격어미	전치격
남성	го́род	자음	+ е	в го́роде	города́	+ ах	в города́х
	музе́й	-й	→ е	в музе́е	музе́и	→ ях	в музе́ях
	гость	-ь	→ е	о го́сте	го́сти	→ ях	о гостя́х
여성	сестра́	-а	→ е	о сестре́	сёстры	→ ах	о сёстрах
	семья́	-я	→ е	в семье́	се́мьи	→ ях	в се́мьях
	ночь	-ь	→ и	о но́чи	но́чи	→ ах	о ноча́х
중성	сло́во	-о	→ е	на сло́ве	слова́	→ ах	на слова́х
	по́ле	-е	→ е	на по́ле	поля́	→ ях	на поля́х
	зда́ние	-ие	→ ии	в зда́нии	зда́ния	→ ях	в зда́ниях

- *Где* он у́чится? 그는 어디에서 배우니?
- Он у́чится *в университе́те*. 그는 대학교에서 배워.
- *Где* он отдыха́ет? 그는 어디에서 쉬고 있지?
- Он отдыха́ет *на мо́ре*. 그는 바닷가에서 쉬고 있어.

※ 전치격 어미가 -у, -ю로 끝나는 명사

сад	정원/정원에	в саду́	аэропо́рт	공항/공항에	в аэропорту́
лес	숲/숲 속에	в лесу́	мост	다리/다리 위에	на мосту́
шкаф	책장/책장 안에	в шкафу́	бе́рег	강변/강변에	на берегу́

※ **불변 명사** : 일부 외래어에서 차용된 중성명사는 수·격에 따라 변화하지 않는다. ко́фе는 원래 남성명사로 취급되었지만 지금은 중성명사로도 사용된다.

кафе́	카페	кино́	영화관	ко́фе	커피	метро́	지하철
пальто́	외투	пиани́но	피아노	такси́	택시	хо́бби	취미

2. 형용사의 전치격

형용사 남성과 중성 단수의 전치격 어미는 -ом, -ем이고, 여성 전치격의 어미는 -ой, -ей이다. 형용사 복수의 어미는 -ых, -их이다.

	Э́то ... (주격).	Он отдыха́ет (где?) ... (전치격).
남성	больш**о́й** парк	в больш**о́м** па́рк**е**
중성	си́н**ее** мо́р**е**	на си́н**ем** мо́р**е**
여성	ти́х**ая** ко́мната	в ти́х**ой** ко́мнат**е**
복수	больш**и́е** па́рки	в больш**и́х** па́рк**ах**

3. 소유대명사, 지시대명사, 의문대명사의 전치격

소유대명사, 지시대명사, 의문대명사는 형용사 전치격과 유사한 어미를 갖는다.

	의문대명사	소유대명사				지시대명사	
남성 중성	как**о́м** чь**ём**	мо**ём**	тво**ём**	на́ш**ем**	ва́ш**ем**	э́т**ом**	т**ом**
여성	как**о́й** чь**ей**	мо**е́й**	тво**е́й**	на́ш**ей**	ва́ш**ей**	э́т**ой**	т**ой**
복수	как**и́х** чь**их**	мо**и́х**	тво**и́х**	на́ш**их**	ва́ш**их**	э́т**их**	т**ех**

4. 전치격 지배 전치사 В와 НА의 쓰임

전치사 в는 닫힌 공간의 의미를 지니는 명사들과 함께 사용되고, 전치사 на는 표면이나 열린 공간의 의미를 지니는 명사 또는 행사, 이벤트 등을 뜻하는 명사들과 사용된다. 장소를 나타내는 전치사 в와 на의 선택은 뒤에 오는 명사에 따라 결정된다.

		Где?	
		в	на
Он 그는	живёт 살고 있다	в го́роде 도시에서 в Росси́и 러시아에서	на второ́м этаже́ 2층에 на ю́ге 남쪽에
	рабо́тает 일한다	в апте́ке 약국에서 в теа́тре 극장에서	на заво́де 공장에서 на ры́нке 시장에서
	у́чится 공부한다	в университе́те 대학에서 в шко́ле 학교에서	на пе́рвом ку́рсе (대학)1학년에서
	был 갔었다	в магази́не 상점에 в Москве́ 모스크바에	на стадио́не 경기장에 на пло́щади 광장에

5. 전치격을 지배하는 동사 (где?에 대한 대답을 요구하는 동사)

жить 살다	отдыхáть 휴식하다	быть 있다
рабóтать 일하다	учи́ться 공부하다	занимáться 종사하다
зáвтракать 아침 식사하다	обéдать 점심 식사하다	ýжинать 저녁 식사하다

6. 동사의 과거 시제

과거 시제는 동사의 미정형 어미 -ть를 떼어내고, 남성은 -л, 여성은 -ла, 중성은 -ло 그리고 복수는 -ли를 붙여 만든다. 그러나 동사의 어미가 -ть로 끝나지 않고, -ти 또는 -чь로 끝나는 경우, 과거 남성의 어미가 자음이 되거나 예외적인 형태를 보여준다.

주어 \ 동사	читáть 읽다	писáть 쓰다	вернýться 돌아오다	люби́ть 사랑하다	быть 있다	нести́ 가져가다	мочь 할 수 있다
남성	читá**л**	писá**л**	вернý**л**ся	люби́**л**	бы**л**	**нёс**	**мог**
여성	читá**ла**	писá**ла**	вернý**ла**сь	люби́**ла**	бы**лá**	нес**лá**	мог**лá**
중성	читá**ло**	писá**ло**	вернý**ло**сь	люби́**ло**	бы́**ло**	нес**лó**	мог**лó**
복수	читá**ли**	писá**ли**	вернý**ли**сь	люби́**ли**	бы́**ли**	нес**ли́**	мог**ли́**

7. 2인칭 명령형

2인칭 명령형은 불완료상 동사의 현재시제 어간 또는 완료상 동사의 미래시제 어간으로부터 만들어진다. 어간이 모음으로 끝나면 -й, -йте, 자음으로 끝나면 -и, -ите를 붙인다. 그러나 1인칭 단수 어미(-у, -ю)의 앞에 자음이 오고 어간에 강세가 있는 경우 어간(자음) + -ь(те)가 된다. 또한 -авать형 동사의 경우 명령형에서는 인칭 변화시 사라졌던 -ва-가 다시 나타난다. 동사 пить(마시다)와 есть(먹다)처럼 특이한 명령형도 간혹 있다.

어간의 유형	동사 미정형	3인칭 복수 현재	명령형
어간이 모음으로 끝나는 경우	читáть 읽다	читá**ют**	читá**й(те)**
	рисовáть 그리다	рисý**ют**	рисý**й(те)**
	дать 주다	дa**ýт**	дá**й(те)**
어간이 자음으로 끝나는 경우	смотрéть 보다	смóтр**ят**	смотр**и́(те)**
	писáть 쓰다	пи́ш**ут**	пиш**и́(те)**
강세가 어간에 있는 경우	встать 일어나다	встáн**ут**	встá**нь(те)**
예외적인 경우	давáть 주다	даю́т	да**вáй(те)**
	пить 마시다	пьют	пé**й(те)**
	есть 먹다	едя́т	éш**ь(те)**

УПРАЖНЕ́НИЯ 연습문제

1. 참고어휘를 활용하여 예시에 따라 대화를 완성하세요.

Моде́ль: - Где был Ива́н?
- Он был *в библиоте́ке*.

1. Ве́ра

2. Юми́ и Минхо́

3. Макси́м

4. Ива́н Петро́вич

Слова́ для спра́вок:

5. Ири́на, парк
6. Ники́та, уро́к
7. Лари́са, дере́вня
8. Ни́на, вокза́л
9. Бори́с, кафе́
10. Ле́ра, пло́щадь
11. Дени́с и Глеб, общежи́тие
12. И́горь, ры́нок
13. А́нна Ива́новна, магази́н
14. Минсу́ и Юми́, мо́ре
15. Мари́на, университе́т
16. Ко́стя, стадио́н

2. 오른 편의 단어를 이용하여 질문에 답하세요.

1) Где вы у́читесь? — *университе́т, шко́ла, факульте́т*

2) Где он рабо́тал? — *заво́д, фи́рма, по́чта*

3) Где она́ отдыха́ла? — *дом, общежи́тие, ко́мната*

4) Где вы занима́етесь? — *све́тлая аудито́рия, э́тот стадио́н*

5) Где она́ обе́дает? — *столо́вая, но́вый рестора́н*

6) Где они́ живу́т? — *ра́зные стра́ны, высо́кие дома́*

3. 자신의 생각에 따라 빈칸을 채워 대화를 완성하세요.

1.

- Что .... лéтом?
- Лéтом мы отдыхáли на мóре.
- Где вы ....?
- Мы жи́ли в мáленькой дерéвне.

2.

- Где вы .... лéтом?
- Я .... на Чеджудó.
- Что вы там дéлали?
- ....

3.

- Где живёт Артём?
- Он .... в большóм ....
- Где живёт Натáша?
- Онá ....

4.

- Где ты зáвтракаешь?
- Я .... в рестoрáне.
- Где ты обéдаешь?
- Я ....

4. 동사의 과거형과 명령형을 만들어 보세요.

미정형	남성 과거	여성과거	중성 과거	복수 과거	명령형
говори́ть					
писáть					
слýшать					
смотрéть					
пить					
танцевáть					

КУЛЬТУ́РА 러시아 식생활과 음식

러시아 요리의 일반적인 식단은 전채, 수프, 고기 요리, 후식, 음료수 등으로 나눌 수 있다. 전채로는 각종 차가운 육류, 철갑 상어 알인 캐비아, 청어 절임에 야채 샐러드가 곁들여지며, 포도주나 보드카와 같은 알코올 음료도 함께 나온다. 수프로는 양배추를 넣어서 끓인 시(щи)와 시에 토마토를 넣어 붉게 물을 들인 보르시(борщ) 그리고 잘게 썬 고기와 야채를 듬뿍 넣은 살랸카(соля́нка), 생선을 우려낸 우하(уха́) 등이 있다. 메인 요리에 해당하는 따뜻한 고기 요리로는 쇠고기를 크림소스로 끓인 비프스트로가노프 (бефстро́ганов), 양고기나 돼지고기를 구워서 만든 샤실릭(шашлы́к) 등이 있다. 후식으로는 딸기 아이스크림이나 각종 파이, 케이크와 잼을 곁들인 홍차 등이 나온다.

우리가 러시아 식당에 방문하였을 때 볼 수 있는 러시아 메뉴에는 전채(заку́ски)에 해당하는 차가운 음식(холо́дные блю́да), 첫 번째 요리(пе́рвые блю́да), 두 번째 요리(вторы́е блю́да), 곁들이는 음식(гарни́р), 디저트(десе́рт), 음료(напи́тки) 등으로 구분되어 있다. 전채는 다양한 샐러드 종류, 첫 번째 요리는 수프 종류, 두 번째 요리는 메인 요리인 고기 종류이다. 곁들이는 음식으로 감자(карто́фель), 밥(рис), 스파게티(спаге́ти), 메밀(гре́чка) 등이 있다. 러시아인의 주식인 빵의 종류로는 호밀로 만든 진한 색깔을 띠고 입자가 거친 '흑빵'(чёрный хлеб), 밀로 만든 '흰 빵'(бу́лка), 그리고 '바게트'(бато́н)가 있다.

빵 러시아인들은 토지나 기후 여건상 벼보다는 밀, 호밀, 보리, 귀리 등의 곡물을 수확하여 빵을 만든다. 그리고 러시아인의 농가에는 '페치'(печь)라고 하는 벽난로 겸 아궁이가 있어서 빵을 구워 먹기에 편리하다. 평상시 농촌에서는 주로 호밀을 이용하여 빵을 만들기 때문에 진한 색깔의 흑빵을 먹는다. 밀로 만든 흰 빵은 잔치 때와 같은 특별한 날에만 구워먹는다.

러시아에는 주식인 빵과 관련된 격언이나 속담이 많다. 예를 들어, "빵은 모든 것의 으뜸", "빵과 물은 농민의 식사", "빵이 있는 식탁은 성단(聖斷)과 같으며, 한 조각의 빵도 없는 식탁은 평범한 나무판자에 불과하다", "빵이 없는 식사는 형편없는 식사이다" 등이 있다. 특히 '빵과 소금(хлеб и соль)'이라는 표현은 '융숭한 대접'이라는 상징적인 의미를 지니기도 한다. 그래서 러시아인은 귀한 손님이 방문할 때 '소금이 담긴 둥글고 큰 빵'을 들고 맞이하여 대접하는 관습이 있다.

카샤 '카샤'(кáша)는 러시아인들이 즐겨 먹는 음식이다. 우리나라 음식인 죽과 유사한 형태인 카샤는 곡물을 물이나 우유에 넣고 끓여서 만든다. "메밀로 만든 카샤는 우리의 어머니 – 호밀 빵(хлеб)은 우리의 아버지", "카샤가 없는 식사는 식사가 아니다" 등 카샤에 대한 이런 표현들을 통해서 러시아인의 식단에서 카샤가 매우 중요한 위치를 차지하고 있다는 것을 알 수 있다. 카샤는 결혼식, 세례식, 추도식 등에서 반드시 준비하는 음식이다.

시 '시'(щи)는 양배추와 다양한 채소를 넣고 끓인 음식으로 우리나라의 배춧국과 유사하다. "시와 카샤는 우리의 음식이다"라는 말이 있듯이, 시는 러시아에서 가장 기본적인 음식 중 하나이다. 전통적으로 러시아인들은 고기 국물에 신선한 양배추를 넣고 시를 끓였는데, 오늘날에도 여전히 러시아인의 구미를 돋우는 음식으로 각광받고 있다.

블린 '블린'(блин)은 러시아 음식 가운데 가장 오래된 것 중 하나이며, 지금도 러시아인이 가장 좋아하는 명절 음식이다. 겨울을 보내고 봄을 맞이하는 경축일인 '마슬레니차'(Мáсленица)기간에 러시아인들은 블린에 '버터(мáсло)'를 발라 배불리 먹는다. 러시아인들은 마슬레니차를 '버터 주간' 혹은 '블린 주간'이라고 부른다. "블린이 없는 마슬레니차는 존재하지 않는다"라는 말에서 블린과 마슬레니차의 관계를 알 수 있다. 오늘날 러시아인은 명절 때뿐만 아니라 평상시에도 블린을 즐겨 먹는다.

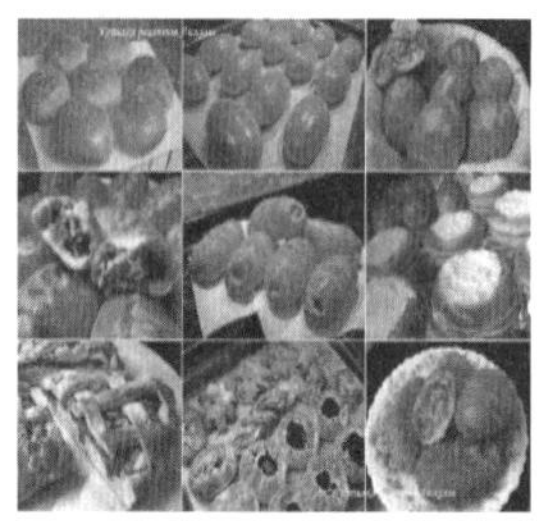

피로그 '피로그'(пирóг)는 서양의 파이와 유사한 형태로 경축일이나 주요 잔치 때 차렸던 음식이다. '연회'(пир)라는 단어에서 유래되었다고 추정되는 피로그는 오늘날에도 여전히 경축일 식탁을 장식하는 음식으로 러시아인의 사랑을 받고 있다. '농가는 성소(聖所)로 인해 아름답고, 식사는 피로그로 인해 빛난다'라는 말이 있듯이, 피로그가 러시아 요리에서 차지하는 비중은 매우 크다. 다양한 과일을 넣고 둥근 형태로 구운 피로그의 가장자리에 우유를 발효시켜 만든 크림 소스인 스메따나를 곁들이기도 한다.

크바스 '크바스'(квас)는 러시아 전통 청량 음료이다. 크바스는 비타민 B가 풍부한 맥아로 만들었기에 감기에 걸리거나 고열이 날 때, 러시아 민간요법에서 약으로 마시던 음료였다. 호밀이나 보리의 맥아를 원료로 하여 효모 또는 발효시킨 호밀 빵을 넣어 만든 청량 음료로 흑맥주와 비슷해 보인다. 따라서 해외에서는 '러시아 전통 맥주' 또는 '호밀로 만든 맥주'라고 잘못된 정보를 제공하기도 한다. 러시아인들은 크바스를 알코올이 있는 주류라고 생각하지 않는다. 물론 전통적인 크바스는 약간의 알코올(0.7~2.2%) 성분을 포함하고 있지만, 현재는 무알코올의 크바스도 판매하고 있다. 지역에 따라 이 음료에 설탕, 박하, 벌꿀 등을 첨가하여 독특한 맛을 내기도 한다.

Уро́к 13

О чём ты мечта́ешь?

너는 무엇에 대해 꿈꾸니?

Мы говори́ли о Росси́и.	우리는 러시아에 대해 이야기했다.
Я чита́ю о ру́сской культу́ре.	나는 러시아 문화에 관해 읽는다.
Он ду́мает о ма́тери и об отце́.	그는 어머니와 아버지에 대해 생각한다.

ДИАЛО́Г 대화

1.

- Како́е число́ бу́дет за́втра?
- За́втра бу́дет пе́рвое января́.
- Что ты бу́дешь де́лать за́втра?
- Пе́рвого января́ я бу́ду отдыха́ть до́ма.

2.

- О ком ду́мает Ю́лия?
- Она́ ду́мает о ма́ме и об отце́.
- О ком она́ ча́сто вспомина́ет?
- О ста́ршем бра́те и сестре́.

ТЕКСТ 본문

Ни́на и Анто́н мно́го ду́мают о жи́зни. Ни́на мечта́ет об Ита́лии. Она́ ра́ньше была в э́той стране́. Анто́н всегда́ ду́мает о рабо́те, о но́вой маши́не, о деньга́х и, коне́чно, о Ни́не. Он рабо́тает в большо́й фи́рме. У Анто́на ма́ло вре́мени, но он то́же мечта́ет об о́тдыхе.

ВОПРО́СЫ

1. О чём мечта́ет Ни́на? ____________________
2. Где она́ ра́ньше была́? ____________________
3. О чём ду́мает Анто́н? ____________________
4. О ком он ду́мает? ____________________
5. О чём он мечта́ет? ____________________

СЛОВА́РЬ 어휘

велосипе́д	자전거
вспомина́ть(I) (вспомина́-ю, -ешь; -ют)	생각나다, 회상하다, 상기하다
де́ньги (복)	돈
до конца́	끝까지
ду́мать(I) (ду́ма-ю, -ешь; -ют)	생각하다
жи́знь (여)	인생, 삶, 생활
за́втра	내일
забыва́ть(I) (забыва́-ю, -ешь; -ют)	잊다, 망각하다
здоро́вье	건강
игра́ть в те́ннис	테니스 경기를 하다
интерне́т	인터넷
Ита́лия	이탈리아
кани́кулы (복)	방학
коне́ц	끝, 마지막
люби́мый (-ая, -ое, -ые)	사랑 받는, 사랑스러운, 친애하는
ма́ло	적다, 작다, 적게
маши́на	자동차, 기계
мечта́ть(I) (мечта́-ю, -ешь; -ют)	꿈꾸다, 희망하다
мно́го	많이, 많게
неде́ля	일주일, 주
обе́д	점심
о́тдых	휴식
послеза́втра	모레
преподава́тель (남)	대학 강사, 교수
Приезжа́й ко мне в го́сти!	나에게 손님으로 와라! 우리 집에 놀러 와라!
рабо́та	일, 작업, 직장
рабо́тать(I) (рабо́та-ю, -ешь; -ют)	일하다, 작업하다
разгова́ривать(I)	(서로) 이야기하다
ра́ньше	이전에, 더 일찍, 우선
расска́зывать(I)	말하다, 이야기하다
санато́рий	휴양지, 휴양소
соба́ка	개, 강아지
учени́к	학생, 제자
Число́	수, 수량, 숫자, 날짜
экза́мен	시험

ГРАММÁТИКА 문법

1. 전치사 О + 전치격 (о ком? о чём?)

러시아어에서는 «~에 대하여»라는 의미를 전치사 'о/об + 전치격'으로 표현한다. об는 전치사 다음에 오는 단어의 첫 글자가 모음 а, и, о, у, э로 시작되는 단어인 경우에 사용한다.

주격		전치격 (о ком? о чём?)
남성	мой отéц э́тот учи́тель нóвый санатóрий	о моё**м** отц**é** об э́т**ом** учи́тел**е** о нóв**ом** санатóри**и**
여성	моя́ сестрá люби́мая мать Итáлия	о мо**éй** сестр**é** о люби́м**ой** мáтер**и** об Итáли**и**
중성	Чёрное мóре нóвое задáние	о Чёрн**ом** мóр**е** о нóв**ом** задáни**и**
복수	нóвые шкóлы	о нóв**ых** шкóл**ах**

- *О чём* он говори́т? 그는 무엇에 대해 말하는가?
- Он говори́т об *университéте*. 그는 대학교에 대해서 이야기한다.

- *О ком* он дýмает? 그는 누구에 대해서 생각하는가?
- Он дýмает *о мáтери и об отцé*. 그는 어머니와 아버지에 대해서 생각한다.

2. 인칭대명사 전치격

주격	я	ты	он	онá	мы	вы	они́
전치격	обо мнé	о тебé	о нём	о ней	о нас	о вас	о них

3. 전치격(о ком, о чём)을 지배하는 동사

говори́ть 말하다
читáть 읽다
расскáзывать 이야기하다
забывáть 잊다
дýмать 생각하다
спрáшивать 묻다
разговáривать 대화하다
пóмнить 기억하다
мечтáть 공상하다
вспоминáть 상기하다
объявля́ть 공고하다
узнавáть 알아보다

4. 동사의 미래 시제

러시아어 동사의 미래 시제는 두 가지 형태가 있다. 하나는 동사 быть와 불완료상 동사(미정형)의 결합하여 만드는 합성미래형으로 미래에 대한 계획이나 또는 행위가 미래에도 계속 진행중인 것을 보여주는 경우에 사용한다. 다른 하나는 완료상 동사의 인칭변화로 나타나는데, 미래에 어떤 행위를 끝내고자 하는 의지가 강할 때 사용한다. (※ 동사의 상은 21과 문법 참조)

불완료상 미래형 (читáть)		완료상 미래형 (прочитáть)	
я	бýду читáть	я	прочитáю
ты	бýдешь читáть	ты	прочитáешь
он / онá / онó	бýдет читáть	он / онá / онó	прочитáет
мы	бýдем читáть	мы	прочитáем
вы	бýдете читáть	вы	прочитáете
онѝ	бýдут читáть	онѝ	прочитáют

	читáть	прочитáть	(다)읽다
вчерá	Я читáл(-а, -о,-и)	прочитáл(-а, -о,-и)	과거
сегóдня	Я читáю	-------	현재
зáвтра	Я бýду читáть	прочитáю	미래

- *Что* вы *бýдете дéлать* зáвтра? 당신은 내일 뭐 할 거죠?
- Зáвтра я *бýду читáть* кнѝгу. 나는 내일 책을 읽을 거예요.

- *Что* вы *сдéлаете* зáвтра? 당신은 내일 무엇을 할 것입니까?
- Я *прочитáю* кнѝгу до концá. 나는 책을 끝까지 다 읽을 것입니다.

※ 미래 시제: «быть + 미정형»

Что я бýду дéлать зáвтра? Я бýду рисовáть картѝну.
Что ты бýдешь дéлать послезáвтра? Ты бýдешь писáть письмó.
Что он бýдет дéлать вéчером? Он бýдет читáть ромáн.
Что мы бýдем дéлать чéрез час? Мы бýдем смотрéть кинó.
Что вы бýдете дéлать чéрез два часá? Вы бýдете готóвить обéд.
Что онѝ бýдут дéлать чéрез недéлю? Онѝ бýдут игрáть в тéннис.

УПРАЖНЕ́НИЯ 연습문제

1. 참고 어휘를 활용하여 예시에 따라 대화를 완성하세요.

Моде́ль: - О чём *ду́мает Ни́на*?
- *Она́* ду́мает *о до́ме*.

Слова́ для спра́вок:

1) брат – мечта́ть – велосипе́д	6) оте́ц – ду́мать – рабо́та
2) друзья́ – говори́ть – футбо́л	7) ба́бушка – расска́зывать – внук
3) Глеб – забыва́ть – уро́к	8) врач – говори́ть – здоро́вье
4) Да́ша – спра́шивать – соба́ка	9) учи́тель – ду́мать – ученики́
5) роди́тели – разгова́ривать – де́ти	10) А́нна – знать – экза́мен

2. 예시에 따라 문장을 완성하세요.

Моде́ль: Э́то *вы*. Я ду́маю ... → Э́то *вы*. Я ду́маю *о вас*.

1) Э́то роди́тели. Ма́льчик ду́мает ...

2) Э́то дочь. Оте́ц говори́т ...

3) Э́то мы. Преподава́тель говори́т ...

4) Э́то я. Друзья́ спра́шивают ...

5) Э́то но́вая маши́на. Я мечта́ю ...

6) Э́то дя́дя. Мы ча́сто ду́маем ...

3. 동사의 상에 적합한 미래시제 인칭변화를 써 보세요.

ду́мать - поду́мать	생각하다	ви́деть - уви́деть	보이다
ждать - подожда́ть	기다리다	е́хать - пое́хать	타고 가다
забыва́ть - забы́ть	잊다	получа́ть-получи́ть	받다
звони́ть - позвони́ть	전화하다	конча́ть - ко́нчить	끝나다

4. 자신의 생각에 따라 빈칸을 채워 대화를 완성하세요.

1.

- ....?
- Я говорю́ о росси́йской му́зыке.
- ....?
- Я чита́ю о Москве́.

2.

- О чём вы мечта́ете?
- ....
- О ком вы ча́сто ду́маете?
- ....

3.

- .... Глеб расска́зывал сего́дня?
- О ру́сской литерату́ре.
- .... он мно́го зна́ет?
- Об Анто́не Че́хове.

4.

- О чём ты чита́ла в интерне́те?
- ....
- О ком ты чита́ла в интерне́те?
- ....

5. 이 메일을 읽고 답을 써 보세요.

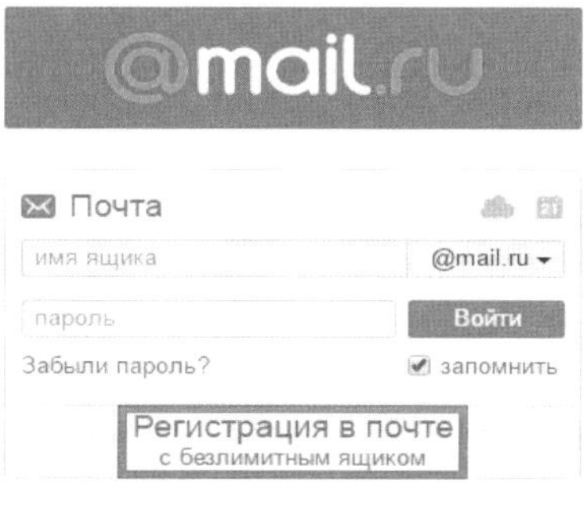

От: Ивано́в Ди́ма <dimaivanov@mail.ru>
Тема: Приве́т из Москвы́!

Приве́т!
Как дела́? Я слы́шал, что у тебя́ ско́ро бу́дут кани́кулы. Что ты бу́дешь де́лать на кани́кулах?
Приезжа́й ко мне в го́сти!
Пока́! Жду...

ИНФОРМÁТИКА IT 활용

http://www.morpher.ru/accentizer

러시아어 문장들을 직접 입력해 강세를 찍을 수 있는 사이트이다. 학습용 교재인 경우를 제외하고는 대부분의 러시아어 텍스트에는 강세(ударéние)가 찍혀 있지 않다. 이 사이트를 활용한다면 쉽게 구할 수 있는 인터넷 상의 많은 러시아어 텍스트에 강세를 찍어 직접 러시아어 읽기 연습을 할 수 있다. 또한 요즘에는 컴퓨터가 직접 러시아어를 읽어 주는 어플이나 프로그램들이 많이 있는데 이런 TTS 기능이 있는 프로그램들을 이용해, 자신이 준비한 텍스트를 듣고 읽으면서 정확한 듣기 연습과 읽기 연습 그리고 암기 연습 등을 하면 매우 효과적으로 러시아어를 학습할 수 있다.

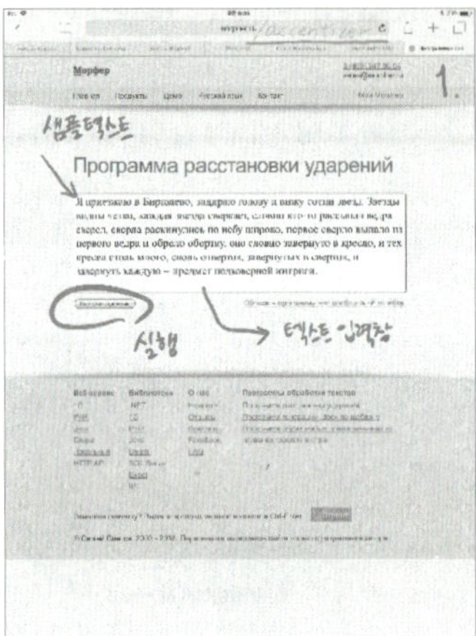

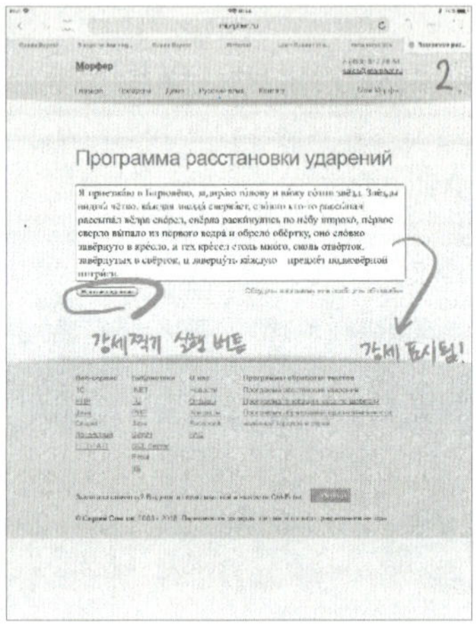

1번 그림은 해당 페이지에 접속하면 나타나는 그림이다. 박스 안에 샘플 텍스트가 적혀 있고 아래 실행 버튼을 누르면 2번 그림에서와 같이 모든 단어에 강세가 표시된다.

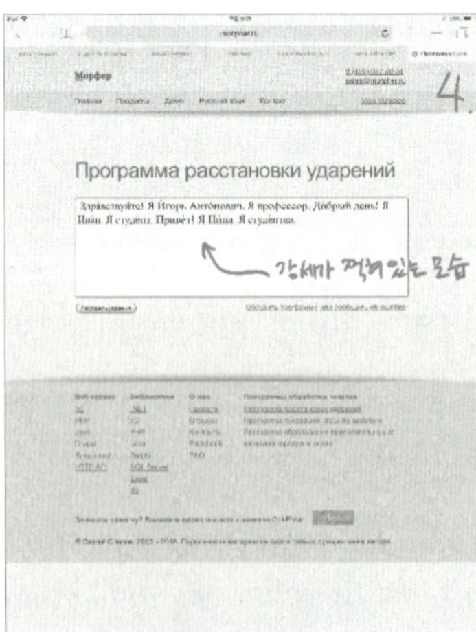

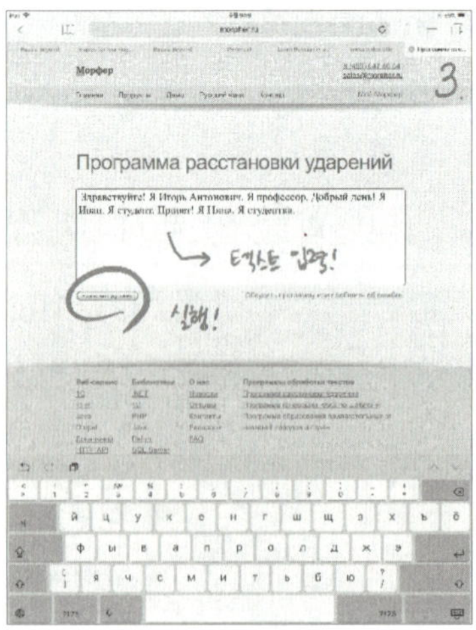

3번 그림처럼 이전에 샘플 텍스트가 있던 박스 안의 내용을 모두 지우고 자신이 원하는 텍스트를 직접 입력하거나 오려 붙이기를 한다. 그런 다음 아래 실행 버튼을 누른다. 4번 그림은 우리 교재 1과에 나오는 본문을 직접 입력해 강세 찍기를 실행한 결과이다.

Урóк 14

Что вам нрáвится?

당신은 무엇이 마음에 드세요?

Ей 23 гóда. 그녀는 23살이다.

Скóлько лет вáшей мáтери. 당신의 어머니는 몇 살입니까?

Дáше нрáвится éздить к óзеру. 다샤는 호수에 다니는 것이 마음에 든다.

ДИАЛÓГ 대화

1.

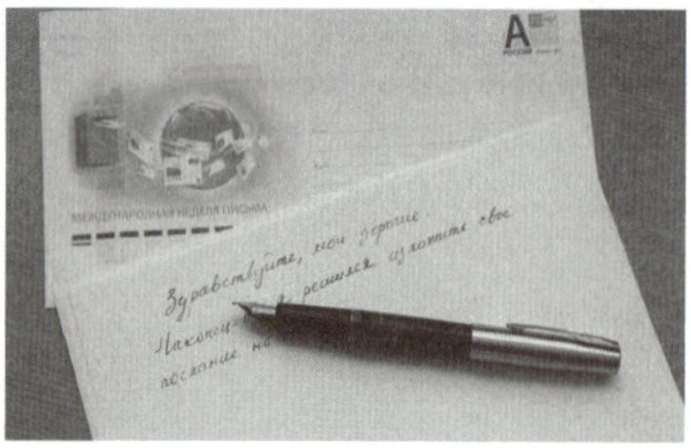

- Что ты дéлаешь?
- Я пишý письмó.
- Комý ты пи́шешь письмó?
- Моей сестрé и моемý брáту.

2.

- Скóлько лет вáшему отцý?
- Емý 54 гóда.
- Скóлько лет вáшей мáтери?
- Ей 50 лет.

ТЕКСТ 본문

Дáша – моя́ люби́мая дéвушка. Ей 23 гóда. Онá óчень лю́бит цветы́. Я чáсто дарю́ ей рóзы. Онá óчень рáдуется мои́м подáркам. Дáше нрáвится ходи́ть в кинó. Ей нрáвятся америкáнские фи́льмы. Онá лю́бит éздить к óзеру. Там мы чáсто катáемся на велосипéдах.

ВОПРÓСЫ

1. Как зовýт егó дéвушку? ________________
2. Скóлько ей лет? ________________
3. Почемý он чáсто дáрит ей рóзы? ________________
4. Что ей нрáвится дéлать? ________________
5. Куда онá лю́бит éздить? ________________

СЛОВА́РЬ 어휘

СЛОВА́РЬ	어휘
америка́нский (-ая, -ое, -ие)	미국의, 미국인의
бадминто́н	배드민턴
балала́йка	발랄라이카 (러시아 3현악기)
баскетбо́л	농구
блу́зка	블라우스
гита́ра	기타
гольф	골프
гость (남)	손님
дари́ть(II) (дар-ю́, -ишь; -ят)	주다
е́здить(II) (е́зжу, е́здишь; е́здят)	가다, 타고 가다
е́хать(I) (е́ду, е́дешь; е́дут)	가다, 타고 가다
жела́ть(I) (жела́-ю, -ешь; -ют)	바라다, 원하다, 희망하다
жёлтый (-ая, -ое, -ые)	노란(색)의, 황색의
зелёный (-ая, -ое, -ые)	녹색의, 초록색의, 푸른
идти́(I) (иду́, идёшь; иду́т)	가다, 걷다, 걸어서 가다
ката́ться на велосипе́де	자전거를 타다
кори́чневый (-ая, -ое, -ые)	갈색의
костю́м	양복, 정장
ку́ртка	점퍼, 잠바, 재킷
люби́мая де́вушка	사랑스러운 아가씨, 애인, 여자친구
нра́виться(II)	마음에 들다
о́зеро	호수
пиани́но	피아노
пиджа́к	재킷, 콤비
пла́тье	원피스
пода́рок	선물
покупа́ть(I) (покупа́-ю, -ешь; -ют)	사다, 구매하다
помога́ть(I) (помога́-ю, -ешь; -ют)	돕다, 도와주다
ра́доваться(I) (ра́ду-юсь, -ешься; -ются)	기뻐하다, 즐거워하다
ро́за	장미
скри́пка	바이올린
фле́йта	플루트
футбо́лка	티셔츠, 반팔 티
ходи́ть(II) (хожу́, хо́дишь; хо́дят)	가다, 오다, 걸어 다니다
цвето́к (복: цветы́)	꽃, 화초

ГРАММÁТИКА 문법

1. 명사의 여격

여격은 동작이 미치는 상대편, 즉 간접 목적어를 나타내는 것으로 우리말 조사 '~에게'에 해당한다. 이러한 명사의 여격에 대한 물음은 комý?(누구에게) чемý?(무엇에게) 이다. 자음으로 끝나는 남성명사와 -о로 끝나는 중성명사의 단수 여격 어미는 -у이다. -й, -ь로 끝나는 남성명사와 -е로 끝나는 중성명사의 단수 여격 어미는 -ю이다. -а, -я로 끝나는 여성명사의 단수 여격 어미는 -е이고, -ь로 끝나는 여성명사의 단수 여격어미는 -и이다. -ия로 끝나는 여성명사 단수 여격 어미는 -ии이다. 복수 여격 어미는 -ам, -ям이 있다. 여격은 또한 여격지배 전치사(к, по)와 항상 목적어로서 여격을 수반하는 동사 (нрáвиться, желáть 등)와 함께 사용하며, 나이를 묻고 대답할 때, 그리고 무인칭문에서도 행위의 주체가 되는 인칭대명사는 여격을 사용한다.

(1) 명사의 여격 변화

격 / 성	단수				복수		
	주격	주격어미	여격어미	여격	주격	여격어미	여격
남성	студéнт	자음	+у	студéнту	студéнты	+ ам	студéнтам
	музéй	-й	→ ю	музéю	музéи	→ ям	музéям
	гость	-ь	→ ю	гóстю	гóсти	→ ям	гостя́м
여성	жéнщина	-а	→ е	жéнщине	жéнщины	→ ам	жéнщинам
	недéля	-я	→ е	недéле	недéли	→ ям	недéлям
	ночь	-ь	→ и	нóчи	нóчи	→ ам	ночáм
중성	слóво	-о	→ у	слóву	словá	→ ам	словáм
	пóле	-е	→ ю	пóлю	поля́	→ ям	поля́м
	здáние	-ие	→ ю	здáнию	здáния	→ ям	здáниям

2. 형용사의 여격

형용사 남성과 중성의 단수 여격의 어미는 -ому, -ему이고, 여성형 단수 여격의 어미는 -ой, -ей이다. 복수 여격 어미는 -ым, -им이다.

주격		여격
남성	нóв**ый** студéнт	нóв**ому** студéнту
중성	си́н**ее** мóре	си́н**ему** мóрю
여성	краси́в**ая** дéвушка	краси́в**ой** дéвушке
복수	рýсск**ие** друзья́	рýсск**им** друзья́м

3. 인칭대명사 여격

주격	я	ты	он	онá	мы	вы	они́
여격	мне	тебé	емý	ей	нам	вам	им
여격 지배 전치사 к	ко мнé	к тебé	к нему́	к ней	к нам	к вам	к ним

4. 소유대명사, 지시대명사와 의문대명사의 여격

	의문대명사		소유대명사				지시대명사	
남/중성	как**óму**	чь**емý**	мо**емý**	тво**емý**	нáш**ему**	вáш**ему**	э́т**ому**	т**омý**
여성	как**óй**	чь**ей**	мо**éй**	тво**éй**	нáш**ей**	вáш**ей**	э́т**ой**	т**ой**
복수	как**и́м**	чь**им**	мо**и́м**	тво**и́м**	нáш**им**	вáш**им**	э́т**им**	т**éм**

5. 여격의 용법

1) 간접 목적어: '~에게'

- *Комý* ты читáешь кни́гу? 너는 누구에게 책을 읽어주느냐?
- *Я* читáю кни́гу *сестрé и брáту*. 나는 책을 누이와 형제에게 읽어주고 있다.

2) 여격을 요구하는 동사

давáть 주다 / дари́ть 선물하다 / помогáть 도와주다
посылáть 보내다 / желáть 기원하다 / звони́ть 전화하다
писáть 쓰다 / расскáзывать 이야기하다 / рáдоваться 기뻐하다

3) 동사 нрáвиться

마음에 드는 대상을 주격으로 쓰는 반면에, 마음에 들어 하는 주체는 '여격'을 쓴다.

Комý Мне Сестр**é** Брáт**у** Друзь**я́м**	нрáвится	мýзыка ходить в кино
	нрáвятся	рýсские пéсни

4) 나이를 묻고 대답하기

나이를 물을 때는 여격을 사용한다. 그리고 나이를 세는 단위를 말할 때, 수사의 끝 자리가 1일 경우 год를, 2~4일 경우 гóда(단수 생격)를, 5~9와 0일 경우 лет(복수 생격)를 사용한다.

Скóлько лет	Ивáну?	⇒	Ивáну (Емý)	21 год
	Андрéю?		Андрéю (Емý)	23 гóда
	Анне?		Анне (Ей)	15 лет
	Кáте?		Кáте (Ей)	16 лет

5) 여격 지배 전치사와 함께

К	- *К комý* вы идёте?	당신은 누구에게 갑니까?
	- Я идý *к бáбушке*.	나는 할머니에게 갑니다.
	- *Кудá* éдет ваш брат?	당신의 형제는 어디로 갑니까?
	- Он éдет *к озеру*.	그는 호수 쪽으로 가고 있습니다.

ПО	*По суббóтам* я хожý в кинó.	나는 토요일마다 영화관에 갑니다.
	По срéдам мы éздим в парк.	우리는 수요일마다 공원에 갑니다.

6. 동사 игрáть의 쓰임

동사игрáть는 운동경기와 관련하여 '~ 운동(경기)을 하다'의 의미로 사용할 경우에는 'в+대격'의 형태를 취하고 음악 악기와 관련하여 '~ 악기를 연주하다'의 의미로 사용할 때는 'на+전치격'의 형태를 취한다.

운동 경기를 하다

Я игрáю	**в**	футбóл.
		бадминтóн.
		баскетбóл.
		тéннис.
		гольф.

악기를 연주하다

Я игрáю	**на**	гитáре.
		скрúпке.
		флéйте.
		балалáйке.
		пианúно.

УПРАЖНЕ́НИЯ 연습문제

1. 예시에 따라 대화를 완성하세요.

Моде́ль: - *Что* и *кому́* вы хоти́те купи́ть?
- Я хочу́ купи́ть *цветы́ сестре́* .

1. брат

2. подру́га

3. ба́бушка

4. мать и оте́ц

5. Андре́й

6. Мари́я

7. дочь

8. друзья́

2. 자신의 생각에 따라 빈칸을 채워 대화를 완성하세요.

1. - ....?
   - Ему́ 18 лет.

2. - ....?
   - Ей 21 год.

3. - ....?
   - Им 43 го́да.

4. - ....?
   - Мне 17 лет.

5. - Ско́лько лет твоему́ дру́гу?
   - ....

6. - Ва́шему сы́ну 3 го́да?
   - Нет, ...

7. - Ско́лько лет твое́й подру́ге?
   - ....

8. - Ва́шему де́душке 82 го́да?
   - Нет, ...

3. 예시에 따라 대화를 완성하세요.

Модéль: - *Какóе плáтье* нрáвится *Нúне*?
- *Ей* нрáвится *крáсная юбка*. *Онá* лю́бит *крáсный* цвет.

1. А́нна, жёлтое плáтье

2. Нúна, зелёная ю́бка и блýзка

3. Сергéй, корúчневая кýртка

4. Артём, сúний пиджáк

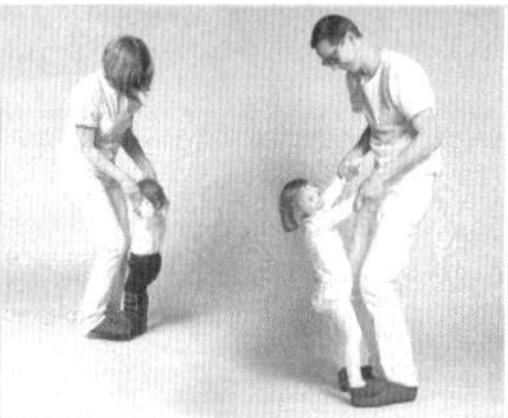

5. родúтели, бéлые брю́ки и футбóлки

6. Кáтя и Дúма, чёрные костю́мы

4. 친구에게 물어 대화를 완성하세요.

Спросúте дрýга, ...

1) что емý нрáвится дéлать в суббóту.

2) какóй цвет емý нрáвится.

3) комý он чáсто звонúт.

4) скóлько емý лет и что он лю́бит.

5) к комý он éздит лéтом.

6) комý он чáсто помогáет.

КУЛЬТУ́РА 러시아 화폐

러시아에 동전이 처음 등장한 것은 10세기 말로 알려져 있다. 당시 동전을 주조하는 재료로는 금 또는 은이 사용되었으며, 동전에는 키예프 루시 대공들의 얼굴과 류릭 왕조의 문장으로 간주되는 삼지창 모양이 부조되어 있었다. 그러나 13세기 몽골의 지배 이후 길쭉한 형태의 은괴가 둥근 모양의 동전을 대신했다. 이 은괴는 '그리브나'(гри́вна)라고 불렸다. 고대 러시아인들이 물건을 사고 팔면서 은괴를 잘라서 사용했는데, '자르다'라는 뜻의 러시아 동사 '루비찌'(руби́ть)에서 현재 러시아의 화폐단위인 '루블'(рубль)이라는 단어가 파생되었다.

돈을 뜻하는 '젠기'(де́ньги)라는 러시아어의 단수형인 '젠가'(деньга́)는 루블의 1/200을 뜻할 정도로 작은 단위였는데, 이 단어는 타타르의 은화를 의미했던 '탕가'(танга́), 혹은 '젠게'(денге́)에서 기원한 것이다.

모스크바 공국이 국가의 형태를 어느 정도 갖추게 된 이반 3세때부터 러시아는 단일화폐의 필요성이 제기되었고, 이반 4세 통치 시기에 창을 들고 있는 기마병의 모습이 새겨진 동전이 주조되어 사용되었다. 당시 이 동전은 러시아어로 '창'을 뜻하는 '꼬삐요'(копьё)라는 단어에서 파생된 '까뻬이까'(копе́йка)라고 불렸다. 러시아에서 사용되는 '까뻬이까'는 1루블의 1/100에 해당하는 화폐단위이지만, 너무 소액인 이유로 해서 현재 화폐 단위로서의 기능은 거의 상실한 상태이다.

러시아의 화폐 단위는 루블(통화표시 RUB)이다. 현재 사용되고 있는 지폐는 10, 50, 100, 200, 500, 1,000, 2,000, 5,000루블의 8종이 있고, 동전도 또한 8종이 사용되고 있는데, 그것은 1, 2, 5, 10루블 4종과 1, 5, 10, 50 까뻬이까 4종이 통용되고 있다. 2018년 3월 현재 1루블은 우리 돈으로 약 20원에 해당한다.

현재 러시아 지폐에 도안으로 사용되고 있는 각 도시의 역사적 기념물들은 다음과 같다.

액면 (루블)	도안		기념물 소재지
	앞면	뒷면	
	· 예니세이 강 다리 · 크라스노야르스크 교회	· 크라스노야르스크 수력발전소	· 크라스노야르스크
	· 네바 강 상징 조형물 · 페트로파블롭스크 요새 해전 기념물	· 바실리 섬 등대 · 옛 증권거래소, 중앙해군 박물관	· 상트 페테르부르크
	· 볼쇼이 극장 현관 조각상	· 볼쇼이 극장	· 모스크바
	· 방위기념비	· 헤르소네스 유적지	· 세바스토폴
	· 표트르 1세 동상	· 슬로베츠 수도원	· 아르한겔스크
	· 현인 야로슬라프 동상 · 카잔 성모 교회 · 구세주 발현 수도원	· 세례 요한 교회	· 야로슬라블
	· 루스키 섬 현수교	· 찌올콥스키 인공위성	· 블라디보스토크 · 찌올콥스키
	· 무라비요프 아무르스키 동상	· 아무르 강 다리	· 하바로프스크

Урóк 15

Емý нáдо пойтú к врачý.

그는 의사에게 갈 필요가 있다.

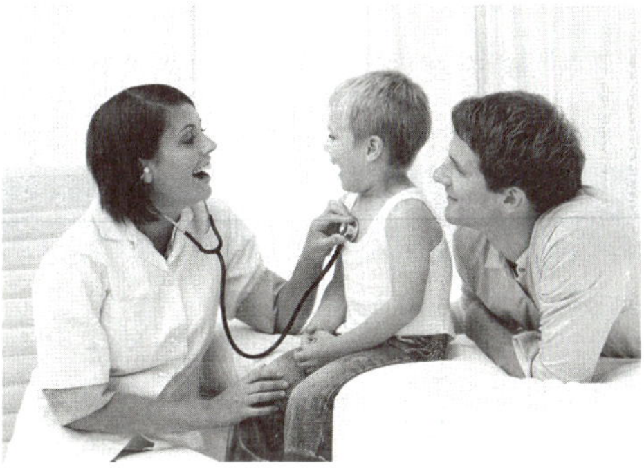

Мне óчень плóхо. 나는 몸 상태가 매우 안 좋다.

У меня́ кáшель и болúт головá. 나는 기침을 하고 머리가 아프다.

Он дóлжен мнóго отдыхáть. 그는 많이 쉬어야만 한다.

ДИАЛО́Г 대화

1.

- Что с ва́ми? Вам пло́хо?
- Да, мне о́чень пло́хо.
- Что у вас боли́т?
- У меня́ о́чень боля́т глаза́.

2.

- До́брый день! Что у вас боли́т?
- У меня́ ка́шель и боли́т голова́.
- У вас грипп. Вот реце́пт. Вам на́до отдыха́ть.

ТЕКСТ 본문

Мой мла́дший брат Ко́ля заболе́л. Он был бле́дный. У́тром у него́ боле́ла голова́. Ему́ бы́ло о́чень пло́хо. У Ко́ли была́ высо́кая температу́ра. Мы вы́звали врача́. Он сказа́л, что у Ко́ли просту́да. Он до́лжен бо́льше отдыха́ть. Бра́ту на́до пить лека́рство. Ко́ле нельзя́ гуля́ть и игра́ть в футбо́л.

ВОПРО́СЫ

1. Почему́ Ко́ля был бле́дный? ______________________
2. Что бы́ло с Ко́лей у́тром? ______________________
3. Что он до́лжен де́лать? ______________________
4. Что ему́ ну́жно де́лать? ______________________
5. Что ему́ нельзя́ де́лать? ______________________

СЛОВА́РЬ 어휘

анги́на	편도선염, 인후염
биле́т	표, 티켓, 입장권
бле́дный (-ая, -ое, -ые)	창백한, 생기 없는
боле́ть; заболе́ть(I)	아프다, 앓다
больно́й	환자
бо́льше	더 많이
ви́за	비자
вызыва́ть; вы́звать(I)	부르다, 이름을 부르다, 불러내다
высо́кий (-ая, -ое, -ие)	높은
глаза́ (복)	눈, 시력, 시각
голова́	머리
го́рло	목, 목구멍, 인후
грипп	유행성감기, 인플루엔자
живо́т	배, 복부
Зуб	이, 치아
ка́шель (남)	기침
легко́	쉽게, 가볍게
лека́рство	약
моро́женое	아이스크림
на́сморк	코감기, 콧물감기
пальто́	외투, 코트
прия́тно	유쾌하게, 좋게
просту́да	감기
Ра́но	일찍, 이르게, 빠르게
реце́пт	처방전
Спина́	등, 허리
температу́ра	열, 체온, 온도
Тепло́	따뜻하게, 따뜻하다
Ти́хо	조용히, 고요히
тру́дно	어렵게, 힘들게
уста́ть(I) (уста́н-у, уста́н-ешь; -ут)	피곤하다, 피곤해지다
шокола́д	초콜릿

ГРАММА́ТИКА 문법

1. 무인칭문

무인칭문이란 문법적인 주어가 없고, '인칭대명사의 여격 + 부사 + 동사 미정형'으로 구성된 문장이다. 주어의 의지와 관계없이 나타나는 자연 현상이나 인간의 심리 및 감정 상태 등을 표현할 때 주로 사용된다. 무인칭문에서 행위의 주체는 여격, 행위의 대상은 주격이 사용되며, 서술어는 부사 또는 동사 3인칭 중성 형태가 쓰인다. 부사가 술어일 때, 과거나 미래를 표현하는 경우 бы́ло와 бу́дет을 사용한다.

인칭대명사의 여격 мне, тебе́, ему́, ей, нам, вам, им	+	хорошо́ пло́хо прия́тно интере́сно тру́дно легко́	+	동사 미정형

1) 일반 부사가 술어인 경우

- Ему́ тру́дно встава́ть ра́но. 그는 일찍 일어나는 것이 힘들다.
- Ей бы́ло о́чень жа́рко. 그녀는 매우 더웠다.
- В саду́ бы́ло ти́хо и тепло́. 정원은 고요하고 따뜻하였다.

2) 술어로만 사용되는 부사(мо́жно, ну́жно, на́до, нельзя́)가 술어인 경우

- Тебе́ ну́жно мно́го занима́ться. 너는 많이 공부할 필요가 있다.
- Больно́му нельзя́ ходи́ть. 환자가 돌아다녀서는 안 된다.

3) 무인칭 동사가 술어인 경우

- Ему́ не хо́чется есть. 그는 먹고 싶지 않다.
- Мне ка́жется, за́втра бу́дет хоро́шая пого́да. 내일은 날씨가 좋을 것 같다.

Урóк 15

2. мóжно, нáдо, нýжно, нельзя́의 용법

가능, 허용, 의무, 필요, 금지 등의 의미를 나타낸다. мóжно(~할 수 있다, ~해도 좋다), нýжно(~할 필요가 있다, ~하지 않으면 안 된다), нáдо(~해야 한다), нельзя́(~할 수가 없다, ~해서는 안 된다)의 뜻으로 동사 미정형과 함께 사용된다. 이러한 무인칭문의 의미상의 주어는 여격 형태를 취한다.

1) 동사의 미정형과 함께 쓰는 경우

Мне Тебé Емý Ей Нам Вам Им	мóжно нýжно нельзя́ нáдо	купи́ть	костю́м. пальтó. часы́. шáпку.

2) мóжно와 нельзя́는 동사의 미정형과 함께 쓰이기도 하고, 단독으로도 사용 가능하다.

комý (여격)		동사 미정형	
Дрýгу	мóжно	*игрáть на гитáре*	친구는 기타를 칠 수 있다.
Мне	нельзя́	*кури́ть*	나는 흡연을 해서는 안 된다.

- Мóжно разговáривать во врéмя заня́тий? 강의 시간에 대화해도 되나요?
- Нельзя́. 안 되요.

- Мóжно войти́? 들어가도 되나요?
- Нельзя́. 안 됩니다.

3. дóлжен, должнá, должнó, должны́의 용법

'~해야 한다'는 뜻을 가진 형용사 단어미형으로 주어의 성과 수에 따라 변화한다. 동사 미정형과 결합하여 사용한다. 문장의 주어는 인칭 대명사 주격이 온다.

남성	여성	중성	복수
дóлжен	должнá	должнó	должны́
Он дóлжен Онá должнá Они́ должны́	+ 동사 미정형	Он дóлжен прочитáть текст. Онá должнá купи́ть сýмку. Они́ должны́ купи́ть брю́ки.	

4. нýжен, нужнá, нýжно, нужны́의 용법

형용사 нýжный의 단어미 нýжен, нужнá, нýжно, нужны́는 '~에게 ~가 필요하다'라는 뜻으로 주어의 성과 수에 따라 변화하며, 의미상의 주어는 여격 형태를 취한다.

남성	여성	중성	복수
нýжен	нужнá	нýжно	нужны́

Мне нýжен зонт. 나는 우산이 필요하다.
Емý нужнá ви́за. 그는 비자가 필요하다.
Нам нýжно пальтó. 우리는 외투가 필요하다.
Им нужны́ билéты. 그들은 입장권이 필요하다.

5. 건강 상태를 묻고 대답하기

1) 컨디션 묻고 답하기

- Что с вáми? (= Что случи́лось?) - 당신에게 무슨 일 있어요?
- Мне плóхо. - 제 몸 상태가 좋지 않습니다.
- Как вы себя́ чýвствуете? - 당신은 컨디션(기분)이 어떠세요?
- Я чýвствую себя́ плóхо. - 저는 컨디션이 안 좋습니다.

2) 아프다고 말하기

Я болéю. - 제가 아픕니다.
Я заболéл. - 저는 병이 났어요.

3) 아픈 곳에 대해서 묻고 답하기

- Что *у вас* боли́т? - 당신은 어디가 아픕니까?
- *У меня́* боли́т головá. - 저는 머리가 아픕니다.
- *У меня́* боля́т зýбы. - 저는 치아가 아픕니다.
- *У меня́* кáшель, температýра. - 저는 기침과 열이 있습니다.

4) 아프다는 사실에 대한 유감과 건강 회복을 위한 기원 표현

Óчень жаль! 매우 유감입니다! (참 안됐군요!)
Выздорáвливай(те)! (빨리) 쾌차하세요!

УПРАЖНЕ́НИЯ 연습문제

1. 예시에 따라 대화를 완성하세요.

Моде́ль: - А́нна, как твоё здоро́вье?/Что с тобо́й?
- Я боле́ю. У меня́ *просту́да*.

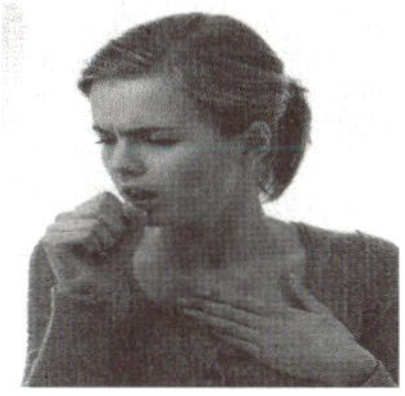
1. Да́ша, ка́шель

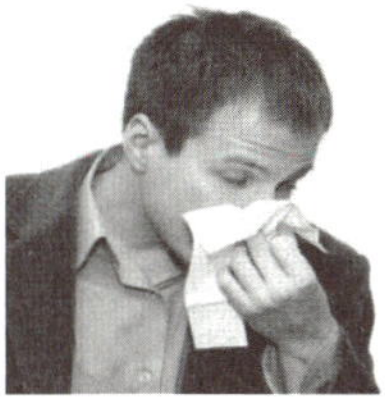
2. Макси́м, на́сморк

3. Мари́на, температу́ра

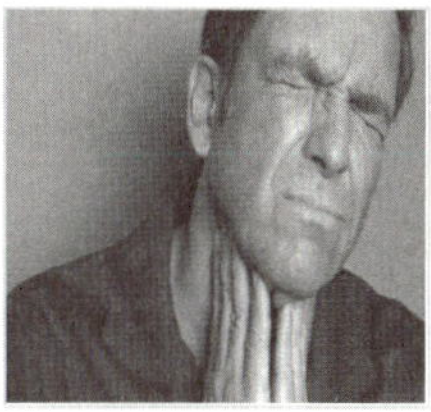
4. Оле́г, анги́на

2. 오른쪽과 왼쪽 부분을 연결하여 올바른 문장을 완성하세요.

1) У А́нны боли́т рука́, а) поэ́тому им нельзя́ бе́гать.
2) У ма́льчика грипп, б) поэ́тому ему́ нельзя́ игра́ть на компью́тере.
3) У них боля́т но́ги, в) поэ́тому ему́ нельзя́ гуля́ть на у́лице.
4) У де́вочки боли́т го́рло, г) поэ́тому ему́ нельзя́ бе́гать.
5) У Гле́ба боли́т нога́, д) поэ́тому ей нельзя́ игра́ть в те́ннис.
6) У ребёнка боли́т зуб, е) поэ́тому ему́ нельзя́ есть шокола́д.
7) У Артёма боля́т глаза́, ж) поэ́тому ей нельзя́ есть моро́женое.

3. 예시에 따라 문장을 완성하세요.

Моде́ль: За́втра уро́к. *Мне на́до де́лать дома́шнее зада́ние.*

1) Ма́ма уста́ла. ....

2) У Ни́ны боли́т голова́. ....

3) Ско́ро экза́мены. ....

4) У де́душки боли́т спина́. ....

5) У Артёма боли́т го́рло. ....

6) У ма́льчика боля́т зу́бы. ....

4. 자신의 생각에 따라 빈칸을 채워 대화를 완성하세요.

1.

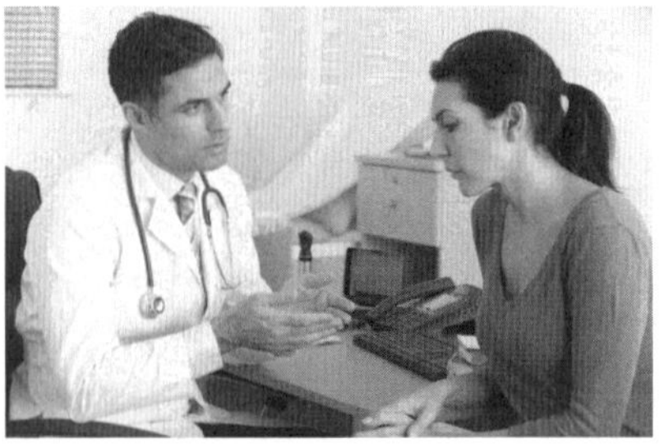

- Что у вас боли́т?
- ....
- Вам нельзя́ ....
Вы должны́ ....

2.

- ....?
- У меня́ боли́т го́рло.
- У вас есть на́сморк?
- Нет, ...

3.

- Что с тобо́й?
- ....
- Что у тебя́ боли́т?
- ....

4.

- У меня́ о́чень боля́т голова́ и живо́т.
- Тебе́ на́до..
- У тебя́ есть температу́ра?
- Нет, ...

Mondly

Mondly는 다국어 학습 어플이다. 이 어플은 다양한 언어로 매일 제공되는 간단한 퀴즈를 풀면서 배우고자 하는 언어를 무료로 학습할 수 있다. 유사한 내용들이 지속적으로 반복되어 러시아어를 처음 공부하는 학생들에게는 러시아어 단어와 문법, 문장들에 익숙해지는데 많은 도움이 된다.

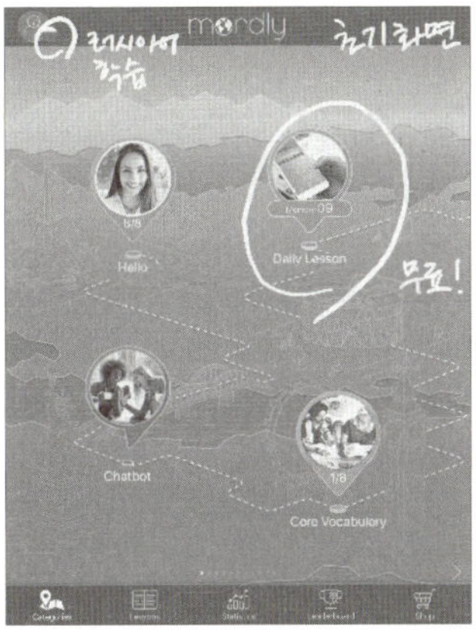

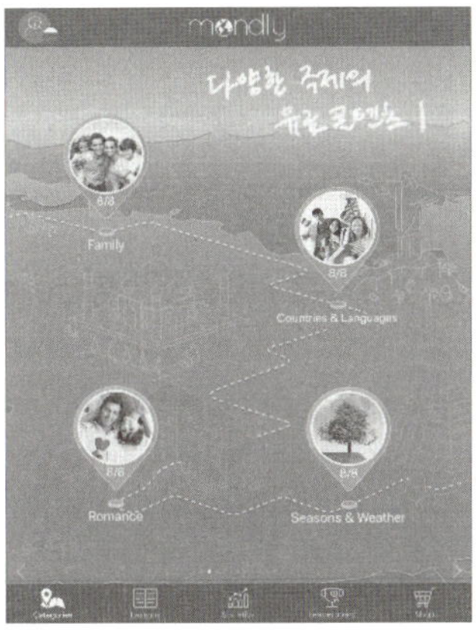

초기 화면에 있는 일일 레슨(Dairy Lesson)은 무료다. 일단 학습을 시작하면 반드시 날짜에 맞춰 문제를 풀어 나가도록 한다. 문제를 다 푸는 데는 대략 5분 정도가 소요되며 마지막 부분에 있는 복습을 포함하더라도 10분이면 충분하다. 프로그램을 구입하면 다양한 주제의 유료 콘텐츠도 이용할 수 있다.

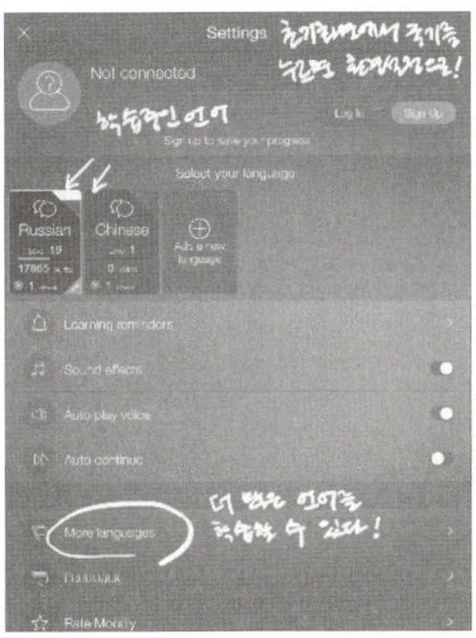

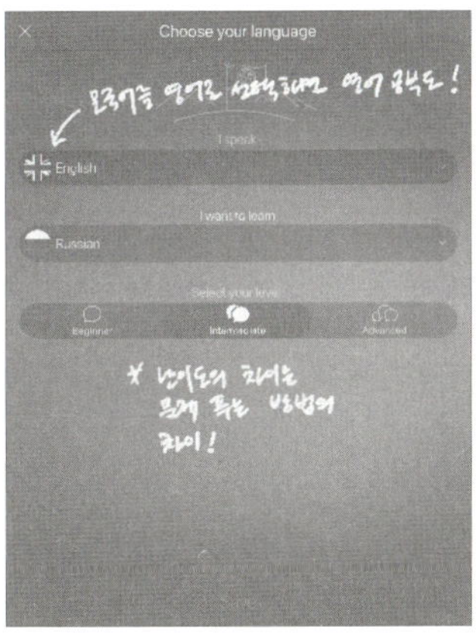

초기 화면에서 국기를 누르면 환경설정 화면으로 이동한다. 현재 학습 중인 언어와 성취한 수준 등이 보인다. 학습 편의와 관련한 간단한 환경 설정을 할 수 있고 무엇보다 아래 국기 깃발 아이콘으로 된 More languages를 누르면 학습할 다른 언어들을 선택할 수 있다. 중앙에 있는 그림으로 볼 때, 내가 말하는 언어가 영어로 선택되어 있는데 사용자 편의에 따라 다양한 언어로 모국어를 선택할 수 있다. 만일 한국어가 아닌 다른 언어로 모국어를 선택한다면 그 언어도 함께 학습하는 효과를 얻을 수 있다. 가운데 그림 제일 아래에 레벨 선택 부분이 있는데 이 어플에서 레벨의 차이는 콘텐츠 난이도의 차이가 아니라 문제를 푸는 방법의 차이임을 명심하라. 예를 들어 Beginner을 선택하면 직접 단어를 타이핑하는 수고 없이 간단한 터치만으로 문제를 풀 수 있다.

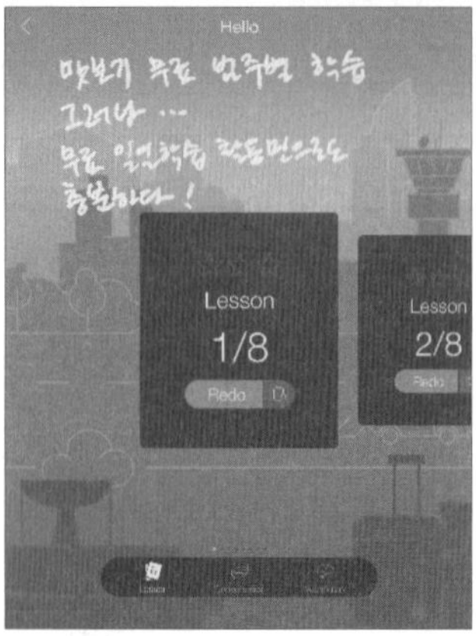

첫 번째 그림은 유료 콘텐츠인 범주 별 학습의 실례이다. 가족, 여행, 운동 등의 일정한 주제 하에 각각 8개의 과로 구성되어 있다. 일일 학습과 유사한 구조를 갖추고 있지만 최종 단계인 7과에 해당 주제에 대한 완성된 대화가 포함되어 있고 그 대화를 녹음을 통해 연습해 볼 수 있다는 점이 다소 다르다. 가운데 그림은 일일 레슨에서 실제 문제를 푸는 화면이다. 모국어를 영어로 선택했기 때문에 문제가 영어로 나오고 있다. 답은 러시아어로 된 해당 단어를 선택하면 되는데 화면에서는 러시아어가 영어 알파벳으로 표기되어 있다. 이를 러시아어로 수정하기 위해서는 세 번째 그림의 오른쪽 상단에 있는 아이콘을 한 번 눌러주면 된다.

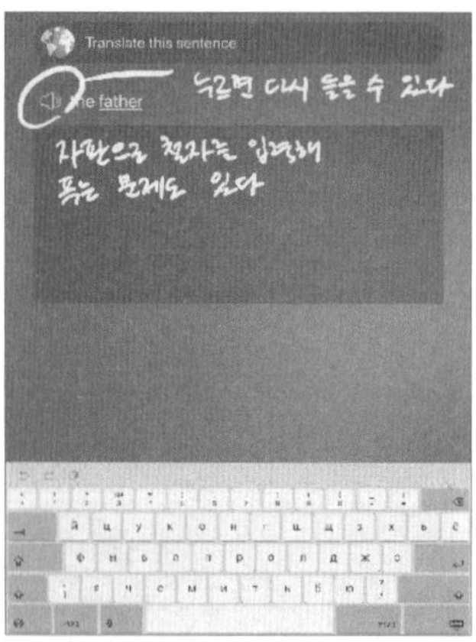

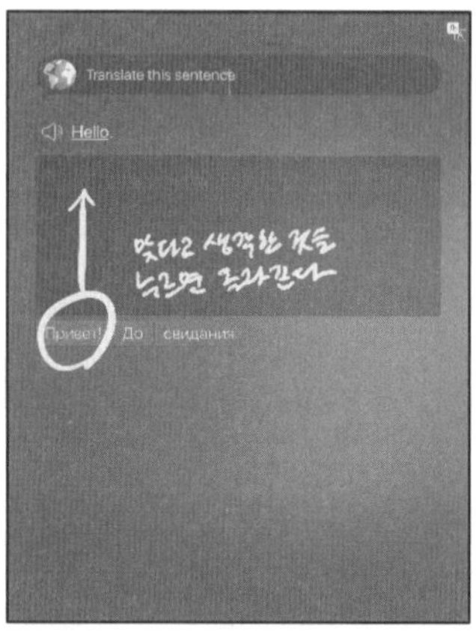

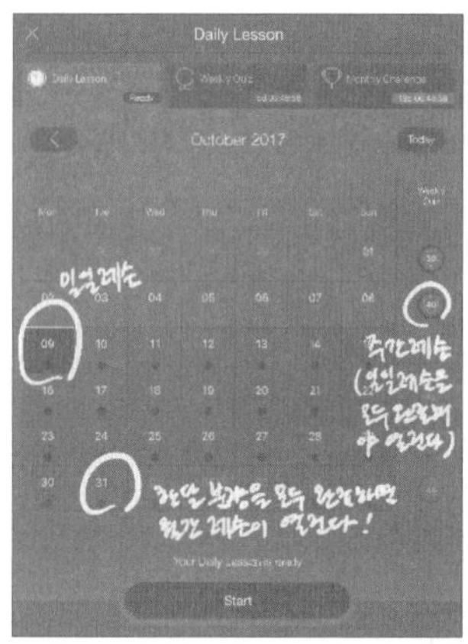

계속해서 문제를 푸는 것을 보여주는 화면이다. 거의 모든 문제는 음성과 함께 제공된다. 글자판으로 철자를 입력해서 푸는 문제를 풀려면 직접 타이핑을 해야 한다. 문제 음성을 다시 듣고 싶으면 스피커 모양의 아이콘을 누른다. 가운데 있는 화면은 아래에 있는 낱말 카드를 선택해 푸는 문제의 실례이다. 많은 낱말 카드들을 순서대로 선택해 문장을 구성하는 문제도 있다. 세 번째 그림은 학습 진도를 한 눈에 보여준다. 해당 날짜에 풀어야 할 일일 레슨이 표시되어 있다. 일주일 분량의 일일 레슨을 모두 해결하면 주간 레슨이 열린다. 주간 레슨을 모두 해결하면 월말에 월간 레슨이 활성화된다. 하루라도 빼먹지 않아야 주간 레슨과 월간 레슨을 모두 풀어볼 수 있다.

Уро́к 16

Э́то на́ша больша́я кварти́ра.

이 곳은 우리의 큰 아파트이다.

У меня́ нет ста́ршего бра́та.	내게는 형이 없다.
Там ко́мната моего́ де́душки.	저기는 내 할아버지의 방이다.
У вас есть брат и сестра́?	당신은 형제 자매가 있습니까?

ДИАЛО́Г 대화

1.

- Чьи э́то тетра́дь и ру́чка?
- Э́то тетра́дь и ру́чка Анто́на.
- Э́то его́ уче́бники?
- Нет, э́то мой уче́бник, а э́то уче́бники Ве́ры.

2.

- У тебя́ есть ста́рший брат?
- Нет, у меня́ нет ста́ршего бра́та.
- У тебя́ есть мла́дшая сестра́?
- Нет, у меня́ нет мла́дшей сестры́.

ТЕКСТ 본문

Меня́ зову́т Ива́н. Э́то на́ша больша́я кварти́ра. Там ко́мната моего́ де́душки. Там кре́сло де́душки. Он лю́бит сиде́ть там и чита́ть газе́ту. Тут ко́мната моего́ отца́ и мое́й ма́тери. Э́то ко́мната мое́й ста́ршей сестры́. А э́то зонт сестры́.

ВОПРО́СЫ

1. Э́то кварти́ра Ива́на и его́ семьи́? ______________________
2. У Ива́на есть брат? ______________________
3. Чьё там кре́сло? ______________________
4. Каки́е (=чьи) ко́мнаты есть здесь? ______________________
5. Чей э́то зонт? ______________________

СЛОВА́РЬ 어휘

газе́та 신문
журна́л 잡지
здесь 여기에
зонт 우산
кварти́ра 아파트
ко́мната 방
кре́сло 안락의자
культу́ра 문화
ли́ния 선, 노선
лу́чший (-ая, -ее, -ие) 보다 좋은, 최선의
лю́бить(II) (любл-ю́, лю́б-ишь; -ят) 사랑하다, 좋아하다
рома́н 소설, 장편소설
сиде́ть(II) (сиж-у́, сиди́шь; -я́т) 앉다
ста́ршая сестра́ 언니, 누나
ста́рший брат 오빠, 형
язы́к 언어, 혀

Вы́учите числи́тельные 수사들을 외우세요.

0	ноль						
1	оди́н	11	оди́ннадцать	10	де́сять	100	сто
2	два	12	двена́дцать	20	два́дцать	200	две́сти
3	три	13	трина́дцать	30	три́дцать	300	три́ста
4	четы́ре	14	четы́рнадцать	40	со́рок	400	четы́реста
5	пять	15	пятна́дцать	50	пятьдеся́т	500	пятьсо́т
6	шесть	16	шестна́дцать	60	шестьдеся́т	600	шестьсо́т
7	семь	17	семна́дцать	70	се́мьдесят	700	семьсо́т
8	во́семь	18	восемна́дцать	80	во́семьдесят	800	восемьсо́т
9	де́вять	19	девятна́дцать	90	девяно́сто	900	девятьсо́т
10	де́сять	20	два́дцать	100	сто	1000	ты́сяча

ГРАММА́ТИКА 문법

1. 명사의 생격

명사의 생격은 문장에서 소유나 소속 관계를 나타내는 기능을 한다. 생격은 우리말 조사 "~의"에 해당하며, 이에 대한 물음은 의문소유대명사 чей?(누구의?)와 의문대명사 что?의 생격인 чего́?(무엇의?)이다. '누구에게 ~이 있다', '누가 ~을 가지고 있다'와 같이 소유의 의미를 표현할 때 'у + 생격' 형태의 문장을 사용한다. 남성 명사와 중성 명사의 단수 생격 어미는 -а, -я이고, 여성 명사의 단수 생격 어미는 -ы, -и이다. 복수의 경우 남성 명사는 -ов, -ев, -ей, 여성과 중성 명사는 마지막 모음을 없애거나 -ей, -ь, -й를 붙여서 만든다. 생격을 지배하는 전치사는 у, из, от, с, для등이 있다.

성	단수 주격		단수 생격		복수 생격	
	주격	주격 어미	생격 어미	생격	생격 어미	생격
남성	го́род	자음(ø)	→ +а	го́род**а**	→ + **ов**	город**о́в**
	нож	자음(ж, ч, ш, щ)		нож**а́**	→ + **ей**	нож**е́й**
	оте́ц	자음(ц)		отц**а́**	→ + **ов**	отц**о́в**
	коре́ец	자음(ц)		коре́йц**а**	→ + **ев**	коре́йц**ев**
	музе́й	-й	→ **я**	музе́**я**	→ **ев**	музе́**ев**
	день	-ь		дн**я**	→ **ей**	дн**ей**
여성	ко́мната	-а	→ **ы**	ко́мнат**ы**	→ ø	ко́мнат
	неде́ля	-я	→ **и**	неде́л**и**	→ **ь**	неде́л**ь**
	ли́ния	-я		ли́ни**и**	→ **й**	ли́ни**й**
	ночь	-ь		но́ч**и**	→ **ей**	ноч**е́й**
중성	окно́	-о	→ **а**	окн**а́**	→ ø	о́кон
	мо́ре	-е	→ **я**	мо́р**я**	→ **ей**	мор**е́й**
	зда́ние	-ие	→ **ия**	зда́н**ия**	→ **ий**	зда́н**ий**

2. 형용사의 단수 생격

형용사는 수식하는 명사와 성·수·격이 항상 일치한다. 형용사 생격의 남성과 중성어미는 -ого, -его이고, 여성 어미는 -ой, -ей이다.

	Здесь ... (주격).	Здесь нет ... (생격).
남성	но́в**ый** студе́нт хоро́ш**ий** журна́л	но́в**ого** студе́нт**а** хоро́ш**его** журна́л**а**
중성	но́в**ое** письмо́ си́н**ее** мо́ре	но́в**ого** письм**а́** си́н**его** мо́р**я**
여성	но́в**ая** студе́нтка хоро́ш**ая** ко́мната	но́в**ой** студе́нтк**и** хоро́ш**ей** ко́мнат**ы**

3. 소유대명사와 지시대명사의 단수 생격

소유대명사와 지시대명사는 형용사처럼 변화하고 지시·한정하는 명사와 성·수·격이 항상 일치한다.

	소유대명사				지시대명사	
남성	моегó	твоегó	нáшего	вáшего	э́того	тогó
중성	моегó	твоегó	нáшего	вáшего	э́того	тогó
여성	моéй	твоéй	нáшей	вáшей	э́той	той

4. 의문대명사 КАКÓЙ?와 ЧЕЙ?의 단수 생격

Какóй?와 Чей?는 형용사처럼 변화하고 수식하는 명사와 성·수·격이 항상 일치한다.

남성	Какóго студéнта	нет здесь?	Чьегó студéнта	нет здесь?
중성	Какóго письмá		Чьегó письмá	
여성	Какóй студéнтки		Чьей студéнтки	

5. 생격의 용법 (I)

1) 소유의 표현

a) '~에게 ~가 있다' 또는 '~은 무엇을 가지고 있다'라는 소유의 의미를 표현할 때, 러시아어에서는 '생격 지배 전치사 у와 인칭대명사의 생격'을 사용한다.

- *У когó* есть кни́га?
  - *У меня́* есть кни́га.
  - *У Ни́ны* есть кни́га.

- У тебя́ есть телефóн?
  - Да, у меня́ есть телефóн.
  - *Нет*, у меня́ *нет* телефóна.

b) 물건의 소유자에 대해서 알고자 할 때는 소유의문대명사 чей?, чья?, чьё?, чьи?를 사용한다. 이에 대한 대답의 경우 소유의문대명사뿐만 아니라, 문장의 구조 - «명사 + 명사 생격» - 도 격변화한다.

- Чей э́то журнáл?	이 잡지는 누구의 것이냐?
- Э́то журнáл *брáта*.	이것은 형의 잡지이다.
- Чей э́то дом?	이것은 누구의 집이냐?
- Э́то дом *отцá*.	이것은 아버지의 집이다.

2) 부정 생격

어떤 물건의 **존재**가 **부정**되는 '~가 없다'를 의미하는 경우, 러시아어에서는 нет와 함께 부정되는 대상의 명사는 생격으로 표현한다.

소유의 부정	У Марúны **нет** журнáла.	마리나에게는 잡지가 없다.
장소의 부정	Здесь **нет** библиотéки.	여기에는 도서관이 없다.
존재의 부정	Антóна **нет** тут.	여기에 안톤은 없다.

6. 인칭대명사의 격변화

격 \ 인칭대명사	나	너	그	그것	그녀	우리	당신(들)	그들
주격	я	ты	он	онó	онá	мы	вы	онú
생격	меня́	тебя́	егó		её	нас	вас	их
여격	мне	тебé	емý		ей	нам	вам	им
대격	меня́	тебя́	егó		её	нас	вас	их
조격	мной	тобóй	им		ей	нáми	вáми	úми
전치격	обо мне	о тебé	о нём		о ней	о нас	о вас	о них

※ 인칭대명사의 3인칭 단·복수는 전치사와 함께 쓸 때 о **н**ём, о **н**ей, о **н**их처럼 н-을 붙인다. 그 이유는 소유대명사의 3인칭과 구분하기 위해 인칭대명사 3인칭의 앞에 항상 н-을 붙여준다.

7. 의문대명사(кто? что?)의 격변화

주격	생격	여격	대격	조격	전치격
кто	когó	комý	когó	кем	о ком
что	чегó	чемý	что	чем	о чём

8. 중성명사 -мя의 격변화

	주격	생격	여격	대격	조격	전치격
단수	úмя	úмени	úмени	úмя	úменем	úмени
복수	именá	имён	именáм	именá	именáми	именáх
단수	врéмя	врéмени	врéмени	врéмя	врéменем	врéмени
복수	временá	времён	временáм	временá	временáми	временáх

※ брéмя(하중, 무게), вы́мя(동물의 유방), знáмя(깃발), плáмя(불길), плéмя(종족), сéмя(씨앗), стрéмя(발판), тéмя(정수리) 등도 위와 동일하게 격변화 한다.

УПРАЖНÉНИЯ 연습문제

1. 오른 편의 단어를 사용하여 질문의 대답을 완성하세요.

1) Когó сегóдня нет?	*Свéта, Глеб, Михаúл, Марúна*
2) У когó нет учéбника?	*студéнт, дéвочка, А́нна, Андрéй*
3) Чегó нет здесь?	*словáрь, пóчта, банк, тетрáдь*
4) Чья э́то сýмка?	*э́та дéвушка, э́тот молодóй человéк*
5) Чей э́то учéбник?	*стáрший брат, нóвая студéнтка*
6) Чьё э́то письмó?	*моя мать, мой отец, лýчший друг*
7) Какóй сейчáс урóк?	*рýсский язы́к, рýсская культýра*

2. 예시에 따라 대화를 완성하세요.

Модéль: - *У вас* есть рýчка? - Нет, *у меня́ нет* рýчки.

1) - У Натáши есть урóк?	- Нет, ...
2) - У Свéты и Сергéя есть собáка?	- Нет, ...
3) - У Антóна есть машúна?	- Нет, ...
4) - У тебя́ есть врéмя?	- Нет, ...
5) - У вас есть дочь и сын?	- Нет, ...

3. 자신의 생각에 따라 빈칸을 채워 대화를 완성하세요.

1.

- Чья э́то ....?
- Э́то сестра́ Миха́йла.
- А кто ....?
- Э́то его́ брат.

2.

- .... сего́дня нет?
- Сего́дня нет Минсу́ и Суми́.
- .... нет учё́бника?
- У меня́ нет учё́бника.

3.

- Ве́ра, како́й у тебя́ сейча́с уро́к?
- ....сейча́с ру́сский уро́к.
- Ни́на, а у тебя́?
- У меня́ ....

4.

- Чей э́то ....?
- Э́то рома́н Льва Толсто́го.
- Чья э́то ....?
- Э́то кни́га Анто́на Че́хова.

КУЛЬТУ́РА 러시아 우주 항공 산업

러시아는 기초과학(물리학, 생물학, 화학, 수학 등)과 첨단 과학(우주항공산업) 분야가 매우 발달한 나라이다. 과거 소련 정부는 기초 과학과 첨단 과학이 사회주의 국가건설이라는 미래상과도 긴밀히 연결되었기 때문에 이 분야에 특히 많은 재정적 지원을 하였다. 소련이 해체된 후 러시아 우주항공 산업은 '러시아 항공우주국'이 총괄하면서 인공위성 발사, 우주비행 훈련 및 이와 관련된 부품의 생산을 담당하고 있으며, 우주산업 연구소와 다수의 항공관련 공장을 산하에 두고 있다.

제 2차 세계대전 이후 미국과 소련의 냉전 상태에서 로켓 개발을 통한 국방력 증대라는 명목 하에 미-소 사이의 치열한 우주경쟁이 시작되었다. R-7 로켓을 개발한 소련은 우주과학 개발에 매진한 1957년 10월 4일 세계 최초의 인공위성 '스푸트니크'(Спу́тник) 1호를 쏘아 올렸고, 한 달 후인 1957년 11월 3일 최초로 생명체인 개(ла́йка)를 태운 인공위성 '스푸트니크' 2호를 발사했으나 귀환에는 실패했다. 이후 소련은 '스푸트니크' 3~6호의 비행과 실험을 통해서 로켓발사 기술과 지구 궤도 재진입 기술을 확보하였고, 마침내 1961년 4일 12일 당시 27살의 '유리 가가린'(Ю́рий Гага́рин, 1934~1968)이 '보스토크'(Восто́к) 1호로 108분 동안의 인류 최초의 우주 비행에 성공하였다. 소련 당국은 이후에도 우주 항공 분야에 엄청난 재원을 투입하였고, 1965년 3월 18일에는 소련 우주비행사 알렉세이 레오노프(Алексе́й Лео́нов, 1934~)가 인류 최초로 12분간 우주 유영에 성공하면서 당시 소련에 비해 우주과학기술 발전이 미흡했던 미국과 전 세계에 큰 충격을 주었다.

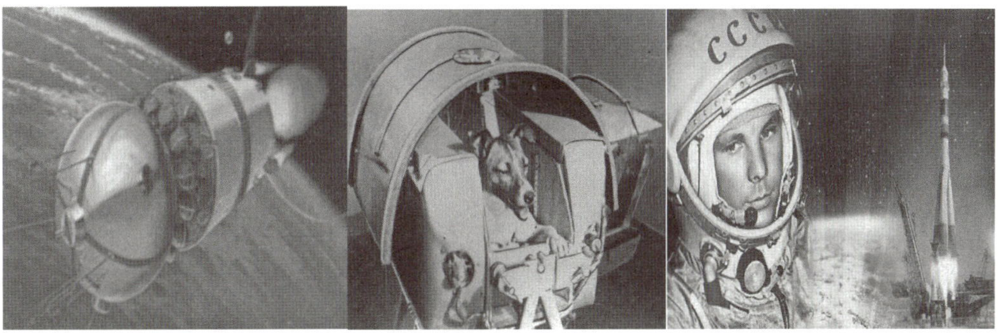

이러한 성과 후에도 우주 산업 발전을 위해 방대한 투자를 한 소련은 1967년 4월 23일 유인 우주선 '소유즈'(Сою́з) 1호를 발사했다. '소유즈'는 현재까지 가장 안전한 우주선으로 2003년 미국의 우주왕복선인 '콜럼비아'호가 귀환 도중 폭발한 이후 지구와 국제우주정거장 사이의 유일한 연결수단으로 운영되었다. 1971년부터 1991년까지 진행된 유인 우주정거장 프로그램 '살류트'(Салю́т)는 과학연구와 군사적 목적을 위한 우주정거장으로 운영되었다. 이전 우주선 한 대의 도킹만 가능했던 기술이 보완되어 두 대의 도킹이 가능하게 되었고, 지구로부터 연료와 보급품을 수시로 조달 받을 수 있어서 우주 비행사의 장기 체류가 가능해졌다. 1975년 7월 15일에는 미국 우주선 '아폴로'호와 소련 우주선 '소유즈'호가 도킹에 성공하여, 양국의 공동실험을 진행하는 '아폴로-소유즈 미션'이 진행되었고, 이를 통해 1986년에 발사된 우주 정거장 '미르'(Мир)와 우주왕복선들간의 도킹 임무에 큰 도움을 주었다. '살류트' 우주정거장을 건설하면서 쌓은 경험과 기술을 바탕으로 건설된 우주정거장 '미르'는 지구 궤도를 8만 8천여 회 도는 동안 세계 각국의 우주인들이 이 곳에서 과학실험을 수행했다. 러시아의 우주비행사 발레리 폴랴코프(Валéрий Поля́ков)는 438일 동안 미르에 체류하는 진기록을 세우기도 했다. 15년간 우주정거장으로서 역할을 수행해왔던 미르는 2001년에 폐기되어 태평양에 수장되었다. 1998년 11월 20일 국제우주정거장(ISS)의 최초 유닛인 '자랴(Заря́)'가 발사되었으며 이를 시작으로 미국과 함께 국제 우주정거장 건설이 시작되었다. 러시아에서는 2004년 러시아 항공우주국에서 항공분야와 우주분야를 분리하였고, 지금은 러시아연방 우주국 '로스코스모스(Роскóсмос)'가 이 분야를 관장하고 있다. 이 곳에서는 러시아의 우주개발에 관한 정책과 예산을 세우고 의회에서 이를 승인 받아 사업을 진행하고 있다. 2016년 4월 28일 러시아는 극동 아무르 주 우글레고르스크에 새로 건설한 우주기지 '보스토치니'에서 위성 3기를 탑재한 로켓 발사체 소유즈 2.1a의 발사에 성공하였다. 2018년에 최종적으로 완공 예정인 '보스토치니'는 2단계 시설 설계와 건설이 끝나면, 소연방 해체 후 러시아가 지금까지 카자흐스탄에서 임대해 사용하던 '바이코누르'에 대한 의존에서 탈피하여 우주 강대국으로서의 러시아의 위상과 영광을 떨칠 새로운 우주항공산업의 중심지가 완성될 것이다. 러시아 항공 우주국은 2031년까지 달 표면에 사람이 거주할 수 있는 프로젝트를 진행할 계획을 발표 하였으며, 또한 러시아의 항공우주기업인 '에네르기아(Энéргия)'는 2050년 전에 달 기지를 세워 향후 화성이나 토성 등 다른 행성 탐사의 전초기지를 세울 계획을 발표하는 등 현재 러시아는 우주산업개발에 막대한 투자와 노력을 지속적으로 경주하고 있다.

Уро́к 17

Ско́лько э́то сто́ит?

이것은 얼마입니까?

«Вре́мя – де́ньги».

Э́то сто́ит 100 рубле́й.	이것은 100루블입니다.
Ско́лько сейча́с вре́мени?	지금 몇 시죠?
Сейча́с 5 часо́в 30 мину́т.	지금은 5시 30분입니다

ДИАЛО́Г 대화

1. 

- Ско́лько сейча́с вре́мени?
- Сейча́с четы́ре часа́.

2. 

- Ско́лько сто́ит э́тот слова́рь?
- Он сто́ит 152 (сто пятьдеся́т два) рубля́.

ТЕКСТ 본문

Э́то магази́н. Здесь есть мно́го ра́зных проду́ктов. А́нна покупа́ет тут о́вощи и фру́кты.

- Здра́вствуйте! Ско́лько сто́ят я́блоки и огурцы́?
- Я́блоки – 100 рубле́й, а огурцы́ – 84 рубля́.
- Да́йте, пожа́луйста, 2 килогра́мма кра́сных я́блок и килогра́мм э́тих огурцо́в.
- Вот, пожа́луйста.
- Большо́е спаси́бо.

ВОПРО́СЫ

1. Э́то магази́н? ____________________
2. Что здесь есть? ____________________
3. Что покупа́ет А́нна? ____________________
4. Ско́лько сто́ят я́блоки? ____________________
5. Ско́лько сто́ят огурцы́? ____________________

СЛОВА́РЬ 어휘

борщ	보르쉬(고기·야채를 넣은 러시아 수프)
дать (дам, дашь, даст, дади́м, дади́те, даду́т)	주다, 공급하다, 개시하다
джи́нсы (복)	청바지
килогра́мм	킬로그램
Кото́рый час?	몇 시입니까?
ле́кция	강의, 강연
магази́н	가게, 상점
ме́сяц	달, 월
о́вощи (복)	야채, 채소
огуре́ц	오이
проду́кт	생산품, 식료품, 제품
раз	한번, 횟수, 1회, ~배
ра́зный (-ая, -ое, -ые)	다양한, 여러 가지의
рубль (남)	루블
сейча́с	지금
ско́лько	얼마, 몇
Ско́лько сейча́с вре́мени?	지금 몇 시입니까?
Ско́лько э́то сто́ит?	이것은 얼마입니까?
фру́кты (복)	과일
я́блоко	사과

※ 수사 **оди́н**의 변화

	남성	여성	중성	복수
주격	оди́н	одна́	одно́	одни́
생격	одного́	одно́й	одного́	одни́х
여격	одному́	одно́й	одному́	одни́м
대격	주격 또는 생격	одну́	одно́	주격 또는 생격
조격	одни́м	одно́й	одни́м	одни́ми
전치격	одно́м	одно́й	одно́м	одни́х

ГРАММÁТИКА 문법

1. 명사의 복수 생격

1) 남성명사 복수 생격 형태

성	단수	복수		복수 생격 형성의 다양한 규칙
	주격	생격 어미	생격	
남성	этáж	→ + éй	этажéй	♥ -Ж, -Ш, -Ч, -Щ로 끝나는 복수 생격 어미는 -ЕЙ이다.
	врач		врачéй	
	карандáш		карандашéй	
	борщ		борщéй	
	отéц	→ + ов	отцóв	♥ -Ц로 끝나는 명사의 복수 생격은 강세가 어미에 오면 -ОВ이고, 강세가 어간에 오면 복수 생격 어미는 -ЕВ이다.
	конéц		концóв	
	корéец	→ + ев	корéйцев	
	мéсяц		мéсяцев	
	гóрод	→ + ов	городóв	♥ -Ж, -Ш, -Ч, -Щ를 제외한 자음으로 끝나는 명사의 복수 생격 어미는 -ОВ이고, -Й로 끝나는 명사의 복수 생격 어미는 -ЕВ이다.
	музéй	→ ев	музéев	
	день	→ ей	дней	♥ -Ь로 끝나는 남성명사의 복수 생격 어미는 -ЕЙ이다.
여성	кóмната	→ ø	кóмнат	♥ -а로 끝나는 여성명사는 대부분 제로 어미(ø)를 갖는다. (출몰 모음에 주의!)
	недéля	→ ь	недéль	♥ -я로 끝나는 여성 명사의 복수생격은 -я 앞에 자음이 오면 -Ь이 되고, -я 앞에 모음이 오면 -Й로 끝난다.
	лúния	→ й	лúний	
	ночь	→ ей	ночéй	♥ -Ь로 끝나는 여성 명사의 복수 생격의 어미는 -ЕЙ이다.
중성	окнó	→ ø	óкон	♥ -О로 끝나는 중성명사는 대부분 제로 어미(ø)를 갖는다. (출몰 모음에 주의!)
	мóре	→ ей	морéй	♥ -Е로 끝나는 명사의 복수 생격 어미는 -ЕЙ이다.
	здáние	→ ий	здáний	♥ -ие로 끝나는 명사의 복수 생격 어미는 -ий이다.

※ **Запомните!!!** дéньги – дéнег, брю́ки – брюк, джúнсы – джúнсов

※ 예외적인 복수 생격을 갖는 남성명사

단수 주격	복수 주격	복수 생격	단수 주격	복수 주격	복수 생격
друг	друзья́	друзе́й	раз	разы́	раз
сын	сыновья́	сынове́й	ребёнок	де́ти	дете́й
год	го́ды	лет	челове́к	лю́ди	1) люде́й 2) 숫자+ челове́к

※ 예외적인 복수 생격을 갖는 여성명사

단수 주격	복수 생격	단수 주격	복수 생격
сестра́	сестёр	семья́	семе́й

2. 형용사, 소유대명사와 지시대명사의 복수 생격

형용사, 소유대명사, 지시대명사의 복수 생격 어미는 경·연변화에 따라 -ых, -их가 주로 사용되며, 간혹 -ех도 있다.

의문대명사	형용사	소유대명사				지시대명사	
как**и́х**	но́в**ых**						
чь**и́х**	си́н**их**	мо**и́х**	тво**и́х**	на́ш**их**	ва́ш**их**	э́т**их**	т**ех**

3. 생격의 용법 (II) - 수량 생격

1	단수 주격	оди́н* рубль, одно́ фо́то, одна́ мину́та
2, 3, 4	단수 생격	два* рубл**я́**, два час**а́**, две мину́т**ы**
5 – 20, 30 ... 100 мно́го, ма́ло ско́лько	복수 생격	пять рубл**е́й**, час**о́в**, мину́т

* оди́н(남), одна́(여), одно́(중), одни́(복); два(남, 중), две(여)

1) 시간 묻고 대답하기

- Ско́лько сейча́с вре́мени? (=Кото́рый час?) 지금 몇 시죠?
- Сейча́с 2 часа́ 5 мину́т. 지금은 2시 5분입니다.

2) 물건 사기에 관한 표현

- Ско́лько сто́<u>ит</u> э́та *кни́га*? 이 책은 얼마입니까?
- *Она́* сто́<u>ит</u> 232 (две́сти три́дцать два) рубля́. 그것은 232루블입니다.
- Ско́лько сто́<u>ят</u> э́ти *кни́ги*? 이 책들은 얼마입니까?
- *Они́* сто́<u>ят</u> 1000 (одн<u>у́</u> ты́сяч<u>у</u>) рубле́й. 그 것들은 1000루블입니다.

УПРАЖНÉНИЯ 연습문제

1. 오른 편의 단어를 사용하여 문장을 완성하세요.

1) Э́то стóит ...	*30 руб., 53 руб., 72 руб., 91 руб.*
2) У Мари́ны 2(два/две) ...	*брат, собáка, словáрь, тетрáдь*
3) У брáта пять ...	*друг, лéкция, урóк, рубль*
4) Тут мáло ...	*парк, автóбус, врач, музéй*
5) У негó мнóго ...	*дéньги, брю́ки, сестрá, ребёнок*
6) Здесь мнóго ...	*большóй стадиóн, нóвая шкóла*

2. 예시에 따라 대화를 완성하세요.

Модéль: - Скóлько сейчáс врéмени?
- Сейчáс *5 часóв.*

- Котóрый час?
- Сейчáс *3 часá 20 минýт.*

1.

2.

3.

4.

5.

6.

7.

8.

9.

10.

11.

12.

3. 번역 앱(app)을 이용하여 대화를 러시아어로 옮기고 말해 보세요.

1.

- 너에게는 몇 명의 형제 자매가 있니?
- 나는 두 명의 형제와 한 명의 누이가 있어.
- 너에게는 몇 명의 친구들이 있니?
- 나에게는 열 명의 친구들이 있어.

2.

- 이 도시는 어떤 도시니?
- 이 도시는 오래된 도시야.
- 여기에는 뭐가 있지?
- 여기에는 많은 기념물(пáмятник)이 있어.

3.

- 이 상추(салáт) 킬로그램에 얼마지요?
- 40 루블이요.
- 이 상추 1Kg를 주세요.
- 여기 있습니다.

4.

- 이 노트와 연필은 얼마지요?
- 노트는 20루블이고 연필은 10루블입니다.
- 노트 1권, 연필 2개 그리고 볼펜 5개 주세요.

ИНФОРМÁТИКА IT 활용

Quizlet (https://quizlet.com * 더 편리한 사용을 원하면 인터넷을 통해서 로그인!)

1. 단어, 숙어, 문장을 효과적으로 암기할 수 있는 플래시카드 어플이다. 표시된 부분을 눌러 학습할 내용을 추가한다. 돋보기를 눌러 이미 완성된 카드를 구한다.

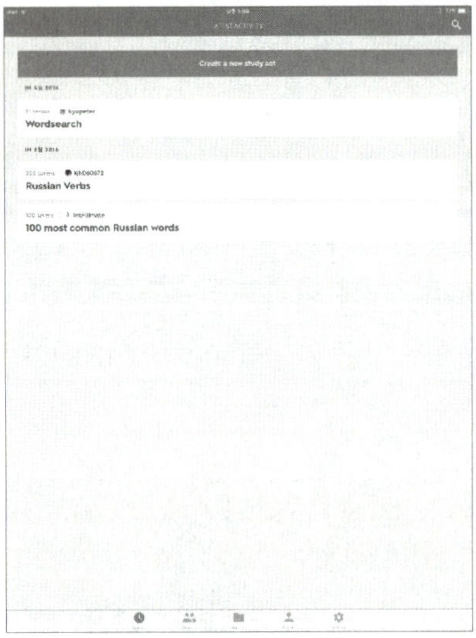

2. 첫 줄은 학습세트의 이름, 둘째 줄 앞은 러시아어 단어나 문장, 뒤는 한글 뜻을 쓴다. 처음에는 2개 이상을 입력한다. 오른쪽 아래 +를 눌러 카드를 추가한다.

3. 저장(Done)하면 아래 화면이 나온다. 4개의 학습 모드 중 하나를 선택해 학습한다. TTS 기능이 있어 화면 문장을 터치하면 러시아어와 한글 음성을 들을 수 있다.

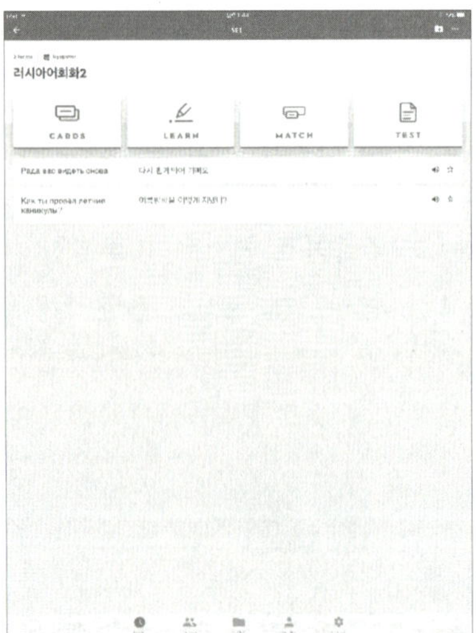

4. 첫 번째인 카드(CARDS) 학습 모드다. 화면을 터치하면 한글 뜻이 열린다. 그전에 한글 뜻을 맞춰보자. 휴대폰을 이용해 자투리 시간을 공부에 활용하자.

Уро́к 18

Кем ты хо́чешь стать?

너는 뭐가 되기를 원하니?

Он хо́чет стать перево́дчиком.	그는 통역사가 되기를 원한다.
Он интересу́ется ру́сской культу́рой.	그는 러시아 문화에 관심이 있다.
Он занима́ется ру́сским языко́м.	그는 러시아어를 공부한다.

ДИАЛО́Г 대화

1.

- Кем хо́чет стать твой брат?
- Он хо́чет стать экономи́стом.
- А где он хо́чет рабо́тать?
- Он хо́чет рабо́тать в фи́рме.

2.

- Твой оте́ц рабо́тает в шко́ле?
- Нет, он рабо́тает врачо́м в больни́це.
- А кто твоя́ ма́ма?
- Моя́ ма́ма рабо́тает учи́тельницей.

ТЕКСТ 본문

Мари́на изуча́ет коре́йский язы́к в МГУ. Она́ хо́чет стать перево́дчиком. Мари́на интересу́ется коре́йской культу́рой. Она́ лю́бит коре́йскую поп-му́зыку и ча́сто игра́ет на гита́ре. Она́ мно́го занима́ется коре́йской грамма́тикой. Ра́ньше она́ е́здила в Коре́ю. Она́ была́ студе́нткой по обме́ну.

ВОПРО́СЫ

1. Кем хо́чет стать Мари́на? ______________________
2. Чем она́ интересу́ется? ______________________
3. Что она́ лю́бит? ______________________
4. Чем она́ мно́го занима́ется? ______________________
5. Где она́ ра́ньше была́? ______________________

СЛОВА́РЬ 어휘

больни́ца	병원
гита́ра	기타
грамма́тика	문법
занима́ться(I)	종사하다, 일하다, 공부하다
игра́ть на гита́ре	기타를 연주하다
интересова́ться(I) (интересу́-юсь, -ешься; -ются)	흥미를 갖다, 관심을 갖다
ка́ждый день	매일
ката́ться на конька́х	스케이트를 타다
культу́ра	문화
медсестра́	간호사
моде́ль (여)	모델, 예시, 견본
па́лочки (복)	젓가락
перево́дчик	번역가, 통역사
по́вар	요리사
по́льзоваться(I) (по́льзу-юсь, -ешься; -ются)	이용하다, 사용하다
поп-му́зыка	팝뮤직
ре́зать(I) (ре́жу, ре́жешь; ре́жут)	자르다, 썰다, 베다
рисова́ние	그림 그리기, 스케치, 미술
стать(I) (ста́ну, ста́нешь; ста́нут)	~이 되다
студе́нт(ка) по обме́ну	교환 학생
та́нец	댄스, 춤, 무용
увлека́ться(I)	열중하다, 마음이 끌리다
худо́жник	화가, 미술기
экономи́ст	경제학자, 경제전문가

ГРАММÁТИКА 문법

1. 명사의 조격

명사의 조격은 직업, 수단, 방법, 자격 등의 뜻을 나타낸다. 조격은 우리말 조사 '~로, ~로써'에 해당하며, 동작이 행하여지는 '도구 및 수단', '자격' 등을 보여준다. 명사 조격에 대한 물음은 кем?(누구로 하여금) чем?(무엇을 가지고)이다. 남성과 중성 명사의 단수 조격 어미는 -ом, -ем이고, 여성 명사의 단수 조격 어미는 -ой, -ей이다. 그러나 -ь로 끝나는 여성 명사 단수 조격 어미는 -ью이고, -мя로 끝나는 중성 명사의 단수 조격 어미는 -менем이다. 명사의 복수 조격 어미는 -ами, -ями이다. 조격을 지배하는 전치사는 с, над, под, мéжду 등이 있다.

격 / 성	단수				복수		
	주격	주격어미	조격어미	조격	주격	조격어미	조격
남성	стол	자음	+ом	столóм	столы́	+ ами	столáми
	музéй	-й	→ ем	музéем	музéи	→ ями	музéями
	гость	-ь	→ ем	гóстем	гóсти	→ ями	гостя́ми
여성	кни́га	-а	→ ой	кни́гой	кни́ги	→ ами	кни́гами
	недéля	-я	→ ей	недéлей	недéли	→ ями	недéлями
	ночь	-ь	→ ью	нóчью	нóчи	→ ами	ночáми
중성	слóво	-о	→ ом	слóвом	словá	→ ами	словáми
	пóле	-е	→ ем	пóлем	поля́	→ ями	поля́ми
	здáние	-ие	→ ем	здáнием	здáния	→ ями	здáниями

2. 형용사의 조격

형용사 남성과 중성의 단수 조격의 어미는 -ым, -им이고, 여성 단수 조격 어미는 -ой, -ей이다. 형용사 복수 조격 어미는 -ыми, -ими이다.

성	주격	조격
남성	нóв**ый** студéнт	нóв**ым** студéнтом
중성	си́н**ее** мóре	си́н**им** мóрем
여성	краси́в**ая** дéвушка	краси́в**ой** дéвушкой
복수	рýсск**ие** друзья́	рýсск**ими** друзья́ми

3. 소유대명사, 지시대명사와 의문대명사의 조격

성	의문대명사		소유대명사				지시대명사	
남/중성	каки́м	чьим	мои́м	твои́м	на́шим	ва́шим	э́тим	тем
여성	како́й	чьей	мое́й	твое́й	на́шей	ва́шей	э́той	той
복수	каки́ми	чьи́ми	мои́ми	твои́ми	на́шими	ва́шими	э́тими	те́ми

4. 조격을 요구하는 동사

1) кем? - 자격 «-으로/으로서»

рабо́тать быть стать	кем?	профе́ссором учи́телем учи́тельницей	교수로 선생님으로 여선생님으로

Он рабо́тает врачо́м. 그는 의사로 일한다.

Моя́ ма́ма снача́ла была́ медсестро́й, а пото́м ста́ла врачо́м.

나의 엄마는 처음에는 간호사였지만, 나중에 의사가 되었다.

2) чем? - 관용적 표현(조격 지배 동사와 함께)

занима́ться интересова́ться увлека́ться	чем?	спо́ртом му́зыкой рисова́нием	스포츠를(에) 음악을(에) 그림을(에)

Я занима́юсь спо́ртом. Я люблю́ ката́ться на конька́х.

나는 운동을 한다. 나는 스케이트 타는 것을 좋아한다.

3) чем? - 도구·수단을 가지고 «-로써/으로»

по́льзоваться рисова́ть писа́ть есть ре́зать	чем?	карандашо́м ру́чкой па́лочками ножо́м	연필로 볼펜으로 젓기락으로 칼로

Мы еди́м мя́со ножо́м и ви́лкой. 우리는 칼과 포크로 고기요리를 먹는다.

Не пиши́те на экза́мене карандашо́м! Пиши́те ру́чкой!

시험 시간에 연필로 쓰지 마세요! 볼펜으로 쓰세요.

УПРАЖНÉНИЯ 연습문제

1. 참고 어휘를 활용하여 예시에 따라 대화를 완성하세요.

Модéль: - Кем хóчет стать *Ди́ма*?
- Он хóчет стать *юри́стом.*

Слова́ для спра́вок:

1) Минсý - худóжник	2) Ви́ка - учи́тельница	3) Антóн - пóвар
4) Глеб - певéц	5) Минхó - спортсмéн	6) Тэми́н - профéссор
7) Ивáн - бизнесмéн	8) Кáтя - медсестрá	9) Áнна - модéль

2. 예시에 따라 대화를 완성하세요.

Модéль: - Чем *он* занимáется?
- *Он* занимáется *рýсским языкóм.*

1. Ки́ра, спорт

2. Артём, мýзыка

3. Ми́ла, тáнцы

4. Áнна, анли́йский язы́к

3. 오른쪽과 왼쪽 부분을 연결하여 올바른 문장을 완성하세요.

1) Áнна хóчет рабóтать в больни́це.	а) Онá стáла учи́тельницей.
2) Сергéй ýчится в университéте.	б) Он стал экономи́стом.
3) Ири́на рабóтает в шкóле.	в) Он стал студéнтом.
4) Ви́ктор рабóтает в фи́рме.	г) Онá хóчет стать врачóм.

4. 자신의 생각에 따라 빈칸을 채워 대화를 완성하세요.

1.

2.

- Чем ты пи́шешь?
- ....
- Чем ты рису́ешь?
- ....

- Чем вы интересу́етесь?
- ....
- Чем вы увлека́лись ра́ньше?
- ....

5. 참고 어휘를 활용하여 예시에 따라 대화를 완성하세요.

Моде́ль: - Чем по́льзуется *ба́бушка?*
- *Ба́бушка ре́дко* по́льзуется *телефо́ном.*

***Слова́ для спра́вок**:*

электро́нная по́чта, ме́ссенджер, смартфо́н, интерне́т

1) Мари́я ча́сто →

2) Анто́н всегда́ →

3) Ни́на о́чень ча́сто →

4) И́горь ежедне́вно →

КУЛЬТУ́РА 러시아 공연 티켓 예매

러시아에서 발레, 오페라, 연극 등의 공연 티켓을 예매하기 위해서는 개별 극장의 매표소를 직접 방문하거나, 시내에 위치한 극장 공용 매표소(театрáльная кáсса)를 이용하거나 혹은 인터넷을 통해서 예매하는 세 가지 방법이 있다. 우선 직접 구매하는 경우로 각 극장의 매표소를 방문하여 현장에서 구매하는 방법과 시내에 위치한 극장 공용 매표소를 방문하여 그 도시의 모든 공연장의 해당 시기 공연 스케줄을 확인하면서 필요한 공연 티켓을 구매하는 방법이 있다. 러시아에는 도시 곳곳에 극장 공용 매표소들이 자리하고 있어서 극장은 물론 서커스 및 스포츠 경기 등의 다양한 종류의 공연 일정을 확인하고, 직접 티켓을 구입할 수 있어서 이 곳을 이용하는 것이 여러 면에서 더 편리하다.

또한 러시아 포털 사이트에 접속하여 인터넷을 통해서 원하는 공연 표를 예매할 수 있다. 인터넷에서 극장 매표소(театрáльная кáсса)를 검색한 후, 원하는 도시의 매표소 사이트를 찾아가 해당 사이트에서 다양한 공연에 대한 정보와 극장의 스케줄을 확인하고 카드 결재를 통해서 예매하는 방법과 러시아를 대표하는 극장인 모스크바 볼쇼이 극장, 말르이 극장, 상트 페테르부르크 마린스키 극장, 말리 드라마 극장 등의 공식 사이트에 접속하여 표를 예매하는 방법이 있다. 러시아 포털 사이트를 통해 원하는 날짜의 공연을 검색하여 티켓의 구입을 원할 경우 '표 구매하기(купи́ть билéты)'를 클릭하고, 그 사이트를 통해서 원하는 좌석과 가격을 확인·선택한 후 티켓을 카드로 결재하고 예매하면 된다.

예를 들어 상트 페테르부르크 마린스키 극장의 공식 사이트(https://www.mariinsky.ru)에 접속하면 초기 화면에 뜨는 '공연 목록과 티켓(Афи́ша и билéты)' 메뉴에 들어가 클릭하면 공연 일정과 티켓 가격 및 구매 가능 여부를 확인할 수 있다. 즉 해당 사이트에서 원하는 공연을 선택한 후 장바구니에 담기(помести́ть в корзи́ну)를 누르면, 다음 화면에서 홈페이지에서 회원(вход в ли́чный кабинéт)가입 여부를 확인한다. 비회원인 경우 회원 등록을 하고 회원인 경우 로그인 한 후에 좌석을 선택하고 신용카드로 결재하면 원하는 티켓을 구입할 수 있다.

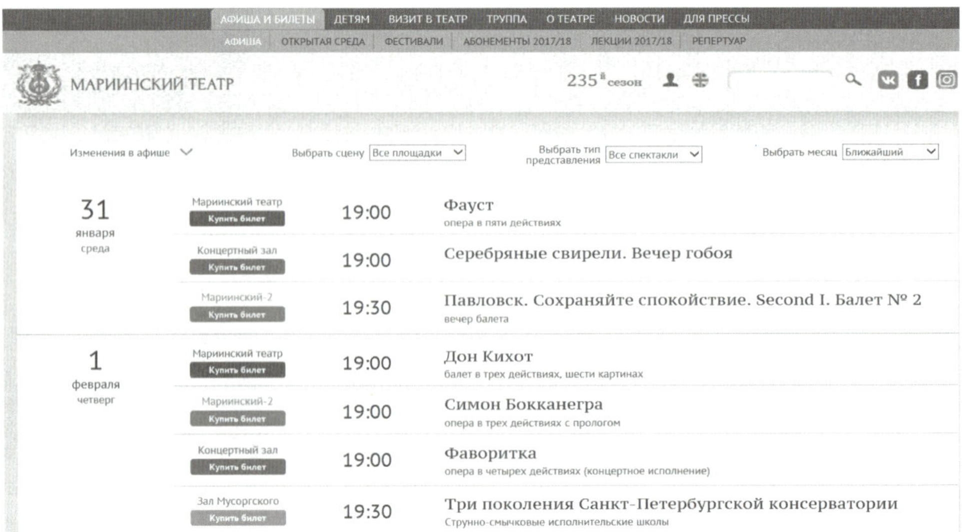

Уро́к 19

Я ходи́л в рестора́н с ру́сским дру́гом.

나는 러시아 친구와 식당에 갔다.

Мы с подру́гой ходи́ли в кафе́.	나와 여자친구는 카페에 갔다.
Ива́н лю́бит ко́фе с молоко́м.	이반은 우유를 곁들인 커피를 좋아한다.
Мы с ни́м познако́мились в университе́те.	우리는 그와 대학교에서 알게 되었다.

ДИАЛО́Г 대화

1.

- С кем ты идёшь сего́дня в кафе́?
- С мое́й ру́сской подру́гой Све́той.
- Где ты познако́мился с ней?
- Мы с ней познако́мились в университе́те.

2.

- Вы лю́бите ко́фе с молоко́м?
- Нет, я люблю́ кофе без молока́.
- Вы лю́бите ко́фе с са́харом?
- Нет, я люблю́ ко́фе без са́хара.

ТЕКСТ 본문

Вчера́ Минхо́ ходи́л в ру́сский рестора́н. Он был там со свои́м ру́сским дру́гом Анто́ном. Минхо́ познако́мился с Анто́ном в университе́те. В рестора́не они́ е́ли снача́ла борщ со смета́ной, пото́м плов с ку́рицей и пельме́ни с мя́сом. Они́ пи́ли ко́фе без молока́ и без са́хара.

ВОПРО́СЫ

1. Где был вчера́ Минхо́? ____________________
2. С кем он ходи́л туда́? ____________________
3. Где они́ познако́мились? ____________________
4. Что они́ е́ли? ____________________
5. Что они́ пи́ли? ____________________

СЛОВÁРЬ 어휘

балери́на	발레리나
бале́т	발레
блин	블린(러시아식 팬케이크)
борщ	보르쉬(고기·야채를 넣은 러시아식 수프)
быва́ть(I) (быва́-ю, -ешь; -ют)	~하곤 하다, 흔히 있다
джем	잼
есть (ем, ешь, ест, еди́м, еди́те, едя́т)	먹다
молоко́	우유
музыка́нт	음악가
обы́чно	보통, 일반적으로
пельме́ни с мя́сом	고기 만두
пиани́ст	피아니스트
писа́тель (남)	작가
пить(I) (пью, пьёшь; пьют)	마시다
плов с ку́рицей	닭고기를 곁들인 볶은 밥
познако́миться(II) (познако́мл-юсь, познако́м-ишься; -ятся)	알고 지내다, 인사 나누다
потому́ что	왜냐하면, ~이기 때문이다
почему́?	왜?
по́этому	그래서, 이런 이유로
рис	쌀, 밥
са́хар	설탕
смета́на	스메타나(러시아 전통 농축 발효 크림)
снача́ла	처음에, 우선
футболи́ст	축구선수
чай	차, 차 모임, 다과회
ча́сто	자주

ГРАММÁТИКА 문법

1. 전치사 С + 조격

1) С + (кем)조격
어떤 행위를 '누구와 함께 하였다'는 것을 말할 때, 전치사 с를 사용하여 'с + 조격'으로 표현하며, 이런 표현 형태는 «-와 함께»를 의미한다.

познакóмиться 알고 지내다	с кем?	с дрýг**ом**	친구와 함께
разговáривать 대화하다		с подрýг**ой**	여자친구와 함께
игрáть 놀다		с брáт**ом**	형제와 함께
рабóтать 일하다		**со** студéнт**ами**	대학생과 함께
гулять 산책하다		с Нúн**ой**	니나와 함께
ходúть 다니다		с Антóн**ом**	안톤과 함께

2) МЫ С + (кем)조격
'мы с сестрóй' 또는 'мы с брáтом'의 표현은 'я и сестрá' 또는 'я и брат'와 동일한 뜻이다.

Мы **с** брáт**ом** Я и брат	игрá**ли** в тéннис.	나와 형은 테니스를 쳤다.
Мы **с** Нúн**ой** Я и Нúна	ходú**ли** в кинó.	나와 니나는 영화관에 갔다.

3) С + (чем)조격
러시아 음식을 언급할 때 다음과 같은 형식을 사용하여 표현한다: «суп с мясом», 이 표현은 '고기를 곁들인 수프'라는 의미를 갖는다.

Он ест	рис **с** кýриц**ей**.	그는 닭고기를 곁들인 밥을 먹고 있다.
Он лю́бит	суп **с** мяс**ом**.	그는 고기를 곁들인 수프를 좋아한다.

※ 러시아인들이 «кóфе без молокá»라고 말하면, 이것은 그들이 '우유를 넣지 않은 커피'를 의미한다. 이 경우에 러시아인들은 전치사 'без + 생격' 형태의 표현을 사용한다.

с чем?+조격 (~을 곁들인)	*без чегó?*+생격 (~을 뺀)
кóфе **с** молок**óм** 우유를 탄 커피	кóфе **без** молок**á** 우유를 뺀 커피
чай **с** сáхар**ом** 설탕을 탄 차	чай **без** сáхар**а** 설탕을 넣지 않은 차
борщ **со** сметáн**ой** 스메타나를 넣은 보르쉬	борщ **без** сметáн**ы** 스메타나를 뺀 보르쉬

2. 접속사 ПОТОМУ́ ЧТО 와 ПОЭ́ТОМУ

1) ПОТОМУ́ ЧТО

어떤 행위가 일어난 **원인**에 대해서 알고자 할 때, 의문사 почему́?를 사용하여 묻는다. 이 질문에 대한 대답은 접속사 потому́ что를 사용하여 답한다. 이 경우 접속사 потому́ что는 복문에서 종속절의 첫 번째 단어로 자리한다.

- **Почему́** вы не идёте в парк? - Мы не идём в парк, **потому́ что** сего́дня холо́дная пого́да.	왜 당신은 공원에 가지 않습니까? 우리는 공원에 가지 않습니다, 왜냐하면 오늘 날씨가 춥기 때문입니다.

2) ПОЭ́ТОМУ

접속사 поэ́тому는 원인들 중의 **결과**를 표현하며, 그 의미는 '그래서, 그러므로, 그런 까닭에'라고 번역한다.

Сего́дня холо́дная пого́да, **поэ́тому** мы не идём в парк.	오늘은 날씨가 춥다, 그래서 우리는 공원에 가지 않는다.

	потому́ что (원인)	поэ́тому (결과)
Почему́?	Почему́ вы гуля́ете в па́рке? ⇒ Мы гуля́ем в па́рке, потому́ что сего́дня тепло́.	⇒ Сего́дня тепло́, поэ́тому мы гуля́ем в па́рке.
	Почему́ ва́ши роди́тели ча́сто быва́ют в дере́вне? ⇒ Мои́ роди́тели ча́сто быва́ют в дере́вне, потому́ что там живу́т ба́бушка и де́душка.	⇒ Мои́ ба́бушка и де́душка живу́т в дере́вне, поэ́тому мои́ роди́тели ча́сто быва́ют там.

УПРАЖНÉНИЯ 연습문제

1. 참고 어휘를 활용하여 예시에 따라 대화를 완성하세요.

Модéль: - *С кем* Óля идёт в кинó?
- Онá идёт в кинó *с Нúной*.

Словá для спрáвок:

1) Борúс – рабóтать в фúрме – Натáша	4) Вéра – бéгать в пáрке – Андрéй
2) Дúма – игрáть в футбóл – друзья́	5) брат – гуля́ть в лесý – родúтели
3) Úра и Ивáн – обéдать в кафé – Глеб	6) мать – отдыхáть на мóре – дочь

2. 오른쪽과 왼쪽 부분을 연결하여 올바른 문장을 완성하세요.

1) Мúла занимáется балéтом,	а) поэ́тому он мнóго занимáется футбóлом.
2) Нúна хорошó игрáет на пианúно,	б) потомý что онá хóчет стать перевóдчиком.
3) Дúма хóчет стать футболúстом,	в) потомý что онá хóчет стать балерúной.
4) Вéра изучáет рýсский язы́к,	г) потомý что он хóчет стать музыкáнтом.
5) Олéг занимáется мýзыкой,	д) поэ́тому онá мечтáет стать пианúстом.

3. 괄호 안의 단어를 사용하여 질문에 대답하세요.

1) Почемý вы изучáете рýсский язы́к? *(любúть рýсскую культýру)*
2) Почемý вы лю́бите э́тот фильм? *(сюжéт óчень интерéсный)*
3) Почемý вы читáете э́ту кнúгу? *(любúть э́того писáтеля)*
4) Почемý вы не éздили на мóре? *(идтú снег)*
5) Почемý вы нé были на урóке? *(быть в больнúце)*

4. 자신의 생각에 따라 빈칸을 채워 대화를 완성하세요.

1.

- С кем вы познако́мились вчера́?
- ....
- Где вы познако́мились с ....?
- ....

2.

- С кем ты ча́сто разгова́риваешь?
- ....
- О чём вы лю́бите говори́ть?
- ....

3.

- Ты пьёшь обы́чно чай с са́харом?
- Нет, чай без ....
- Ты лю́бишь блины́ с дже́мом?
- Нет, блины́ без ....

4.

- Вы лю́бите рис с ....?
- Нет, я люблю́ рис с ....
- Вы лю́бите суп с ....?
- Нет, я обы́чно ем суп с ....

ИНФОРМÁТИКА IT 활용

http://www.asiandrama.ru

한국, 일본, 중국, 태국 등에서 유행한 텔레비전 드라마와 영화를 볼 수 있는 사이트. 예전에 나온 다소 오래된 드라마부터 현재 방영되는 드라마까지 지속적으로 업데이트되고 있다. 현재는 한국 드라마가 주종을 이루고 있다. 모든 드라마에 러시아어로 된 자막이 제공되고 있어 러시아어 사용자를 위한 사이트라고 할 수 있겠지만 한국말을 들으면서 러시아어 자막과 비교해 보는 연습을 할 수 있어 러시아어 학습에도 많은 도움이 된다.

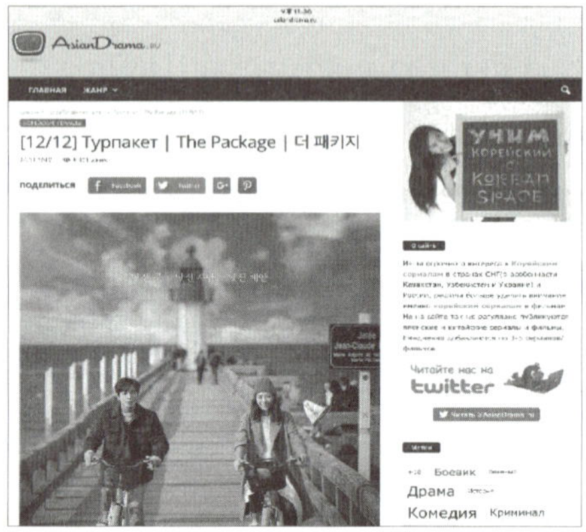

러시아어는 물론이고 한국어로도 검색할 수 있어 매우 편리하다. 좌측 초기 화면에서 아래로 내려가면서 계속 보고 싶은 드라마를 찾을 수도 있지만 장르별 빠른 검색도 제공하고 있어 이를 이용하면 더 편리하다.

보고 싶은 드라마를 선택하면 드라마에 대한 비교적 자세한 정보가 러시아어로 제시된다. 이미 시청한 드라마라면 러시아어로 된 내용을 어렵지 않게 이해할 수 있을 것이다. 오른쪽 그림에서 보듯이 제일 하단에 드라마의 각 회차에 접근할 수 있는 온라인 링크가 있다. 러시아어 자막을 학습을 위해 어떻게 이용할 것인가는 학습자의 몫이다.

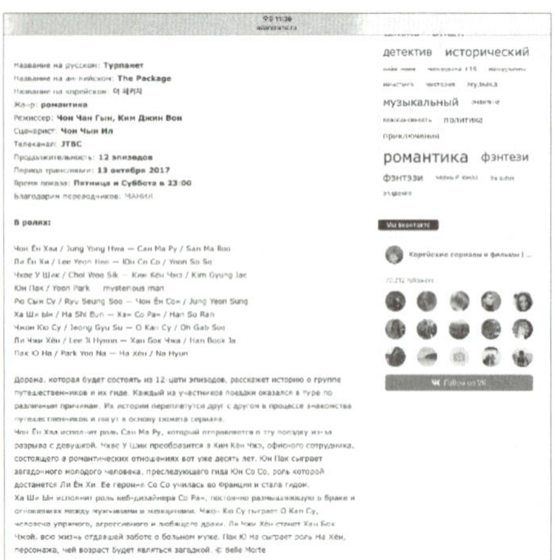

Урóк 20

Сегóдня теплó.

오늘은 따뜻하다.

Какáя сегóдня погóда? 오늘 날씨는 어떠니?

Сегóдня хорóшая погóда. 오늘은 좋은 날씨야.

Зимóй в январé хóлодно. 겨울에 1월에는 춥다.

ДИАЛÓГ 대화

1.

- Какáя сегóдня погóда?
- Сегóдня хорóшая погóда.
- Какáя погóда зáвтра?
- Зáвтра пáсмурно.

2.

- Сегóдня ýтром хóлодно?
- Нет, ýтром прохлáдно.
- Какáя погóда днём?
- Сегóдня днём тéпло.

ТЕКСТ 본문

Э́то наш парк.

Сейчáс ещё ýтро.

Веснóй в апрéле здесь óчень краси́во.

Сегóдня хорóшая погóда.

Сейчáс теплó, сóлнечно.

Нéбо я́сное.

ВОПРÓСЫ

1. Сейчáс вéчер? ____________________
2. В апрéле краси́во? ____________________
3. Какáя погóда в апрéле? ____________________
4. Сегóдня хóлодно? ____________________
5. Сейчáс сóлнечно? ____________________

СЛОВÁРЬ 어휘

веснóй	봄에
вéтер	바람
вéчером	저녁에
днём	낮에
дождь (남)	비
дуть(I) (дýю, дýешь; дýют)	바람 불다
жáрко	더운, 덥다
зимóй	겨울에
идёт снег	눈이 내리다, 눈이 오다
красúво	아름답게, 예쁘게, 예쁘다
лéтом	여름에
нéбо	하늘
нóчью	밤에, 밤중에
óсенью	가을에
пáсмурно	흐린, 음산하게, 음울·음산하다
погóда	날씨
прохлáдно	시원하게, 서늘하게, 시원하다
сегóдня	오늘
сейчáс	지금
снег	눈
сóлнечно	해가 빛나는, 맑은, 청명하다
теплó	따뜻하게, 따뜻하다
ýтро	아침
ýтром	아침에
хóлодно	추운, 춥다

ГРАММА́ТИКА 문법

1. 의문사 КОГДА́ (언제)

러시아어에서 시간(하루의 시점, 요일, 달, 계절)에 대해서 물을 때, 그리고 어떤 사건이 언제 발생했는지에 대해서 물을 때, 의문사 'Когда́?'를 사용한다. 이에 대한 대답은 아래 제시된 것처럼 다양한 형태를 사용한다.

1) 시간표현

Когда́? 언제?		
сего́дня 오늘 сейча́с 지금	вчера́ 어제	за́втра 내일

2) 하루

Когда́? 언제?							
у́тро	아침	у́тром	아침에	ве́чер	저녁	ве́чером	저녁에
день	점심, 낮	днём	낮에	ночь	밤	но́чью	밤에

2. 요일에 관한 표현

요일	день неде́ли	Когда́?	언제?
월	понеде́льник	в понеде́льник	월요일에
화	вто́рник	во вто́рник	화요일에
수	среда́	в сре́ду	수요일에
목	четве́рг	в четве́рг	목요일에
금	пя́тница	в пя́тницу	금요일에
토	суббо́та	в суббо́ту	토요일에
일	воскресе́нье	в воскресе́нье	일요일에

- Како́й сего́дня день (неде́ли)?	- 오늘이 무슨 요일이지?
- Сего́дня четве́рг.	- 오늘은 목요일이야.
- Когда́ ты идёшь в университе́т?	- 너는 언제 대학교에 가?
- В понеде́льник.	- 월요일에 가.

3. 계절과 달에 관한 표현

러시아 기후에도4계절이 존재하며, 1년을 3달씩 나누어 4계절을 구분한다.

Что?		Когдá?	언제?
веснá	봄	веснóй	봄에
март	3월	в мáрте	3월에
апрéль	4월	в апрéле	4월에
май	5월	в мáе	5월에

Что?		Когдá?	언제?
лéто	여름	лéтом	여름에
июнь	6월	в июне	6월에
июль	7월	в июле	7월에
áвгуст	8월	в áвгусте	8월에

óсень	가을	óсенью	가을에
сентябрь	9월	в сентябрé	9월에
октябрь	10월	в октябрé	10월에
ноябрь	11월	в ноябрé	11월에

зимá	겨울	зимóй	겨울에
декáбрь	12월	в декабрé	12월에
январь	1월	в январé	1월에
феврáль	2월	в февралé	2월에

4. 날씨에 관한 표현

ясно	맑다	сóлнечно	해가 빛나다
хóлодно	춥다	прохлáдно	선선하다
теплó	따뜻하다	жáрко	덥다

※ 동사를 사용한 날씨 표현의 어순은 보통 서술어가 주어 앞에 온다.

(не) идёт дождь (снег). 비가(/눈이) (안/)온다. (не) дýет вéтер. 바람이 (안/)분다.

УПРАЖНЕ́НИЯ 연습문제

1. 예시에 따라 대화를 완성하세요.

Моде́ль: - Кака́я пого́да *в ноябре́*?
- В ноябре́ *идёт дождь*.

1. сего́дня, па́смурно

2. у́тром, хо́лодно

3. в апре́ле, тепло́

4. ле́том, жарко

5. о́сенью, ду́ет ве́тер

6. зимо́й, идёт снег

2. 참고 어휘를 활용하여 예시에 따라 대화를 완성하세요.

Моде́ль:

- Кака́я пого́да *весно́й*?
- *У́тром* ещё *хо́лодно*, а *днём тепло́*.

Слова́ для спра́вок:
ве́сной, ле́том, о́сенью, зимо́й;
у́тром, днём, ве́чером, но́чью;
хо́лодно, прохла́дно, тепло́, жа́рко

3. 참고 어휘를 활용하여 예시에 따라 대화를 완성하세요.

Моде́ль:

- Ко́ля, сего́дня *суббо́та*?
- Нет, сего́дня не *суббо́та*.
- Како́й сего́дня день?
- Сего́дня *пя́тница*.

Слова́ для спра́вок:
понеде́льник, вто́рник, среда́,
четве́рг, пя́тница, суббо́та,
воскресе́нье

4. 번역 앱(app)을 이용하여 대화를 러시아어로 옮기고 말해 보세요.

1.

- 오늘 낮 날씨는 어떤가요?
- 오늘 낮 날씨는 무더운 날씨입니다.
- 그럼 내일 아침 날씨는 어때요?
- 내일 아침 날씨는 시원합니다.

2.

- 오늘은 해가 비치는 날씨인가요?
- 아니요, 오늘은 비가 오고 있습니다.
- 그럼 내일 날씨는 어떤가요?
- 내일은 바람이 불 거예요.

3.

- 1월에 날씨는 어떤가요?
- 1월에는 닐씨가 춥습니다.
- 비가 오나요?
- 아니요, 눈이 옵니다.

4.

- 9월 가을에 날씨는 무더운가요?
- 9월 가을에는 시원합니다.
- 11월에도 시원한가요?
- 11월에는 이미 춥습니다.

КУЛЬТУ́РА 이르쿠츠크(Ирку́тск)

1661년 앙가라 강 우측에 세워진 이르쿠츠크는 시베리아에서 가장 유서 깊은 도시이자, 중국 몽골과 인접한 지리적 위치 때문에 시베리아 관문 역할을 하면서 국경 무역의 중심지로써 58만명의 주민이 생활하고 있다. 이르쿠츠크주는 중부 시베리아 고원 남동쪽에 위치하며 면적이 남한의 7.7배인 774,880㎢로 시베리아연방관구 소속 12개 중에서 두 번째로 넓은 지역이다.

러시아 정부는 1686년 부랴트족들이 작은 마을을 이루고 살던 이 지역을 흡수하고 이르쿠츠크라고 명명했다. 이르쿠츠크는 역사적으로 제카브리스트(12월 당원)들을 비롯한 정치범과 죄수들의 유배지로 알려져 있으나, 유럽풍의 건축물들로 구성되어 있어 '시베리아의 파리'라고 불리는 별칭에 걸맞게 중국, 몽골 및 티베트의 모피, 상아, 도자기, 차 등과 유럽의 다양한 신제품들의 교역이 활발한 상업 도시로서 역할을 하였다. 또한 샤머니즘과 러시아 정교회가 추구하는 전통 양식 그리고 유럽의 바로크 양식이 혼합된 '시베리아 바로크' 풍의 독특한 건축물들이 특징적이다.

이르쿠츠크를 대표하는 명소는 세계에서 가장 깊고 깨끗한 바이칼(Байка́л) 호수를 꼽을 수 있다. '바이칼 호수'는 따따르어로 '풍요로운 호수'라는 의미를 가지고 있는데, 이곳 주민들은 '시베리아의 진주', '시베리아의 푸른 눈'이라고 부르기도 한다. 호수의 면적은 31,722㎢, 남북의 길이는 636Km, 최대 폭은 86.6Km, 최대 수심은 1,642m이며, 호수 내에 27개의 크고 작은 섬이 있다. 그 중에 가장 큰 알혼(Ольхо́н)섬은 샤마니즘의 기원으로 간주되고 있으며, 그 흔적들을 쉽게 찾아 볼 수 있다. 바이칼 호수는 1996년 유네스크 세계자연유산으로 지정되었으며, 바이칼 호수를 대표하는 어류인 오물(о́муль)을 비롯하여 1,550종 이상의 동물과 1,085종의 식물이 서식하고 있는 호수는 동식물의 보고라 할 수 있다. 바이칼 호수는 336개의 하천의 물이 유입되지만, 반대로 호수에서 밖으로 나가는 것은 예니세이 강의 지류인 앙가라 강 하나뿐이다.

ИНФОРМÁТИКА IT 활용

Memrise

이 어플은 외국어 학습의 흥미와 동기부여를 위해 우주전쟁이라는 재미있는 스토리로 꾸며져 있다. 유료 가입을 하면 더 많은 콘텐츠를 수시로 학습할 수 있지만 무료로도 충분히 많은 것을 경험하고 학습할 수 있는 짜임새 있는 어플이다. 우선 러시아어를 재미있게 공부하고 축적된 경험으로 다른 외국어에도 도전해 보자.

어플을 설치하면 나타나는 초기 화면(0번)에서 우선 학습하고자 하는 언어를 선택한다. 1번 화면에서 만일 본인이 러시아어를 처음 배우는 사람이라면 '신입 비밀 요원'을 선택한다. 이메일을 통해 복습과 새로운 학습에 대한 피드백을 받기 위해 로그인을 해야 할 필요가 있다. 2번 그림에서 보듯이 패이스북 또는 구글 계정, 아니면 개인 메일을 통해 로그인한다.

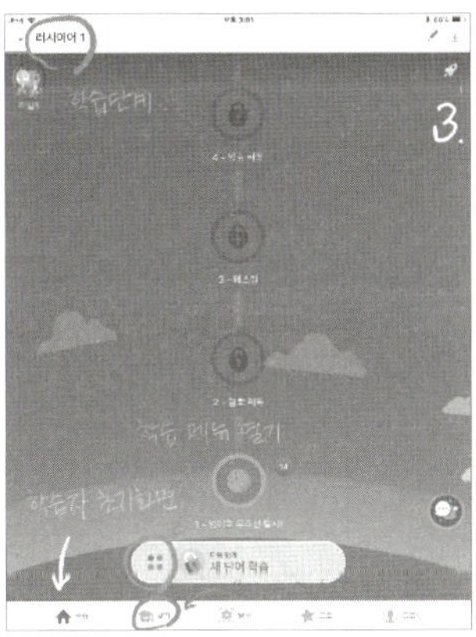

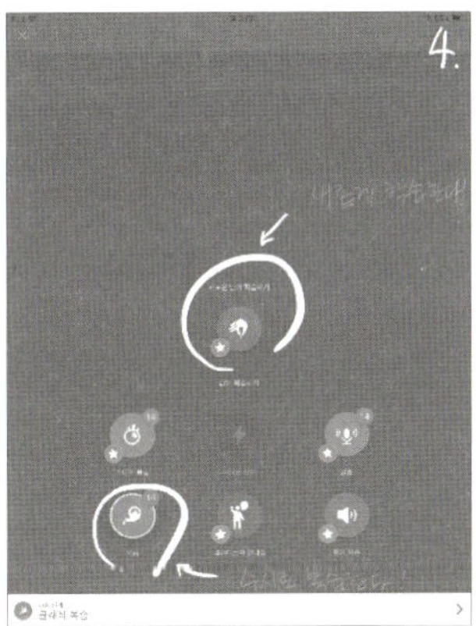

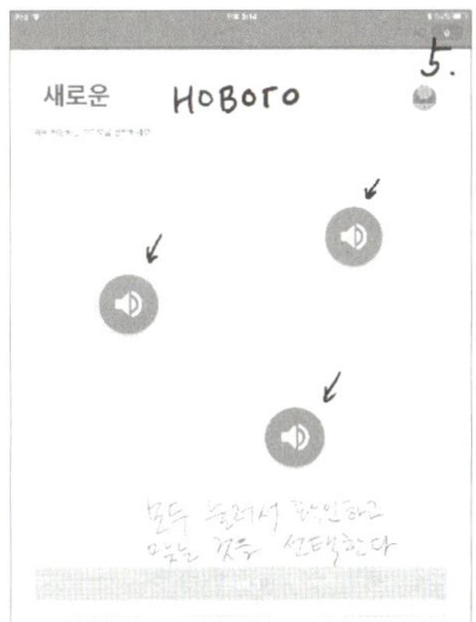

3번 그림은 우리가 이 어플을 열 때마다 등장하는 학습 시작 화면이다. 왼쪽 상단 구석에는 학습단계가 표시되어 있다. 학습을 시작하려면 4개의 점모양의 아이콘을 선택한다. 4번 그림의 맨 위에 있는 '새로운 단어 학습하기' 아이콘을 눌러 학습을 시작할 수 있다. 그 전에 제일 아랫줄 왼쪽 첫 번째 '복습' 아이콘에 복습할 단어 숫자가 표시되어 있으면 복습을 먼저 하고 새로운 단어를 학습하는 것이 좋다. 새로운 단어 학습은 이전에 공부한 것의 복습으로 시작된다. 새로운 단어의 학습은 간단한 학습 자료 제시(각 문제들이 나오기 전에 제시됨)와 다채로운 형태의 문제 풀이 과정으로 이루어져 있다. 5번 그림에서는 직전에 학습한 우리말 '새로운'에 해당되는 러시아어 단어 'нóвого'를 3개의 아이콘을 눌러 소리를 들어 보고 옳은 것을 맞추는 문제이다.

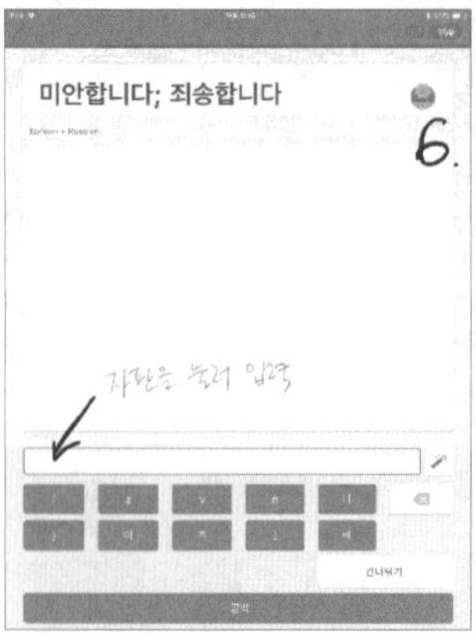

6번 그림은 우리말에 해당하는 러시아어 단어 또는 문장을 타이핑해서 푸는 문제를 보여주고 있다. 바로 아래 준비된 글자판을 적절히 선택해 문제를 푼다. 7번 그림은 6개의 선택지에서 옳은 하나를 선택하는 문제 유형을 보여준다. 8번의 경우는 동영상에 나온 인물이 직접 러시아어로 말을 하고 그에 해당하는 우리말 선택지를 찾는 문제다.

9번의 경우는 학습한 러시아어 문장을 우리말 번역을 참고로 하여 순서대로 바르게 구성하는 게임 형태의 문제인데 문장 구성을 정확히 이해하는 연습을 하게 해주고 긴 문장을 통째로 익히게 하는데 많은 도움을 준다.

10번 그림은 위의 3번과 동일한 그림인데 제일 하단에 있는 '찾기' 아이콘을 선택해 원하는 학습 언어 및 단계를 설정하는 것을 보여주기 위해 다시 한 번 제시한다. '찾기' 아이콘을 누르면 11번 그림이 나타난다. 학습할 수 있는 언어 가운데 러시아어를 선택하면 제일 첫 단계인 '러시아어1'이 나오고 학습을 바로 시작할 수 있다.

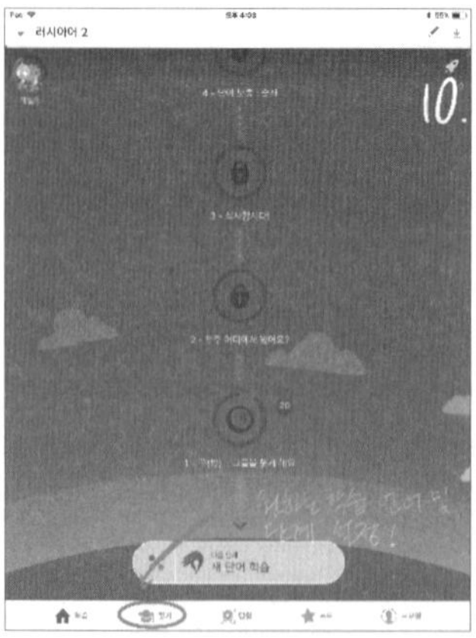

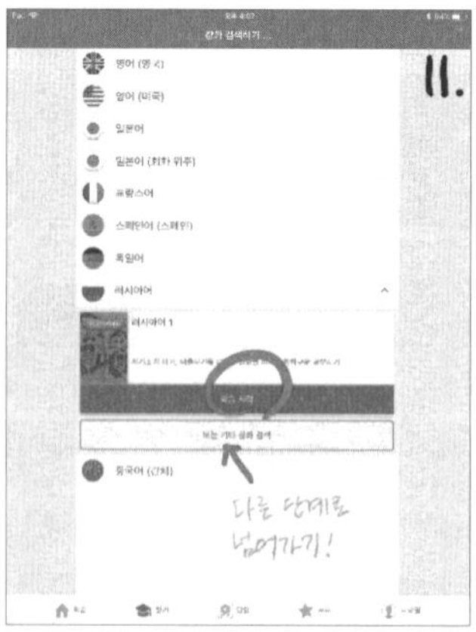

그러나 바로 그 다음 단계나 더 상위 단계로 넘어가고자 하면 바로 아래 '또는 기타 강좌 검색'을 눌러 그림 12에서처럼 원하는 단계를 선택해 준다. 결론적으로 이 어플은 가장 초기 단계인 발음 학습에서부터 중고급 단계인 상황에 맞는 능숙한 문장 표현에 이르기까지 종합적인 콘텐츠를 갖춘, 러시아어 학습자에게 매우 유용한 어플이라고 할 수 있다.

Уро́к 21

Что вы сде́лали сего́дня?

당신은 오늘 무엇을 했습니까?

Ка́ждый день я смотрю́ телеви́зор.	나는 매일 텔레비전을 본다.
Сего́дня я посмотре́л но́вый фильм.	나는 오늘 새 영화를 보았다.
За́втра я напишу́ письмо́.	나는 내일 편지를 쓸 것이다.

ДИАЛÓГ 대화

1.

- Что ты дéлаешь обы́чно у́тром?
- Я читáю газéты и пью кóфе.
- Что ты сдéлал сегóдня?
- Я прочитáл газéту, потóм в 10 часóв написáл письмó брáту.

2.

- Что вы лю́бите дéлать в свобóдное врéмя?
- Я люблю́ смотрéть кинó.
- Что вы посмотрéли сегóдня?
- Я посмотрéл нóвый фильм.

ТЕКСТ 본문

Сегóдня у́тром Влади́мир встал в 7 часóв. В 7:30 он поéхал в университéт. Обы́чно он зáвтракает, но сегóдня не позáвтракал. В 8 часóв он встрéтил своегó дру́га Сергéя в кафé. Они́ вы́пили кóфе и пошли́ на лéкцию. Днём Влади́мир сначáла пообéдал, потóм позанимáлся в библиотéке, сдéлал домáшнее задáние. Вéчером дóма он поу́жинал, посмотрéл телеви́зор и в 12 часóв лёг спать.

ВОПРÓСЫ

1. Что Влади́мир сдéлал у́тром? ______________________
2. Когдá он встрéтил дру́га? ______________________
3. Что он сдéлал днём? ______________________
4. Что он сдéлал вéчером? ______________________
5. Когдá он лёг спать? ______________________

СЛОВА́РЬ 어휘

брать(I) (беру́, берёшь; беру́т)	잡다, 가지다, 쥐다
вдруг	갑자기
весь, вся, всё, все	모든, 전부의, 다
взять(I) (возьму́, возьмёшь; возьму́т)	잡다, 가지다, 쥐다
возвраща́ться(I)	돌아오다
всегда́	항상, 언제나
встать(I) (вста́н-у, -ешь; -ут)	일어나다
встре́тить(II) (встре́ч-у, -тишь; -тят)	만나다
вы́пить(I) (вы́пь-ю, -ёшь; -ют)	술을 마시다
в выходны́е	주말에, 휴일에
до́лго	오래, 오랫동안
дома́шнее зада́ние	숙제, 과제
иногда́	가끔, 때때로
иска́ть(I) (ищу́, и́щешь; и́щут)	찾다, 추구하다
конча́ть(I)	마치다, 끝내다, 종료하다
купи́ть(II) (купл-ю́, ку́п-ишь; -ят)	사다, 구입하다
лечь спать	자려고 눕다
написа́ть(I) (напиш-у, -ешь; -ут)	다 쓰다
начина́ть(II)	시작하다, 착수하다
недо́лго	잠시, 잠깐, 잠깐 동안
неожи́данно	갑자기, 예상치 않게, 뜻밖에
обяза́тельно	꼭, 반드시
отве́тить(II)	대답하다
пое́хать(I) (пое́д-у, -ешь; -ут)	타고 가다, 출발하다
позанима́ться(I)	일하다, 공부하다, 종사하다
пойти́(I) (пойд-у́, -ёшь; -у́т)	가다, 걸어서 가다
покупа́ть(I)	사다, 구입하다
посмотре́ть(II)	잠시 보다, 잠시 쳐다보다
продолжа́ть(I)	계속하다
прочита́ть(I)	다 읽다
ре́дко	가끔, 드물게
свобо́дное вре́мя	자유 시간, 여가시간
свой, своё, своя́, свои́	자신의
сра́зу	즉시, 곧, 한번에
стро́ить(II)	건축하다, 건설하다, 설립하다
упражне́ние	연습(문제), 실습

ГРАММÁТИКА 문법

1. 동사의 상

러시아어 동사는 시제와 더불어 시간 속에서 행위가 전개되는 양상을 표현하는 '상'이라는 독특한 문법 체계가 있다. 불완료상은 미래, 현재, 과거의 모든 시제에서 사용되며, 완료상은 행위나 상황의 완료를 의미하기 때문에 현재 시제는 사용되지 않고 과거와 미래 시제만 사용된다. 불완료상 동사는 계속 혹은 습관적 반복을 나타낼 때, 빈도 부사 всегдá, чáсто, дóлго, недóлго, обы́чно, иногдá, рéдко, кáждый день 등과 함께 사용된다. 또한 동사 начинáть, кончáть, продолжáть와 함께 사용되기도 한다. 반면 완료상 동사는 동작이 완료되거나, 동작이 일회성으로 행해지거나 혹은 동작의 결과가 드러나는 행위를 표현할 때 사용한다.

불완료상 동사와 함께 쓰이는 구문		완료상 동사와 함께 쓰이는 구문	
всегдá	никогдá (не)	до концá	вдруг
чáсто	рéдко	наконéц	срáзу
дóлго	два часá	за два часá	неожи́данно
кáждый день *кáждую* суббóту *кáждое* воскресéнье *кáждые* выходны́е	*весь* день *всю* суббóту *всё* воскресéнье *все* выходны́е (дни)	в два часá	*весь* 남 *вся* 여 *всё* 중 *все* 복 + 명사

Онá чáсто читáла кни́ги. 그녀는 책을 자주 읽곤 했다.
Онá прочитáла кни́гу вчерá вéчером. 그녀는 어제 저녁에 책을 다 읽었다.

Ви́ктор рéдко помогáл мáме. 빅토르는 엄마를 거의 도와드리지 않았다.
Сегóдня у́тром Ви́ктор помóг мáме. 오늘 아침에 빅토르는 엄마를 도와드렸다.

※ 두 가지 동작이나 행위가 이루어지는 경우 **불완료상 동사**로 표현하면 두 가지 동작이 '동시에 일어나는 것'을 나타낸다. 반면 **완료상 동사**로 표현하면 '하나의 동작을 끝낸 후 다음 동작을 행하는 것'을 나타낸다.

불완료상 동사	완료상 동사
1) 행위의 과정	1) 행위의 결과
Я **читáл** э́ту кни́гу два часá.	Я **прочитáл** э́ту кни́гу до концá.
나는 이 책을 두 시간(동안) 읽었다.	나는 이 책을 끝까지 다 읽었다.
2) 행위의 반복	2) 1회성 행위
Я **смотрéл** кинó кáждый день.	Я **посмотрéл** кинó в 2 часá.
나는 매일 영화를 보았다.	나는 2시에 영화를 보았다.
3) 미래의 일반적 사실	3) 미래의 종결하고자 하는 의지
Зáвтра я **бýду писáть** письмó.	Зáвтра я **напишý** письмó.
나는 내일 편지를 쓸 것이다.	나는 내일 편지를 꼭 쓸 것이다.
4) 행위의 동시적 발생	4) 행위의 순차적 발생
Я **читáл** кни́гу и **слýшал** мýзыку.	Я **прочитáл** кни́гу и **посмотрéл** кинó.
나는 책을 읽었고, 음악을 들었다.	나는 책을 다 읽었고, 그리고 영화를 보았다.

2. 불완료상과 완료상 동사의 형성

대부분의 러시아어 동사는 불완료상과 완료상 동사가 서로 한 쌍을 이루고 있다. 그 의미는 동일하나 형태상으로는 차이가 있다. 불완료상과 완료상의 차이는 크게 세 가지로 구분된다.

1) 접미사가 다른 형태

불완료상	완료상	의미
встречáть	встрéтить	만나다
изучáть	изучи́ть	연구하다
отвечáть	отвéтить	대답하다
повторя́ть	повтори́ть	반복하다
покупáть	купи́ть	사다
помогáть	помóчь	돕다
рассκáзывать	рассказáть	이야기하다
решáть	реши́ть	해결하다

Он не отвéтил на мой вопрóс. 그는 내 질문에 대답하지 않았다.

Я всегдá покупáю газéты. Сегóдня ýтром я купи́л газéту и прочитáл её.
나는 항상 신문들을 산다. 오늘 아침에 나는 신문을 샀고 그것을 다 읽었다.

2) 접두사를 붙이는 형태

불완료상	완료상	의미
де́лать	сде́лать	하다, 만들다
обе́дать	пообе́дать	점심 먹다
писа́ть	написа́ть	쓰다
слу́шать	послу́шать	듣다
смотре́ть	посмотре́ть	바라보다
стро́ить	постро́ить	건설하다
чита́ть	прочита́ть	읽다

Со́ня обы́чно обе́дает в столо́вой, а сего́дня она́ пообе́дала в рестора́не.
소냐는 보통 구내식당에서 점심을 먹는데, 오늘은 레스토랑에서 점심을 먹었다.

Мы стро́или, стро́или дом и, наконе́ц, постро́или! Тепе́рь у нас есть дом!
우리는 집을 짓고 건축했는데, 마침내 완공했다! 이제 우리에게도 집이 있다!

3) 어근이 다른 형태

불완료상	완료상	의미
брать	взять	잡다
говори́ть	сказа́ть	말하다
возвраща́ться	верну́ться	돌아오다
иска́ть	найти́	찾다

Обы́чно мой муж возвраща́ется домо́й ра́ньше семи́ ве́чера, а сего́дня он верну́лся домо́й о́чень по́здно.
보통 나의 남편은 저녁 7시 전에는 집에 오는데 오늘은 무척 늦은 시간에 귀가했다.

3. 명령형 문장에서 상의 의미

명령문에서도 상의 의미는 평서문과 동일하며, 반복되는 행위를 명령할 때는 불완료상을, 1회적 행위를 명령할 때는 완료상을 사용한다. 명령문에서 동사 상의 쓰임에는 조언, 부탁, 기원 등의 의미가 연관된다.

1) 긍정 명령 – 행위 착수나 반복, 지속의 의미가 아닌 부탁, 조언, 요구 의미를 표현할 때는 완료상을 사용하며, 권유 초대, 기원의 의미를 표현할 경우는 불완료상을 사용한다.

2) 부정 명령 – 주로 불완료상의 명령형이 사용되지만, 경고의 의미를 표현할 때는 완료상의 명령형을 사용한다.

УПРАЖНЕ́НИЯ 연습문제

1. 예시에 따라 대화를 완성하세요.

Моде́ль: - Почему́ ты *не пи́шешь* зада́ние?
- *Я* уже́ *написа́л.*

1) Почему́ Ива́н не смо́трит фильм? - ....

2) Почему́ Ка́тя не слу́шает ра́дио? - ....

3) Почему́ Дени́с не де́лает упражне́ние? - ....

4) Почему́ брат не за́втракает? - ....

5) Почему́ они́ не пьют ко́фе? - ....

2. 예시에 따라 대화를 완성하세요.

Моде́ль: - Что вчера́ *сде́лала Е́ва*?
- Вчера́ *она́ позвони́ла ба́бушке.*

1)  

→ 

Па́вел Ива́нович — посла́ть име́йл — Ви́ктор

2)   → 

А́нна — позвони́ть — Да́ша

3)  

→ 

Ко́стя — отпра́вить эсэмэ́ску — Артём

3. 오른 쪽의 동사를 이용하여 문장을 완성하세요.

1) Рáньше они́ чáсто .... спóртом.	*занимáться- позанимáться*
2) Вчерá Глеб .... фильм до концá.	*смотрéть - посмотрéть*
3) Вчерá он ужé .... э́то задáние.	*писáть - написáть*
4) Вчерá они́ дóлго .... об э́том.	*говори́ть - сказáть*
5) Рáньше онá всегдá .... э́ти журнáлы.	*покупáть - купи́ть*
6) Вчерá они́ .... всé нóвые словá.	*учи́ть - вы́учить*

4. 번역 앱(app)을 이용하여 대화를 러시아어로 옮기고 말해 보세요.

1.

- 너는 보통 토요일에 무엇을 하니?
- 나는 보통 토요일에 집에서 쉬어.
- 너는 지난 주 토요일에 무엇을 했니?
- 나는 지난 주 토요일에 축구를 했어.

2.

- 당신은 내일 무엇을 할 것입니까?
- 나는 내일 숙제를 할 것입니다.
- 당신은 내일 숙제를 다 끝마칠 겁니까?
- 예, 저는 숙제를 반드시 다 할 것입니다.

3.

- 너는 어제 어디에 갔었니?
- 나는 상점에 다녀 왔어.
- 너는 거기서 무엇을 샀니?
- 나는 주스와 과일을 샀어.

4.

- 너는 보통(обы́чно) 언제 일어나니?
- 나는 보통 7시에 일어나.
- 너는 오늘 언제 일어났니?
- 나는 오늘 8시에 일어났어.

ИНФОРМА́ТИКА IT 활용

CLOZEMASTER

이 어플은 하나의 완전한 문장에 있는 중요한 단어(또는 지향하는 학습 목표를 위해 필요한 단어)에 빈칸을 만들어 놓고 그 빈칸을 논리적으로, 의미에 맞게 채움으로써 자연스럽게 자신이 배우고자 하는 언어의 구조와 단어를 익히게 하는 다국어 학습 프로그램이다. 이미 만들어져 있는 다양한 외국어 쌍이 이 학습 게임의 주요 콘텐츠을 형성하고 있다. 유감스럽게도 러시아어⇔한국어 쌍은 없다. 따라서 러시아어를 학습하기 위해서는 보통 러시아어⇔영어 쌍을 선택해 학습하는 것이 좋다. 콘텐츠를 제한 없이 이용하고 자신의 진행 상황을 수시로 체크하기 위해서는 등록을 하는 것이 필요하지만 여기에서는 등록 없이 플레이하는 방법을 소개하기로 한다.

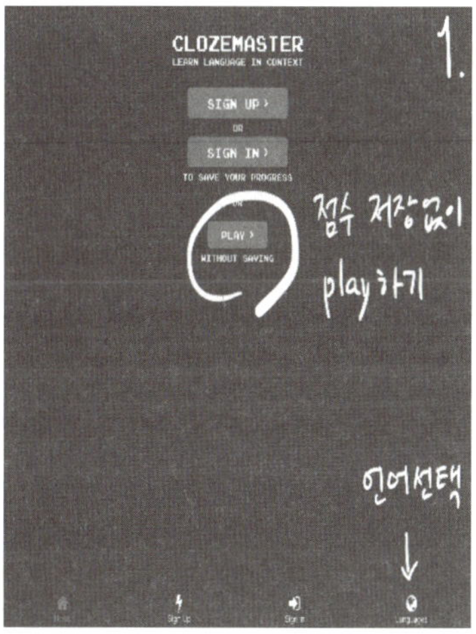

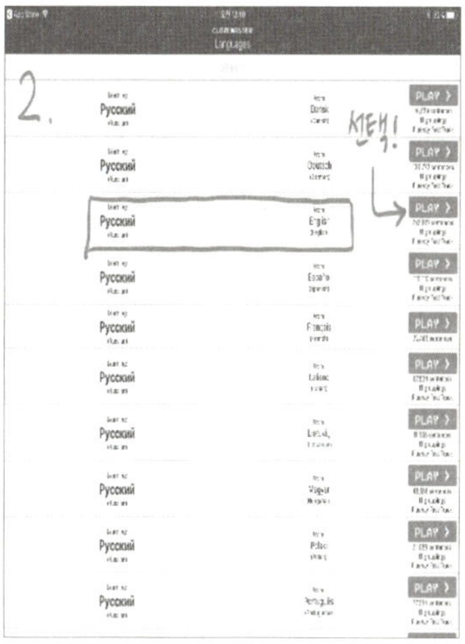

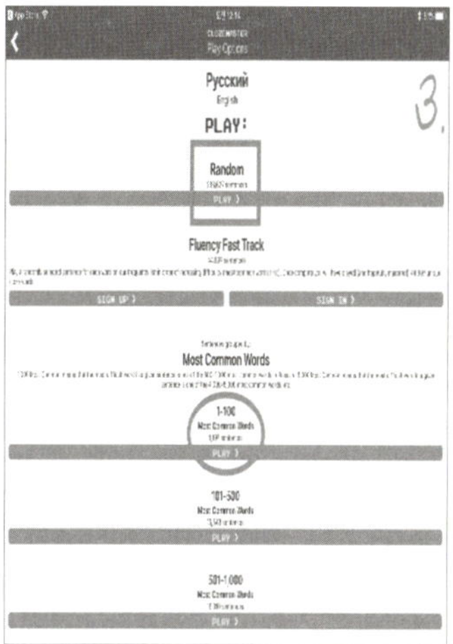

1번 그림은 처음 다운로드 한 다음 어플을 실행할 때 처음 나오는 화면이다. 차후 필요에 따라서 개인적으로 등록을 진행하기로 하고 여기서는 우선 바로 '플레이' 버튼을 눌러 학습을 하기로 한다. 그런데 그 전에 우리는 우선 학습하고자 하는 언어를 선택해야 한다. 우측 하단에 있는 지구 모양의 아이콘을 누른다. 화면을 아래로 이동해 러시아어를 선택하고 자신이 러시아어를 공부할 때 설명, 즉 번역을 통해 도움을 받을 수 있는 잘 아는 언어를 선택한다. 우리는 가장 무난하고 효과적인 영어를 선택한다. 우측 끝에 있는 'PLAY'를 누르면 'Play Options' 화면으로 넘어간다.

그림 3의 네모 박스로 표시된 부분을 선택하면 무작위로 나오는 문제들을 풀어볼 수 있다. 그런데 타원형으로 표시된 부분을 선택하면 가장 빈도수 높은 단어들을 체계적으로 학습할 수 있다. 처음 배우는 학생들은 이 옵션을 선택하는 것이 좋다.

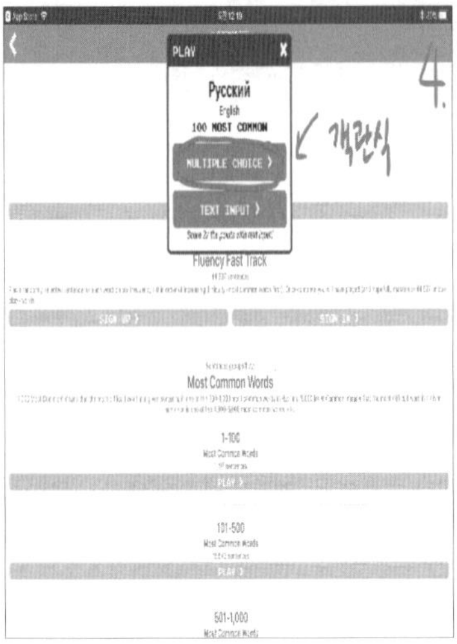

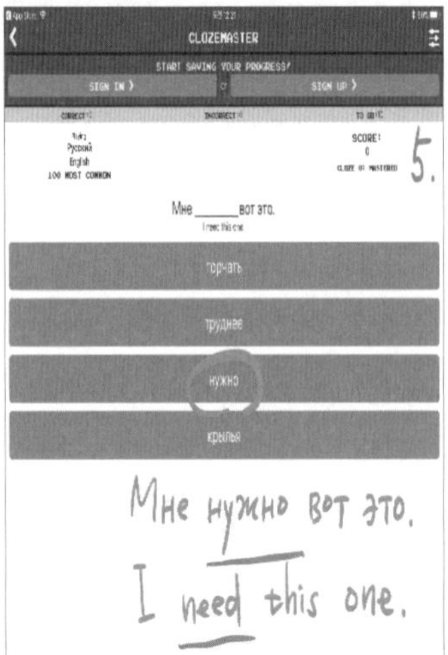

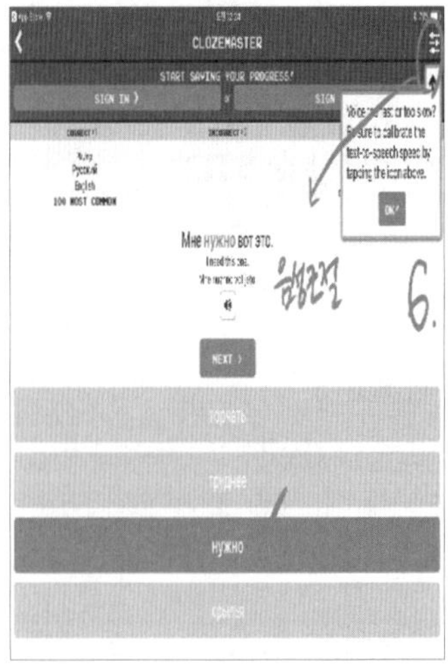

그림 4번은 타원형 내부의 플레이를 선택했을 때 나타나는 창으로서 문제 푸는 방식을 물어보는 것이다. 객관식 풀이를 선택한다.

5번 그림은 이 어플에서 지속적으로 제시되는 빈칸 넣기 퀴즈의 전형적 모델이다. 하나의 빈칸을 갖는 러시아어 문장이 있고 그 바로 밑에 영어 해석이 함께 나타난다. 우리는 이 영어 해석을 참조해 빈칸에 들어갈 적절한 단어를 아래 보기에서 찾아 선택하면 된다. 물론 초심자에게는 쉽지 않은 문장과 보기가 많이 나오지만 영어 해석의 도움을 받는다면 어렵지 않게 문제를 풀 수 있다. 문제를 풀면서 마음에 드는 러시아어 문장과 영어 문장을 함께 외워둔다면 외국어 학습 능력 향상에 큰 도움이 될 것이다. 특히 일상생활에서 즉시 사용할 수 있는 문장들은 처음에 조금 어렵게 생각되어도 반드시 외워두자.

6번 그림에 나오는 우측 상단의 아이콘을 선택하면 퀴즈 게임 자체에 대한 세팅을 할 수 있다. 예를 들어 영어 번역을 보이게도 안보이게도 할 수 있고 문제를 푼 다음 영어 번역이 보이게 할 수도 있다. 그 밖에 러시아어 문장 읽어주기와 관련한 옵션도 있다. 보다 더 체계적이고 동시에 제한 없는 콘텐츠의 이용을 위해서는 앞서 설명한대로 등록을 실행할 필요가 있다.

Уро́к 22

Куда́ вы сейча́с идёте?

당신은 지금 어디로 가십니까?

Ка́ждый день я хожу́ в университе́т.	나는 매일 대학교에 걸어서 갑니다.
Куда́ вы ходи́ли вчера́?	당신은 어제 어디에 다녀왔습니까?
Друг е́дет на стадио́н на авто́бусе.	친구는 경기장에 버스를 타고 간다.

ДИАЛÓГ 대화

1.

- Кудá ты сейчáс éдешь?
- Я éду на рабóту.
- Ты éдешь на маши́не?
- Нет, я éду на автóбусе.

2.

- Кудá ты ходи́л вчерá?
- Я ходи́л на стадиóн.
- Ты чáсто хóдишь тудá?
- Я хожý тудá кáждый день.

ТЕКСТ 본문

Мой друг Михаи́л ýчится в университéте. Кáждый день он éздит тудá на велосипéде. Кáждое ýтро он хóдит на заня́тия. Днём он хóдит на стадиóн, где он игрáет в футбóл. Потóм обы́чно он хóдит в центрáльную библиотéку, где он дéлает там домáшнее задáние. Кáждый вéчер он éздит в бассéйн, где он плáвает час.

ВОПРÓСЫ

1. Где ýчится Михаи́л? ______________________
2. Кудá он éздит кáждый день? ______________________
3. Кудá он хóдит кáждое ýтро? ______________________
4. Кудá он хóдит днём? ______________________
5. Кудá он éздит кáждый вéчер? ______________________

СЛОВА́РЬ 어휘

Банк	은행
бассе́йн	수영장, 저수지
бе́гать(I)	달리다, 도망치다, 달아나다
бежа́ть(II) (бегу́, бежи́шь; бегу́т)	달리다, 도망치다, 달아나다
вести́(I) (вед-у́, -ёшь; -у́т)	데리고 다니다, 운전하다
води́ть(II) (вожу́, во́д-ишь; -ят)	데리고 다니다, 운전하다
дома́шнее зада́ние	숙제, 과제
ка́ждое у́тро	매일 아침
ка́ждый ве́чер	매일 저녁
ка́ждый день	매일
кани́кулы (복)	방학, 휴가
кора́бль (남)	선박, 배, 기선
куда́	어디로, 어디를 향하여
ле́кция	강의
лета́ть(I)	날다, 날아가다, 비행하다
лете́ть(I) (леч-у́, лет-и́шь; -я́т)	날다, 날아가다, 비행하다
на кани́кулах	방학 중, 휴가 중에
нести́(I) (нес-у́, -ёшь; -у́т)	나르다, 가지고 가다, 운반하다, 입다, 신다,
носи́ть(I) (нош-у́, но́с-ишь; -ят)	나르다, 가지고 가다, 운반하다, 입다, 신다,
обы́чно	보통, 일반적으로
пла́вать(I)	헤엄치다, 수영하다, 항해하다
плыть(I) (плыв-у́, плыв-ёшь; -у́т)	헤엄치다, 수영하다, 항해하다
по́езд	기차
пото́м	후에, 나중에
по́чта	우체국
самолёт	비행기
такси́ (중)	택시
туда́	거기로, 저기로, 그쪽으로
центра́льный (-ая, -ое, -ые)	중심의, 중앙의, 중요한, 주요한
Япо́ния	일본

ГРАММА́ТИКА 문법

1. 이동동사

이동동사는 위치 이동을 의미하는 동사 그룹으로 이 그룹의 동사는 모두 **불완료상**이며, 동일한 이동을 의미하는 **정태**와 **부정태** 동사가 쌍을 이룬다. 정태 동사는 일정한 방향으로 일정한 때에 행해지는 이동을 의미하며, 부정태 동사는 일정한 방향과 시점을 가지지 않고 가끔 행해지는 이동이나 규칙적인 반복 또는 왕복 운동을 의미한다. 부정태 동사는 주로 빈도를 보여주는 부사와 함께 쓰인다. 따라서 이동동사 문장에서는 이동의 방향과 목적을 보여주는 전치사구가 보어로 사용된다.

► 이동동사의 종류

1) 자동사

이동형태 / 의미		지상			공중	수상
		걸어서	뛰어서	~를 타고	날아서	항해하여
정태	가(/오)다	идти́	бежа́ть	е́хать	лете́ть	плыть
부정태	다니다	ходи́ть	бе́гать	е́здить	лета́ть	пла́вать

2) 타동사

이동의 형태 / 의미		걸어서 (~을 가지고)	걸어서 (~을 데리고)
정태	가(/오)다	нести́	вести́
부정태	다니다	носи́ть	води́ть

2. 이동동사 용법

1) 이동동사 뒤에는 운동의 방향을 보여주는 부사를 사용하거나, 어떤 특정 장소나 혹은 이동의 목표를 표현하는 전치사 'в / на + 대격'을 자주 사용한다.

идти́ ходи́ть	куда́?	**в** университе́т	대학교로	домо́й	집으로
		в шко́лу	학교로	туда́	저기로, 거기로
		в го́ры	산으로	сюда́	여기로
		в го́сти	손님으로	напра́во	오른쪽으로
		на стадио́н	경기장으로	нале́во	왼쪽으로
		на уро́к	수업하러	пря́мо	곧바로
		на ле́кцию	강의 들으러	вперёд	앞으로
		на по́чту	우체국으로	наза́д	뒤로
				вверх	위로

éхать **éздить**	**кудá?**	**в** университéт **в** Сеýл **в** Москвý **на** рабóту **на** завóд **на** Чеджудó	대학으로 서울로 모스크바로 직장으로 공장으로 제주도로

2) 부정태 동사 ходи́ть와 éздить는 일반적으로 반복적인 행위를 의미하는 빈도부사 (всегдá, чáсто, обы́чно, иногдá, кáждое ýтро, кáждую ночь, кáждый день, кáждый мéсяц)와 함께 사용된다.

- Кудá вы <u>чáсто</u> *хóдите*? - Я *хожý* в университéт	당신은 어디에 자주 갑니까? 나는 ...... 대학교에 갑니다.
- Кудá вы <u>чáсто</u> *éздите*? - Я *éзжу* в университéт	당신은 어디에 자주 차를 타고 갑니까? 나는 ...... 대학교에 차를 타고 갑니다.

3) 정태 동사 идти́와 éхать는 한 방향으로 수행되는 동작을 의미하며, 구체적인 시점을 보여주는 단어(сейчáс, сегóдня, в 2 часá, в срéду)들과 함께 사용된다.

- Кудá вы <u>сейчáс</u> *идёте*? - *Я идý в* университéт.	당신은 지금 어디로 걸어가고 있습니까? 나는 대학교에 걸어가고 있습니다.
- Кудá вы <u>сейчáс</u> *éдете*? - *Я éду в* университéт.	당신은 지금 어디로 차를 타고 갑니까? 나는 대학교에 차를 타고 갑니다.

4) 어떤 교통수단으로 이동하고 있는지에 대해서 알기 위해서 «на чём + 교통수단 전치격» 구문을 사용한다.

éхать **éздить**	**на чём?**	на маши́не на автóбусе на пóезде на велосипéде на метрó на такси́	자동차로 버스로 기차로 자전거로 지하철로 택시로
летéть **летáть**		на самолёте	비행기로
плыть **плáвать**		на кораблé	배로

5) 다양한 권유 표현들

Идём в парк! 공원에 걸어서 가자!
Пойдём в парк!
Поéдем в парк! 공원에 차를 타고 가자!
Идёмте в парк! 공원에 걸어서 갑시다!
Пойдёмте в парк!
Поéдемте в парк! 공원에 차를 타고 갑시다!

6) 이동동사의 인칭변화

인칭		я	ты	он, онá	мы	вы	они́
정태	идти́	иду́	идёшь	идёт	идём	идёте	иду́т
부정태	ходи́ть	хожу́	хóдишь	хóдит	хóдим	хóдите	хóдят
정태	бежáть	бегу́	бежи́шь	бежи́т	бежи́м	бежи́те	бегу́т
부정태	бéгать	бéгаю	бéгаешь	бéгает	бéгаем	бéгаете	бéгают
정태	éхать	éду	éдешь	éдет	éдем	éдете	éдут
부정태	éздить	éзжу	éздишь	éздит	éздим	éздите	éздят
정태	летéть	лечу́	лети́шь	лети́т	лети́м	лети́те	летя́т
부정태	летáть	летáю	летáешь	летáет	летáем	летáете	летáют
정태	нести́	несу́	несёшь	несёт	несём	несёте	несу́т
부정태	носи́ть	ношу́	нóсишь	нóсит	нóсим	нóсите	нóсят
정태	вести́	веду́	ведёшь	ведёт	ведём	ведёте	веду́т
부정태	води́ть	вожу́	вóдишь	вóдит	вóдим	вóдите	вóдят
정태	плыть	плыву́	плывёшь	плывёт	плывём	плывёте	плыву́т
부정태	плáвать	плáваю	плáваешь	плáвает	плáваем	плáваете	плáвают

※ идти́, нести́, вести́의 과거시제는 특이한 형태이기 때문에 기억할 필요가 있다.

	он	онá	онó	они́
идти́	шёл	шла	шло	шли
вести́	вёл	велá	велó	вели́
нести́	нёс	неслá	неслó	несли́

УПРАЖНЕ́НИЯ 연습문제

1. 참고 어휘를 활용하여 예시에 따라 대화를 완성하세요.

Моде́ль: - Куда́ ты хо́дишь *ка́ждое у́тро?*
- Я хожу́ *в университе́т.*

Слова́ для спра́вок:

1) парк, ре́дко	4) библиоте́ка, ка́ждую сре́ду
2) стадио́н, ка́ждый день	5) заня́тия, ка́ждое воскресе́нье
3) бассе́йн, ка́ждый ве́чер	6) го́ры, ка́ждую суббо́ту

2. 참고어휘를 활용하여 예시에 따라 대화를 완성하세요.

Моде́ль:

- Где вы рабо́таете?
- Я рабо́таю *в ба́нке.*
- Куда́ вы хо́дите ка́ждый день?
- Я хожу́ *в банк.*

Слова́ для спра́вок:

1) шко́ла	5) по́чта
2) музе́й	6) больни́ца
3) университе́т	7) вокза́л
4) магази́н	8) рестора́н

3. 참고 어휘를 활용하여 예시에 따라 대화를 완성하세요.

Моде́ль: - Куда́ вы *сейча́с е́дете?*
- Я е́ду *в университе́т.*

Слова́ для спра́вок:

1) Сеу́л, днём	4) Москва́, на кани́кулах
2) Чеджудо́, ле́том	5) конце́рт, ве́чером
3) Япо́ния, зимо́й	6) дере́вня, в выходны́е

4. 자신의 생각에 따라 빈칸을 채워 대화를 완성하세요.

1.

- Кудá ты идёшь ....?
- .... А ты?
- Я ....

2.

- Кудá вы ходи́ли ....?
- .... А вы?
- Я ....

3.

- ....?
- Я éду ....
- На чём .... тудá?
- ....

4.

- Кудá вы летáли лéтом?
- ....
- На чём вы летáли тудá?
- ....

ИНФОРМА́ТИКА IT 활용

Word Search

이 어플은 언뜻 보기에는 아무런 의미 없이 섞어 놓은 듯한 철자 모음에서 상하(하상), 좌우(우좌), 대각선 등으로 연결해 완전한 형태의 단어를 찾는 일종의 퍼즐 맞추기 게임이다. 러시아어, 한국어, 영어를 비롯한 다양한 언어로 게임을 즐길 수 있다. 아이폰에서의 게임명은 Word Search이며 안드로이드에서는 '단어 검색 다국어 게임(Word Search Multilingual)'으로 검색하면 동일한 게임을 찾을 수 있다. 여기서는 아이폰과 아이패드앱을 중심으로 설명하고자 한다.

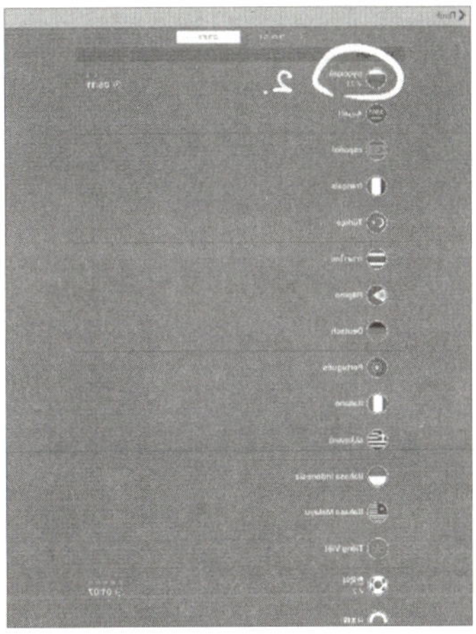

1. 게임 초기 화면이다. 상단의 'PLAY'를 선택한다. 하단에 있는 'MULTIPLAYER'는 유료앱을 구매해야만 이용할 수 있다. 2. 러시아어를 선택한다.

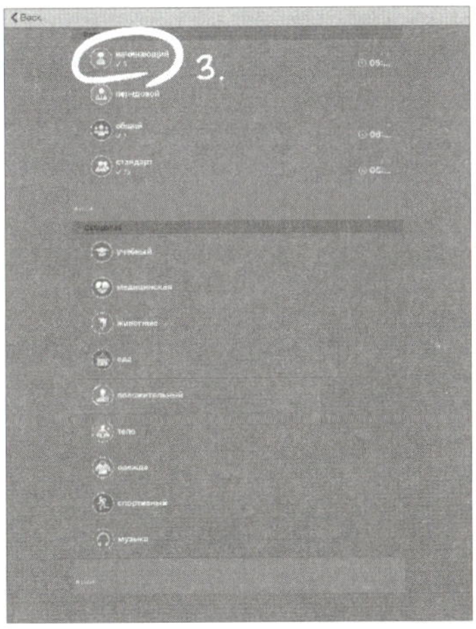

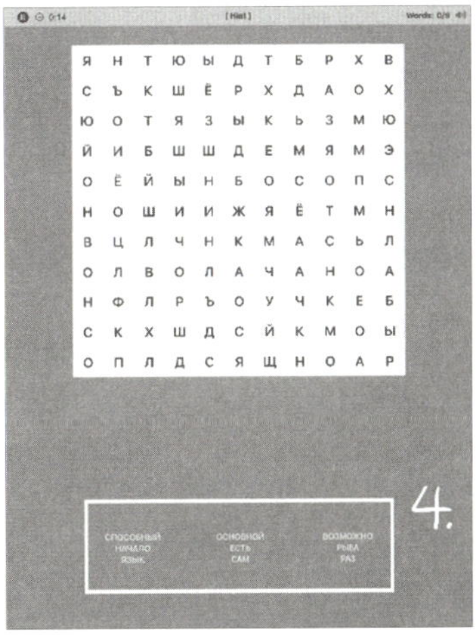

3. 무료로 이용할 수 있는 난이도 4단계의 다양한 게임들이 있다. 초보자는 제일 첫 번째 메뉴인 'начина́ющий'를 선택하도록 한다. 참고로 아래 Categories 하부에 있는 전문 분야 단어들로 구성된 다양한 게임들은 유료로 이용할 수 있다.

4. 게임이 시작되었다. 긴장감을 주고 집중도를 높이기 위해 초시계 소리가 수시로 들린다. 박스 안에 있는 9개의 단어를 다 찾으면 게임이 끝난다.

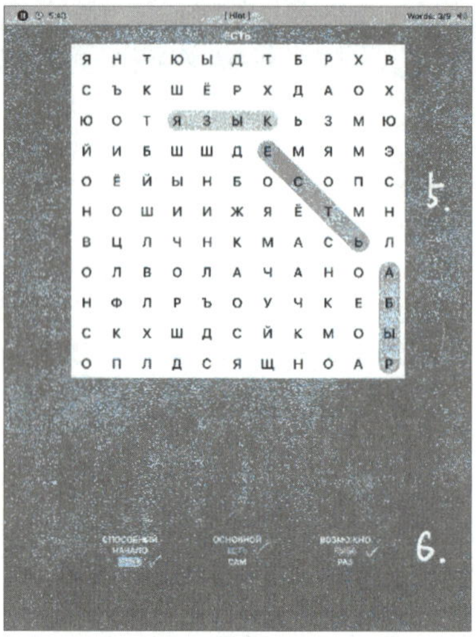

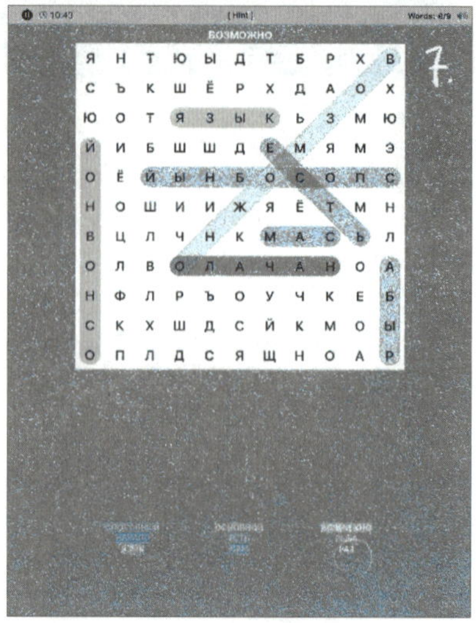

5-6. 단어를 잘 연결해 맞추면 맞춘 단어에 색이 칠해진다. 아래 단어에도 동일한 색이 칠해진다. 현재 язы́к, есть, ры́ба 3개의 단어를 맞게 연결하였다.

7. раз를 제외한 8개의 단어를 모두 맞춘 상태이다.

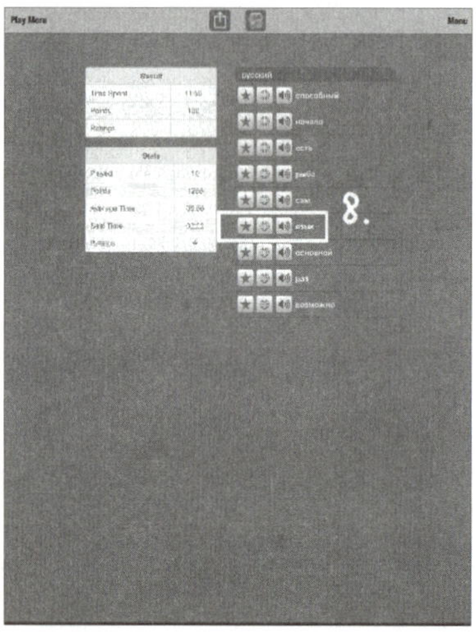

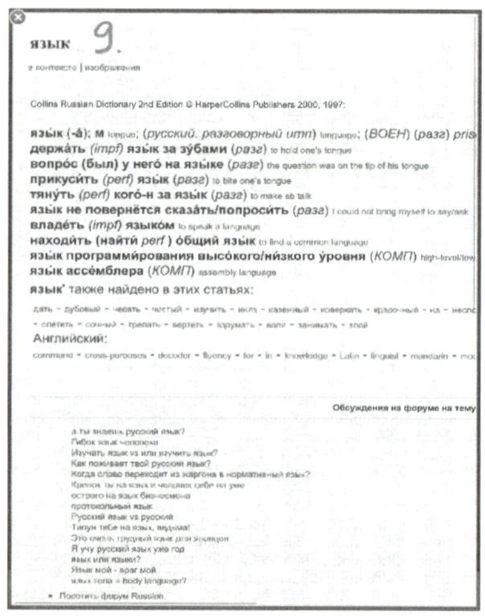

8. 제시된 9개의 단어를 모두 맞추고 나면 자동으로 열리는 화면이다. 이미 한눈에 잘 보이지도 않는 단어와 철자를 외워가며 힘겹게 문제를 해결한 다음이라 그 단어들의 발음과 뜻이 무척 궁금해진다. 아이콘을 눌러 출제된 9개 단어의 발음과 뜻을 모두 알아볼 수 있다. 다시 보고 싶은 단어는 별표 모양의 즐겨찾기 아이콘을 눌러 미리 준비해 둔다.

9. 지구 모양의 아이콘(8번 박스 표시 안의 중앙)을 누르면 해당 단어의 영어 뜻을 알 수 있다. 왼쪽 그림에서 8번으로 표시된 단어 язы́к의 뜻을 찾아보았다. 제공되는 사전은 Collins Russian Dictionary 2nd Edition 인데 한 러시아어 단어가 지닌 다양한 의미에 대한 영어 뜻이 러시아어 용례와 함께 제시되고 있어 러시아어 단어의 의미 파악이 매우 용이하다. 또한 수준이 어느 정도 있는 학습자라면 러시아어 문장에서 해당 단어가 어떻게 사용되는지를 최신 뉴스를 통해 확인할 수도 있다. 이를 위해서는 표제어 바로 밑에 있는 'в конте́ксте'를 누르면 된다.

Уро́к 23

Ле́том они́ е́здили на мо́ре.

그들은 여름에 바다에 다녀왔다.

Ка́ждый день он е́здит на рабо́ту.	그는 매일 직장에 차를 타고 간다.
Куда́ вы е́здили ле́том?	당신은 여름에 어디 다녀왔습니까?
Я люблю́ е́здить на маши́не.	나는 자동차 타고 다니는 것을 좋아한다.

ДИАЛÓГ 대화

1. 

- Кудá ты поéдешь лéтом?
- Я поéду в Москвý.
- Когдá ты тудá поéдешь?
- Зáвтра я улетáю тудá.

2. 

- Где вы бы́ли лéтом?
- Мы éздили на óзеро Байкáл.
- Что вы там дéлали?
- Мы отдыхáли в мáленькой дерéвне.

ТЕКСТ 본문

Меня́ зовýт Áнна. Кáждый день я хожý в парк. Он нахóдится óколо нáшего дóма. Я люблю́ гуля́ть там. Я захожý за подрýгой, котóрая живёт в нáшем дóме. Когдá мы хóдим по пáрку, мы встречáем друзéй, подхóдим к ним, здорóваемся и разговáриваем. В цéнтре пáрка нахóдится небольшóе кафé. Онó óчень краси́вое. Мы захóдим тудá и пьём кóфе. Потóм мы выхóдим из кафé и идём в универмáг и́ли в библиотéку.

ВОПРÓСЫ

1. Кудá Áнна хóдит кáждый день? ____________________
2. Где нахóдится парк? ____________________
3. Что онá лю́бит дéлать в пáрке? ____________________
4. Кудá захóдят Áнна и её подрýга? ____________________
5. Что они́ дéлают потóм? ____________________

СЛОВА́РЬ 어휘

бе́рег	물가, 바닷가, 강가, 강변
ва́жный (-ая, -ое, -ые)	중요한, 중대한
встреча́ть(I)	만나다
вы́ставка	전람회, 전시장
выходи́ть(II) (выхожу́, выхо́дишь; выхо́дят)	걸어 나가다, 걸어 나오다
гуля́ть(I)	산책하다
заходи́ть(II) (захож-у́, захо́д-ишь; -ят)	잠깐 들르다
здоро́ваться(I)	인사하다, 인사를 나누다
кото́рый (-ая, -ое, -ые)	어떤, 무슨, 어느 것의, 몇 번째의
Ку́ба	쿠바
на рабо́ту	직장에
напра́во	오른쪽으로
находи́ться(II) (нахожу́сь, -хо́дишься; -хо́дятся)	찾다, 발견하다 ~에 위치하고 있다
Не́ за что.	천만에요. 별말씀을.
о́коло	~옆에, 근처에, 가량, 대략, 약
о́коло на́шего до́ма	우리 집 주변에
отойти́(I) (отойд-у́, -ёшь; -у́т)	떠나다, 물러서다, 멀어지다
пи́во	맥주
подру́га	여자 친구, 친구(여성)
подходи́ть(II)	다가오다, 접근하다
пря́мо	곧장, 바로, 직접
разгова́ривать(I)	이야기하다, 회화하다, 담화하다
Санкт-Петербу́рг	상트 페테르부르크
собра́ние	모임, 회의
трамва́й	전차, 트램, 궤도전차
тролле́йбус	트롤리버스, 무궤도전차
универма́г	백화점

ГРАММÁТИКА 문법

1. 이동동사와 상

이동동사를 구성하는 정태와 부정태 동사는 모두 불완료상이다. 정태 동사 앞에 공간의 의미를 부가하는 접두사(в-, вы-, до-, за-, пере-, под-, при-, про-)가 붙으면 해당 의미가 추가된 완료상 동사가 된다. 이렇게 만들어진 완료상 동사와 짝을 이루는 불완료상 동사는 상응하는 부정태 동사 앞에 동일한 접두사를 붙인 형태이다.

걸어서		들어가다	나가다	떠나다	들르다	도착하다	통과하다
정태	идти́	войти́	вы́йти	уйти́	зайти́	прийти́	пройти́
부정태	ходи́ть	входи́ть	выходи́ть	уходи́ть	заходи́ть	приходи́ть	проходи́ть

※ 접두사 вы-가 붙어 파생된 완료상은 강세가 접두사에 위치한다: вы́йду, вы́йдут.

Он вошёл в ко́мнату. 그는 방으로 들어갔다.
Она́ зашла́ в магази́н и купи́ла пи́во. 그녀는 가게에 들러 맥주를 샀다.
За́втра прие́дет ва́жный гость из Росси́и. 내일 러시아에서 중요한 손님이 올 것이다.
Мы прошли́ лес и вы́шли на бе́рег реки́. 우리는 숲을 지나서 강가로 갔다.

2. 접두사가 첨가된 이동동사와 전치사의 용법

이동동사에는 접두사가 첨가되어 공간 내 이동의 다양한 형태를 표현하는 완료상 동사들이 파생되며, 이 동사들은 특정 전치사와 함께 쓰이는 경우가 많다.

접두사	전치사	예문
в(о)-	в + 대격	Профе́ссор вошёл в аудито́рию.
вы-	из + 생격	Ко́шка вы́шла из до́ма.
до-	до + 생격	Она́ доє́хала до пе́рвого зда́ния.
за-	в/на + 대격 к + 여격	Она́ зашла́ в магази́н. Я зашёл к Са́ше домо́й.
от(о)-	от + 생격	Она́ отошла́ от меня́.
пере-	(че́рез) + 대격 в/на + 대격(장소)	Мы перешли́ че́рез мост. Они́ перее́хали в друго́й го́род.
под(о)-	к + 여격	Анто́н подошёл к но́вой маши́не.
при-	в/на + 대격(장소) к + 여격(사람)	Все студе́нты пришли́ на собра́ние. Они́ пришли́ ко мне в го́сти.
про-	че́рез + 대격 ми́мо + 생격	Он прошёл че́рез лес. Она́ прошла́ ми́мо на́шего до́ма.
у-	из, с + 생격(장소) от + 생격(사람)	Он уже́ ушёл из аудито́рии. Она́ уже́ ушла́ от меня́.

3. 의문사 кудá(어디로)? откýда(어디에서)? где? (어디에)

일반적으로 의문사 кудá?에 대한 대답은 '이동동사 + «в/на + 대격»'의 문장형태로 대답하는데, 이때 전치사 «в/на + 대격»은 뒤에 오는 명사가 «운동의 목표, 방향»을 의미한다. 반면에 의문사 откýда? 에 대한 대답은 '이동동사 + «из/с + 생격»'의 문장형태로 대답하며, 전치사 «из/с + 생격»은 뒤에 오는 명사가 «운동의 출발점»을 의미한다. 반면에 의문사 где?는 «в/на + 전치격»을 수반하며 행위가 이루어지는 장소를 보여준다.

приходи́ть – прийти́ приезжáть – приéхать	кудá? + 대격	*в* университéт *на* рабóту
уходи́ть – уйти́ уезжáть – уéхать	откýда? + 생격	*из* университéта *с* рабóты

откýда?(어디에서)	**кудá?**(어디로)	**где?**(어디에)
Я из Москвы́.	Я éду в Москвý.	Я жил в Москвé.
Гость с Кýбы.	Он уéдет на Кýбу?	Он жил на Кýбе.
Вы тóже из Росси́и?	Вы улетáете в Росси́ю?	Вы жи́ли в Росси́и.

4. 부정태 이동동사와 быть 동사의 과거 용법

동사 быть의 과거형은 '~에 있었다'의 의미로 어떤 장소를 '다녀왔다'의 의미로 해석될 수 있기 때문에 부정태 동사 ходи́ть, éздить의 과거 의미와 동일하게 사용할 수 있다. 단 이동동사 ходи́ть, éздить는 반드시 '전치사 в/на + 대격'을 동사 **БЫТЬ**는 '전치사 **в/на** + 전치격'을 뒤에 수반해야 한다.

Вчерá Ивáн ходи́л (+대격) <u>в университéт</u>. Вчерá Ивáн был (+전치격) <u>в университéт**е**</u>.	어제 이반은 대학교에 (걸어서) 다녀왔다. 어제 이반은 대학교에 갔었다(있었다).
Вчерá Áнна éздила (+대격) <u>на рабóт**у**</u>. Вчерá Áнна былá (+전치격) <u>на рабóт**е**</u>.	어제 안나는 직장에 (차 타고) 다녀왔다. 어제 안나는 직장에 있었다(/갔었다).

УПРАЖНЕ́НИЯ 연습문제

1. 참고 어휘를 활용하여 예시에 따라 대화를 완성하세요.

Моде́ль:
- Отку́да и куда́ прие́хал Минсу́?
- Он прие́хал *из Коре́и в Росси́ю.*

Слова́ для спра́вок:

1) университе́т – дом	4) конце́рт – вы́ставка
2) о́стров Чеджудо́ – Сеу́л	5) дере́вня – го́род
3) Санкт-Петербу́рг – Москва́	6) рабо́та – стадио́н

2. 예시에 따라 대화를 완성하세요.

а) *Моде́ль:*
- Где ты был вчера́?
- Я был *в библиоте́ке.*
- Что ты там де́лал?
- Я *чита́л.*

б)
- Куда́ ты ходи́л вчера́?
- Я ходи́л *в библиоте́ку.*

1. игра́ть в футбо́л

2. смотре́ть фильм

3. изуча́ть ру́сский язы́к

4. е́здить на велосипе́де

3. 참고 어휘를 활용하여 예시에 따라 대화를 완성하세요.

Моде́ль:
- Как дое́хать *до Сеу́льского вокза́ла*?
- *На метро́.*

Слова́ для спра́вок:

1) центра́льный стадио́н – авто́бус № 3	3) городска́я больни́ца – метро́
2) Моско́вский университе́т – трамва́й №5	4) Кра́сная пло́щадь – тролле́йбус № 4

4. 자신의 생각에 따라 빈칸을 채워 대화를 완성하세요.

1.

- Кудá ты ходи́л вчерá?
- Я был .... А вы?
- Мы ....

2.

- Где вы бы́ли лéтом?
- Я éздила .... А вы?
- Я ....

3.

- Как дойти́ до ....?
- Иди́те пря́мо, потóм напрáво.
- ....!
- Нé за что.

4.

- Ты лю́бишь éздить на метрó?
- Нет, я люблю́ ....
- Кудá ты обы́чно éздишь?
- ....

КУЛЬТУ́РA 시베리아 횡단철도 (Транссиби́рская магистра́ль)

1891년 3월 17일 재정 러시아 황제 알렉산드르 3세가 시베리아 횡단철도의 부설을 칙령으로 공표하면서 철도 건설이 시작되었다. 1903년 첼랴빈스크~블라디보스토크 구간 철도가 완성되었지만, 러시아의 수도 모스크바와 아시아의 극동 항구인 블라디보스토크를 잇는 총 길이 9,288km의 횡단철도가 최종적으로 완공되기까지는 25년(1891~1916)의 긴 시간이 요구되었다. 시베리아 횡단철도 건설이 20세기 초대형 건설 프로젝트라고 불리는 것은 지구 전체 둘레의 4분의 1, 서울-부산 구간의 20배가 되는 긴 철도망을 구축한 역사적 사건이기 때문이다. 시베리아 횡단철도는 출발지인 모스크바 야로슬라블리역에서 열차를 타고 유럽과 아시아의 경계인 우랄산맥과 광활한 시베리아 벌판을 거쳐 아시아에서 가장 넓으며 세계에서 가장 깊은 바이칼 호수를 지나, 바다로의 진출을 꿈꾸던 러시아의 야심이 담긴 극동의 항구도시 블라디보스토크에 도착하는 6박 7일, 총 156시간에 7번이나 바뀌는 시간대를 통과해야 도착하는 긴 여정이다. 이 철도의 등장과 함께 지구의 최대 자원 보고인 시베리아가 개발되기 시작하였다. 현재는 전 구간이 전철화되어 영하 30도를 웃도는 시베리아의 혹한에도 러시아 동부와 서부를 이동하는 여행객들의 유일한 육로 수송망으로서, 운수 산업의 대동맥인 화물 수송 수단으로서 중요한 역할을 담당하고 있다. 주요 정차역으로는 모스크바 – 야로슬라블 – 페름 – 예카테린부르크 – 옴스크 –노보시비르스크 – 크라스노야르스크 – 이르쿠츠크 – 치타 – 하바로프스크 - 블라디보스토크가 있다. 모스크바에서 출발하여 종착역인 블라디보스토크에 도착할 때까지 총 66개의 역에 정차하는데, 그 중 바이칼 호수 주변 노선이 가장 인기가 있다.

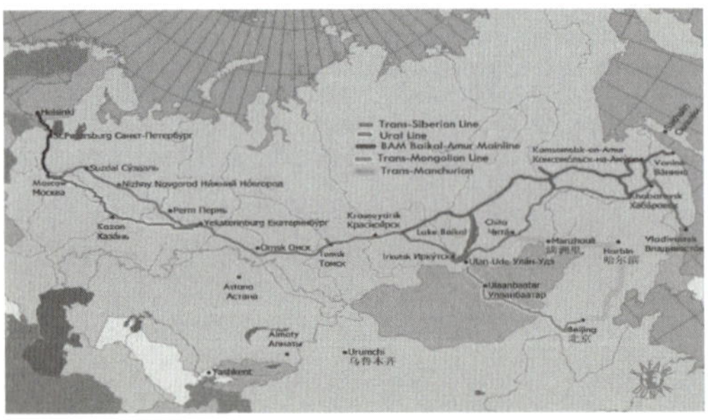

러시아에는 모스크바, 상트 페테르부르크, 노브시비르스크에 철도 박물관이 있는데, 이 중에서 노보시비르스크의 철도 박물관이 가장 크다. TSR(시베리아 횡단철도), TMR(만주 횡단철도), 그리고 TMGR(몽골 횡단철도) 및 투르크-시베리아 철도(중앙아시아의 알마티와 비쉬케크, 타슈켄트 행) 등 주요한 철도가 모두 이곳을 통과해 시베리아 지역 철도의 중심지가 되었기 때문이다. 노보시비르스크 철도 박물관에는 3,000여 평의 공간에 67대의 열차가 진열되어 있을 뿐 아니라 100여 년의 시베리아 횡단철도의 역사를 한 눈에 알아볼 수 있게 차종별, 시기별, 용도별로 정리되어 있다.

시베리아 횡단 열차는 같은 구간이라도 열차의 종류가 많아서, 열차마다 정차역, 정차 시간, 요금 등이 다르다. 또한 각 열차마다 좌석의 종류에 따라 요금이 달라진다. 시베리아 횡단열차의 좌석 종류는 크게 세 가지로 구분할 수 있는데, 2인실 침대칸(люкс), 4인실 침대칸(купе́), 그리고 6인실 개방형 침대칸(плацка́ртный)이 있다. 플라츠카르트느이는 공간을 구분해 주는 벽은 있지만, 문이 없이 개방된 상태로 열차 한 칸 내에 복도처럼 2층 침대가 길게 이어져 있다. 쿠페는 열차 한 칸 내에 4인실 방이 6개 이상 있는 것으로 창문과 테이블을 중심으로 양쪽에 2층으로 침대가 놓여 있다. 륙스는 2인실 침대칸으로 가장 비싸지만 선박의 2인실 방처럼 안락한 편이다.

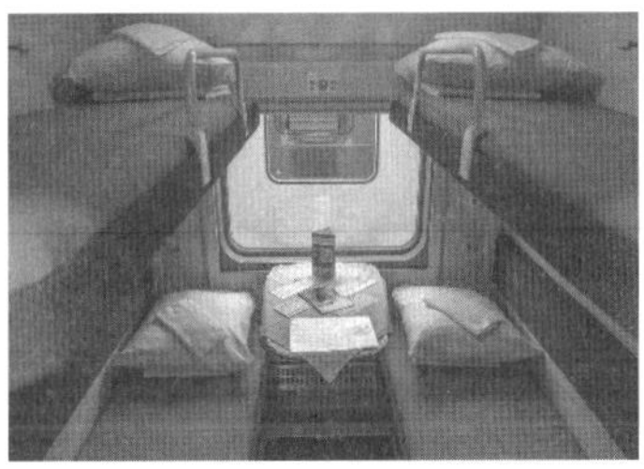

열차표의 예매는 러시아 철도청 사이트(http://pass.rzd.ru/main-pass/public/en)에서 가능하며, 영어 버전도 있어 한국에서도 예매가 가능하다. 온라인의 경우 회원 가입이 필수이며 예약시 여권 번호 등 인적 사항을 모두 입력해야 하며 카드결제만 가능하다.

모스크바-블라디보스토크 (2018년 1월 27일, 2번 열차 기준)

플라츠카르트느이(плацка́ртный, 일반 6인 침대) : 7,563~12,512 루블(약 25만원)

쿠페(купе́, 상급 4인 침대) : 23,046 루블 (약 45만원)

륙스(люкс, 특별 2인 침대) : 52,793 루블 (약 105만원)

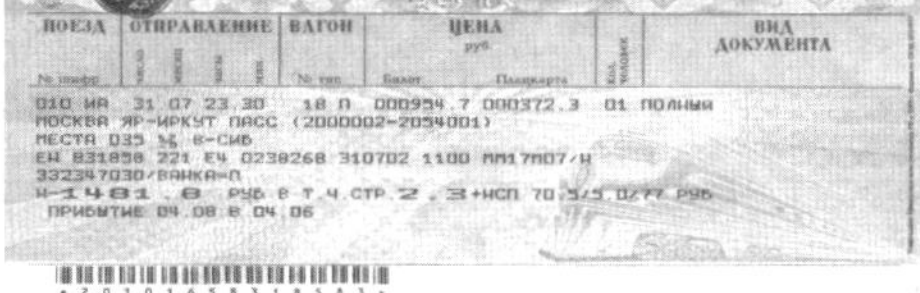

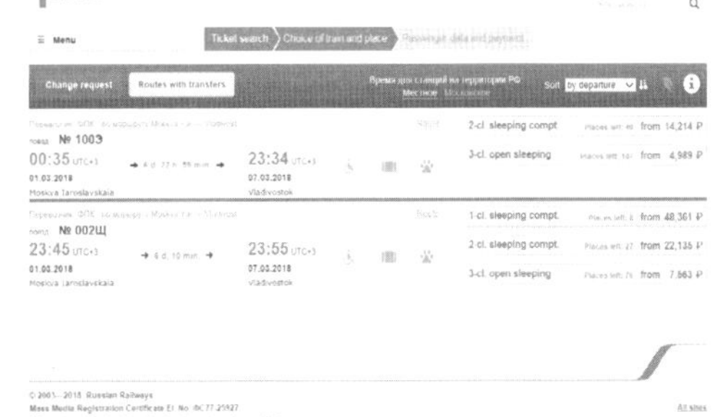

ИНФОРМÁТИКА IT 활용

áдрес сáйта	사이트 주소	пáмять (memory)	메모리
блог (blog)	블로그	панéль инструмéнтов (toolbar)	툴바
брáузер (browser)	브라우저	пáпка (folder)	폴더
вай-фáй (wi-fi)	와이 파이	парóль (password)	패스워드
вéрсия (version)	버전	планшéт (tablet)	태블릿
восстанови́ть (to repair)	복구하기	пóиск (search)	검색, 찾기
встáвка (paste)	붙여 넣기	пóльзователь (user)	사용자
вы́брать (to select)	선택하기	при́нтер (printer)	프린트
грóмкость (volume)	볼륨	сайт (= веб-сáйт, site)	(웹)사이트
дрáйвер (driver)	드라이브	скани́ровать (scan)	스캔
заклáдка (bookmark)	북마크	смартфóн	스마트 폰
зáпись (record)	녹음	собáка @	골뱅이
игрá (game)	게임	сообщéние (эсэмэ́ска, sms)	메시지, 연락
икóнка (icon)	아이콘	сохраня́ть (to keep)	저장하기
инсталля́ция (install)	인스톨	страни́ца (page)	페이지
интернéт (internet)	인터넷	тóчка ру (. ru)	닷
интерфéйс (interface)	인터페이스	удали́ть (to delete)	삭제하다
клавиату́ра (keyboard)	키보드	у́ровень (level)	레벨
кнóпка (button)	버튼	файл (file)	파일
мéссенджер (messenger)	메신저	флéшка (USB)	유에스비
моби́льное приложéние (mobile application)	모바일 어플	формáт (format)	포맷
мышь (mouse)	마우스	фóрум (forum)	포럼
навигáтор (navigator)	네비게이터	чат (chat)	채팅
ноутбу́к (laptop)	노트북	шрифт (font)	폰트
обновлéние (update)	업데이트	экрáн (screen)	모니터 화면
он-лáйн (on-line)	온라인	электрóнная кни́га	전자책
откры́ть (to open)	열기	электрóнная пóчта (= имéйл, e-mail)	이메일 우편
оши́бка (error)	오류	электрóнный áдрес	이메일 주소

Уро́к 24

Мой друг умён и краси́в.

내 친구는 똑똑하고 잘 생겼다.

Как краси́вы э́ти ро́зы!	이 장미들은 얼마나 예쁜가!
Он был краси́в, высо́к и стро́ен.	그는 미남이고 키가 크며 균형 잡힌 몸매였다.
Он, как и ра́ньше, ве́сел.	그는 예전처럼 쾌활하다.

ДИАЛО́Г 대화

1.

- Как вы́глядит э́та де́вушка?
- Она́ высо́кая и стро́йная. У неё краси́вые голубы́е глаза́, све́тлые во́лосы и то́нкие ро́зовые гу́бы.

2.

- Ты зна́ешь Ива́на?
- Да, я хорошо́ его́ зна́ю.
- Како́й он челове́к? Как он вы́глядит?
- Он умён и краси́в.

ТЕКСТ 본문

Я расскажу́ о моём де́душке. Когда́ де́душка был мо́лод, он рабо́тал в шко́ле. Мой де́душка был о́чень краси́в, высо́к и стро́ен. Все шко́льницы о́чень люби́ли его́ больши́е ка́рие глаза́. Ра́ньше во́лосы де́душки бы́ли темны́, как ночь. Сейча́с моему́ де́душке 75 лет. Но он, как и ра́ньше, ве́сел и акти́вен. То́лько его́ во́лосы седы́, как снег.

ВОПРО́СЫ

1. О ком э́тот расска́з? ______________________________
2. Како́й был де́душка ра́ньше? ______________________________
3. Каки́е глаза́ бы́ли у де́душки? ______________________________
4. Каки́е во́лосы бы́ли у него́? ______________________________
5. Како́й де́душка сейча́с? ______________________________

СЛОВА́РЬ　어휘

акти́вен (акти́вный)	'적극적인, 능동적인, 활발한'의 남성 단어미형
ве́сел (весёлый)	'즐거운, 명랑한, 쾌활한'의 남성 단어미형
во́лосы (복)	머리카락, 모발
вы́глядеть(II) (вы́гляжу, вы́глядишь; вы́глядят)	~처럼 보이다, ~모양을 하고 있다
высо́к (высо́кий)	높은
голубо́й (-а́я, -о́е, -ы́е)	푸른, 하늘색의
губа́ (복: гу́бы)	입술
до́брый (-ая, -ое, -ые)	착한, 좋은, 훌륭한
как ...	~처럼, ~와 같이, 어떻게
как и ра́ньше	예전과 같이
ка́рие глаза́	갈색 눈동자
ка́рий (-яя, -ее, -ие)	밤색의, 갈색의
коро́ткий (-ая, -ое, -ие)	짧은, 가까운
краси́в (краси́вый)	'아름다운' 의 남성 단어미형
лёгок (лёгкий)	'쉬운, 가벼운' 의 남성 단어미형
мо́лод (молодо́й)	'젊은' 의 남성 단어미형
прекра́сный (-ая, -ое, -ые)	멋진, 훌륭한, 아름다운
расска́з	이야기, 담화, 단편소설
ро́зовый (-ая, -ое, -ые)	분홍색의, 핑크 빛의, 장미의
седы́ (седо́й)	'백발의, 희끗한' 의 복수 단어미형
стро́ен (стро́йный)	'균형 잡힌' 의 남성 단어미형
темны́ (тёмный)	'어두운, 캄캄한, 짙은' 의 복수 단어미형
улы́бка	미소
умён (у́мный)	'현명한, 영리한, 똑똑한' 의 남성 단어미형
хара́ктер	성격, 특성

ГРАММА́ТИКА 문법

1. 형용사의 단어미형

1) 형용사는 장어미형과 단어미형이 있다. 장어미형은 정어와 술어 두 가지로 사용되지만, 단어미형은 술어로서만 사용된다. 단어미 형용사는 격변화를 하지 않으며, 단수 주격(남, 여, 중성)과 복수 주격이 있을 뿐이다.

장어미형	단어미형
Краси́вая де́вушка. (정어) Де́вушка краси́вая. (술어)	Краси́ва де́вушка. (올바른 표현이 아님!) Де́вушка краси́ва. (술어)

2) 형용사 단어미형은 형용사 장어미 형태에서 남성 어미 -ый, -ой (또는 -ий), 여성에서는 -я, 중성과 복수에서는 -е를 떼어 냄으로써 만들어진다.

	남성	여성	중성	복수
장어미	молодо́й	молода́я	молодо́е	молоды́е
단어미	мо́лод	молода́	мо́лодо	мо́лоды

장어미	си́ний	си́няя	си́нее	си́ние
단어미	синь	синя́	си́не	си́ни

※ 연변화 형용사에서 만들어지는 남성 단어미는 어간에 -ь를 첨가한다.

장어미	хоро́ший	хоро́шая	хоро́шее	хоро́шие
단어미	хоро́ш	хороша́	хорошо́	хороши́

※ 혼합변화 형용사에서 만들어지는 중성 단어미는 -е대신에 -о́로 교체될 때가 있다.

형용사의 어간 끝에 자음이 겹쳐 있을 때, 단어미 남성에서 그 자음 사이에 -е-(-ё-) 또는 -о-를 넣는다.

장어미	남성 단어미	여성 단어미	중성 단어미	복수 단어미
у́мный	умён	умна́	у́мно	умны́
коро́ткий	ко́роток	коротка́	ко́ротко	ко́ротки
дово́льный	дово́лен	дово́льна	дово́льно	дово́льны

※ 장어미 형용사는 변화할 때 역점의 이동이 없지만, 단어미에서는 성과 수에 따라 역점의 변화가 많다는 점에 주의해야 한다.

※ 형용사 어간 끝에 자음이 겹칠 때 마지막 자음이 -к로 끝나면 반드시 -о-를 넣는다.

лёгкий ⇒ лёгк ⇒ лёгок

3) 장어미 형용사가 술어로 사용되었을 때는 명사를 수식·한정하는 성질이 영구성을 갖게 되고, 단어미 형용사는 일시적인 현상을 나타낸다.

Он больнóй. 그는 환자다. (오랫동안 투병중인 상태)
Вчерá он был бóлен. 그는 어제 아팠다. (일시적인 상태)

4) 일부 형용사는 장어미만을 갖는다.
 1) 재료를 나타내는 형용사 ⇒ желéзный 철의, золотóй 황금의
 2) -скийо어미를 가진 국적을 나타내는 형용사 ⇒ рýсский 러시아의, корéйский 한국의
 3) большóй와 мáлсныкий는 단이미를 기지지 않는다. 그 대신에 велúкий와 мáлый의 단어미형을 사용한다.

5) рад, рáда, рáдо, рáды(기쁘다)처럼 단어미만을 갖는 형용사도 있다.

6) 단어미 중성은 부사로도 사용된다.

Он расскáзывает интерéсно. (부사)
그는 재미있게 이야기한다.

Кинó интерéсно. (형용사)
영화는 재미있다.

2. 외모와 성격 묘사

외모와 성격을 묘사하기 위해서는 다음과 같은 문장 형태를 사용한다.

- *Как он вы́глядит?*	그는 어떻게 생겼지?
- Он высóкий (высóк).	그는 키가 크다.
- *Какúе у негó глазá?*	그는 어떤 눈을(눈동자를) 가졌어?
- У негó красúвые голубы́е глазá.	그는 아름다운 푸른 눈을 가졌어.
- *Какóй он человéк?*	그는 어떤 사람이야?
- Он дóбрый человéк./Он дóбрый.	그는 착한 사람이야.

※ 외모와 성격에 관한 어휘

Рост: высóкий, невысóкий, нúзкий	**키**: 큰, 크지 않은, 작은
Фигýра: худóй, стрóйный, пóлный	**외모**: 마른, 균형 집힌, 뚱뚱한
Лицó: красúвый, мúлый, дóбрый	**얼굴**: 잘생긴, 귀여운, 선한
Вóлосы: длúнный, тёмный, седóй	**모발**: 긴, 검은, 흰
Глазá: кáрий, голубóй, большóй	**눈(동자)**: 갈색의, 푸른색의, 큰
Нос: мáленький, прямóй	**코**: 작은, 곧은
Гýбы: рóзовый, тóнкий, пóлный	**입술**: 분홍색의, 얇은, 도톰한
Харáктер: дóбрый, злой, весёлый	**성격**: 착한, 악한, 쾌활한

УПРАЖНЕ́НИЯ 연습문제

1. 형용사 단어미형으로 문장을 완성하세요.

1) Улы́бка Ве́ры ....(прекра́сный).

2) Э́ти кни́ги ....(интере́сный).

3) Э́та де́вушка ....(краси́вый).

4) То пла́тье о́чень ....(ста́рый).

5) Э́та де́вочка ....(здоро́вый).

6) Э́ти зда́ния о́чень ....(высо́кий).

7) Кири́лл о́чень ....(у́мный).

8) Его́ письмо́ бы́ло ....(коро́ткий).

2. 참고 어휘를 사용하여 문장을 완성하세요.

Ни́на – моя́ подру́га. Ни́на .... и ....
У неё .... ка́рие глаза́.
У Ни́ны .... нос и .... ро́зовые гу́бы.
Она́ .... и .... де́вушка.
Ни́не нра́вится .... му́зыка.

Слова́ для спра́вок:

высо́кий, стро́йный, большо́й, ма́ленький,
краси́вый, до́брый, весёлый, популя́рный

3. 질문에 대답하세요.

Мой друг	*Моя́ подру́га*
1) Как вы́глядит ваш друг?	1) Как вы́глядит ва́ша подру́га?
2) Како́й у него́ хара́ктер?	2) Како́й у неё хара́ктер?
3) Ско́лько ему́ лет?	3) Ско́лько ей лет?
4) Что он лю́бит?	4) Что она́ лю́бит?
5) Что ему́ не нра́вится?	5) Что ей не нра́вится?

4. 자신의 생각에 따라 빈칸을 채워 대화를 완성하세요.

1.

- Какúе у неё глазá?
- ....
- Какáя у неё улы́бка?
- ....

2.

- ....
- Глеб – высóкий молодóй человéк.
- ....
- Он óчень дóбрый и весёлый.

3.

- Как вы́глядит вáша подрýга?
- ....
- Какóй онá человéк?
- ....

4.

- Как вы́глядит вáш друг?
- ....
- Какóй у негó харáктер?
- ....

КУЛЬТУ́РА 모스크바(Москва́)

모스크바는 러시아 연방의 수도로서 정치, 경제, 행정, 문화, 교통, 예술의 중심지이다. 모스크바의 면적은 2,561㎢에 이르고 인구는 약 1200만 명(2017년 기준)에 달한다. 모스크바 강 유역에 자리한 도시는 크렘린이 도시의 중앙에 위치하고, 이를 중심으로 환상도로(кольцо́)가 나이테처럼 형성되어 있다. 12세기에 모스크바는 '키예프 루시(Ки́евская Русь)'의 북동부에 위치한 조그만 요새였지만, 12세기 중엽에 주변 지역을 합병하면서 공국으로 성장하였다. 드리트리 돈스코이가 14세기 말에 쿨리코보 전투에서 몽골-타타르족을 격파한 후 모스크바 공국의 위상은 매우 높아졌다. 1480년 이반 3세는 킵차크 한국에게 조공을 중단하고, '타타르의 멍에'라고 불리는 약 240년 간의 몽골-타타르족의 통치를 종식시켰다. 그는 비잔틴 황제의 조카딸 소피아와 결혼한 후 모스크바가 비잔틴 제국의 계승자이자, 그리스 정교의 중심지임을 표방하면서, 자신을 '차르(царь)'라고 칭하고, 비잔틴 제국의 문장인 쌍두 독수리를 러시아 문장으로 채택하였다.

모스크바를 대표하는 상징물은 크렘린(Кремль)이며, 이 단어는 고대 러시아 도시의 요새(кре́пость)를 의미한다. 크렘린 앞에 위치한 '붉은 광장(Кра́сная пло́щадь)'은 역사적으로 중대한 사건들이 일어났던 장소이며, 이 곳에는 모스크바를 대표하는 '성 바실리 사원(Храм Васи́лия Блаже́нного)'이 자리하고 있다. 이 사원은 이반 4세가 카잔 한국과의 전쟁에서의 승리를 기념하기 위해 1560년에 건립한 건축물이다. 크렘린 안에는 '우스펜스키(Успе́нский собо́р)'를 비롯하여 '블라고베쉔스키 사원', '아르한겔스크 사원', '이반 대제의 종루' 등이 있다. 황금색 지붕의 우스펜스키 사원은 역대 러시아 황제의 대관식을 비롯하여 국가의 중요 행사장으로 사용되었다. 1712년 표트르 대제에 의해 러시아의 수도가 상트 페테르부르크로 옮긴 뒤에도 황제의 대관식은 이 곳에서 거행되었다.

모스크바에는 세계적으로 유명한 볼쇼이 극장(Большóй теáтр)을 비롯하여 170여 개의 극장이 있다. 볼쇼이 극장에서는 러시아의 유명한 작곡가 및 음악가들이 창작한 오페라와 발레가 상연되고 있으며, 이 극장에 속한 볼쇼이 발레단과 교향악단은 세계적인 명성을 자랑한다. 트레차코프 미술관은 19C 공업 투자가인 트레차코프 가문의 두 형제인 파벨과 세르게이가 수집한 귀중한 작품들을 모스크바 시에 헌정함으로써 1892년 모스크바시에 속한 정식 미술관으로 개관하였다. 여기에는 15세기 정교회 이콘화부터 고전주의, 낭만주의, 사실주의, 아방가르드와 사회주의 리얼리즘 작품 등을 포함한 300년 이상의 러시아 회화의 역사를 반영한 약 10만점의 작품이 구관과 신관에 나뉘어 전시되고 있다. 구관에는 주로 고대 이콘화부터 19세기까지 활동한 유명한 러시아 화가들의 작품이 전시되고, 신관에는 20C 이후 활동한 화가들의 작품이 전시되고 있다. 또한 모스크바에는 1755년에 설립되어 현재 약 38,000명이 공부하는 모스크바 국립대학교(МГУ)가 있으며, 세계 최대 규모의 장서가 비치된 러시아 국립 도서관이 자리하고 있다.

모스크바에는 행선지의 지명을 딴 기차역이 9개가 있는데, 각 역의 이름이 도착지의 이름을 명시하기 때문에 여행자도 이용하기 편하다. 이를테면 모스크바에서 상트 페테르부르크로 가는 열차는 레닌그라드 역(Ленингрáдский вокзáл)에서 출발하고, 키예프 역에서는 키예프로 가는 기차가 출발한다. 반대로 상트 페테르부르크에서 모스크바로 갈 경우 모스크바 역(Москóвский вокзáл)에서 원하는 시간대에 기차를 타면 된다. 이 노선을 운항하는 초고속열차 삽산(Сапсáн)이 2009년에 개통되었고, 2011년 10월부터 논스톱 운항이 실시되어 평균 시속 200Km의 속도로 약 4시간 정도가 걸린다. 또한 모스크바의 야로슬라블리역은 시베리아 횡단철도 열차의 출발점이자 종착점이다.

모스크바에는 6개의 공항이 있는데 그 중 가장 큰 것이 쉐르메티예보(Шереме́тьево) 공항이다. 도모제도보(Домоде́дово), 브누코보(Вну́ково), 주콥스키(Жукóвский), 아스타피예보(Астáфьево), 치칼로프스키(Чкáяловский) 공항을 이용해서 러시아 전역과 전 세계로 여행할 수 있다.

1935년부터 건립된 지하철(метрó)은 모스크바의 주요 대중 교통수단으로 현재 13개 노선 총 길이 346km에 이르고 206개의 역이 있다. 지하철 역의 명칭은 «Маякóвская(마야코프스카야)»등과 같이 역사적 인물이나, «Парк Культýры(문화공원)», «Театрáльная(극장가)»처럼 그 지역의 특징을 살려서 부르고 있으며, 화려한 그림과 장식으로 각각의 역의 특색을 보여줌으로써 관광 명소가 되고 있다.

모스크바는 1991년 소 연방의 해체 이후에 새로이 들어선 러시아 연방의 수도로서 지위를 공고히 하면서 러시아 내에서 가장 큰 도시이자, 세계에서 4번째로 큰 도시에 걸맞게 발전을 거듭하고 있다.

Уро́к 25

Быстре́е! Вы́ше! Сильне́е!

더 빠르게! 더 높게! 더 강하게!

FASTER
HIGHER
STRONGER

Ма́льчик бежи́т быстре́е, чем де́вочка.	소년은 소녀보다 더 빨리 달린다.
На ско́лько Оле́г ста́рше тебя́?	올렉은 너보다 몇 살 더 많니?
Он ста́рше меня́ на 2 го́да.	그는 나보다 두 살 더 많다.

ДИАЛÓГ 대화

1.

- Э́то твой брат?
- Да, это мой стáрший брат Олéг.
- На скóлько он стáрше тебя́?
- Олéг стáрше меня́ на 2 гóда.

2.

- Вы бы́ли в Москвé зимóй?
- Да, я éздил тудá в январé.
- Какáя былá погóда?
- Зимóй в Россúи холоднéе, чем в Корée.

ТЕКСТ 본문

Алексéй – мой сáмый хорóший друг. Мы дрýжим с дéтства и давнó соревнýемся: кто быстрée, вы́ше и сильнée. Нáша жизнь – э́то олимпиáда. Лéтом мы бéгаем, éздим на велосипéдах. Óсенью мы хóдим в гóры. Зимóй катáемся на лы́жах. Веснóй мы плáваем в бассéйне. Мы бóльше всегó лю́бим спорт.

ВОПРÓСЫ

1. Кто э́то Алексéй? ______________________
2. Что онú дéлают лéтом? ______________________
3. Чем онú занимáются óсенью? ______________________
4. Что им нрáвится дéлать зимóй? ______________________
5. Что онú лю́бят дéлать веснóй? ______________________

СЛОВА́РЬ 어휘

бо́лее	보다 더, 보다 많이
бо́льше всего́	무엇보다도
вели́кий (-ая, -ое, -ие)	위대한, 웅대한, 큰
вку́сный (-ая, -ое, -ые)	맛있는, 맛 좋은, 구수한
гро́мко	크게, 큰소리로
давно́	오래 전에, 오랫동안, 오래
дру́жить(II)	사귀다, 친하게 되다, 사이가 좋다
Евро́па	유럽
ещё	또, 다시, 한번 더, 더욱, 아직(껏)
жизнь (여)	삶, 인생
изуча́ть(I)	배우다, 공부하다
ката́ться на лы́жах	스키를 타다
кро́ткий (-ая, -ое, -ие)	상냥한, 얌전한, 온순한
лу́чше всего́	무엇보다도
ме́нее	보다 덜, 보다 적게
молодо́й (-а́я, -о́е, -ы́е)	어린, 젊은
моро́женое	아이스크림
о́зеро	호수
олимпиа́да	올림픽
река́	강
с де́тства	어릴 때부터
са́мый (-ая, -ое, -ые)	가장
серьёзный (-ая, -ое, -ые)	진지한, 진실한, 심각한
си́льный (-ая, -ое, -ые)	힘 센, 강한, 심한
соревнова́ться(I) (соревну́-юсь, -ешься; -ются)	겨루다, 경쟁하다, 다투다
ста́рый (-ая, -ое, -ые)	늙은, 낡은, 오래된
тигр	호랑이
торт	케이크
тру́дный (-ая, -ое, -ые)	곤란한, 어려운, 힘든
у́зкий (-ая, -ое, -ие)	좁은

ГРАММА́ТИКА 문법

1. 형용사와 부사의 비교급 형성

형용사 및 형용사에서 파생된 부사(-o 또는 -e로 끝나는 것)의 비교급은 크게 두 가지 형태로 만들 수 있다.

합성식 비교급			단일식 비교급		
бо́лее (ме́нее) + 형용사, 부사			형용사, 부사 어간 + ее		
Э́то	бо́лее ме́нее	краси́вый го́род.	Э́тот го́род	краси́вее	того́.
		краси́вая река́.	Э́та река́		той.
		краси́вое мо́ре.	Э́то мо́ре		того́.
		краси́вые де́ти.	Э́ти де́ти		тех.

1) 합성식 비교급

형용사 및 부사 앞에 бо́лее(보다 더, 보다 많이) 또는 ме́нее(보다 덜, 보다 적게)를 붙인다. 합성식 비교급에서 비교를 표현하는데 사용되는 형용사와 명사는 성·수·격이 항상 일치하기 때문에 문장에서의 쓰임에 따라 변화하지만, бо́лее와 ме́нее는 변화하지 않는다.

2) 단일식 비교급

합성식 비교급의 형용사는 명사의 성·수·격에 상응하게 변화하지만, 단일식 비교급의 어미는 변화하지 않는다. 단일식 비교급의 강세 위치는 단어미형 여성과 동일하다. 단일식 비교급은 여섯 가지 형태로 이루어져 있다.

a) 어간에 접미사 -ee(-ей)를 붙이는 것

краси́вый краси́во	아름다운 아름답게	краси́вее (краси́вей)	보다 아름다운 보다 아름답게
но́вый но́во	새로운 새롭게	нове́е (нове́й)	보다 새로운 보다 새롭게
све́тлый светло́	밝은 밝게	светле́е (светле́й)	보다 밝은 보다 밝게

b) 어간에 접미사 -е를 붙이는 것

어간이 -г, -к, -х 또는 -д, -т, -ст 로 끝나면 -е를 붙인다. 이때 어간 마지막 자음은 대응하는 상악음(ж, ч, ш, щ)로 교체된다.

богáтый	т → ч	богáче	보다 부유한
грóмкий	к → ч	грóмче	보다 큰 소리로
дорогóй	г → ж	дорóже	보다 비싼
молодóй	д → ж	молóже	보다 젊은
плóский	ск → щ	плóще	보다 편평한
тúхий	х → ш	тúше	보다 조용한
чáстный	ст → щ	чáще	보다 자주
чúстый	ст → щ	чúще	보다 깨끗한

c) 형용사의 어간이 -к또는 -ок로 끝나는 일부 형용사는 단일식 비교급을 형성할 때 이들 어미를 상실하고 대응하는 상악음(ж, ч, ш, щ)으로 교체되는 경우가 있다.

блúзкий	блúже	보다 가까운
высóкий	вы́ше	보다 높은
корóткий	корóче	보다 짧은
лёгкий	лéгче	보다 쉬운
ýзкий	ýже	보다 좁은

d) 몇몇 형용사와 부사는 특수한 형태로 단일식 비교급을 만든다.

стáрый	стáрше	보다 늙은
пóздний	пóзже	보다 늦은
плохóй	хýже	보다 나쁜
хорóший	лýчше	보다 좋은
большóй мнóго	бóльше	보다 큰 보다 많게
мáленький мáлый мáло	мéньше	보다 작은 보다 적은 보다 적게

e) 몇몇 형용사는 두 개의 단일식 비교급 형태를 갖는 것이 있다.

большóй	бóльше / бóлее	보다 큰
далёкий	дáльше / дáлее	보다 먼
дóлгий	дóльше / дóлее	보다 긴(기간)
мáленький	мéньше / мéнее	보다 작은
пóздний	пóзже / позднéе	보다 늦은

f) 일부 형용사는 -ший로 끝나는 단일식 장어미형 비교급을 갖는 것이 있다. 문장에서 이들 형용사는 정어적 비교급이므로 관계하는 명사와 항상 성·수·격이 일치해야 한다. 이러한 형용사는 많이 사용되지 않으며, 특수한 상황이나 상태를 비교하여 설명하는 경우에 한해서 사용된다.

большóй	бóльший	더 큰(많은)
мáленький	мéньший	더 작은(적은)
молодóй	млáдший	더 젊은
стáрый	стáрший	더 늙은
хорóший	лýчший	더 좋은
плохóй	хýдший	더 나쁜

2. 두 대상의 비교

1) 비교 대상이 있는 경우
- ▶ 비교급 + 비교 대상의 생격
- ▶ 비교급 + **형용사** + чем + 비교 대상**(비교 대상과 동일한 격 형태)**

Áнна краси́вее Мáши. 안나는 마샤보다 아름답다.

Áнна бóлее краси́вая, чем Мáша.

Сестрá серьёзнее брáта. 누이는 형제보다 더 진지하다.

Сестрá бóлее серьёзная, чем брат.

Тигр бóльше и сильнéе, чем кóшка. 호랑이는 고양이보다 더 크고 더 강하다.

※ 두 개의 대상이나 인물의 비교에 따른 차이를 알고 싶을 때는 «на скóлько +형용사/부사 비교급»의 문장 형태로 질문을 한다.

- *На скóлько* брат *молóже/стáрше* сестры́?	형은 누나보다 몇 살 더 어리냐(/많으냐)?
- Брат *стáрше/молóже, чем* сестрá, *на 1 год (на 2 гóда, на 5 лет).*	형은 누나보다 한 살(두 살, 다섯 살) 더 많다(어리다).

3. 형용사의 최상급 형성

형용사의 최상급에도 합성식과 단일식의 두 가지 형태가 있다.

합성식 최상급	단일식 최상급
са́мый(-ая, -ое, -ые) + 형용사	형용사 어간 + -ейший, -айший

А́нна - са́мая краси́вая де́вушка. 안나는 가장 아름다운 아가씨이다.
Ро́за - са́мый краси́вый цвето́к. 장미는 가장 아름다운 꽃이다.
Ро́за - краси́вейший цвето́к. 장미는 가장 아름다운 꽃이다.
Сеу́л - са́мый большо́й го́род в Коре́е. 서울은 한국에서 가장 큰 도시이다.
Во́лга - са́мая дли́нная река́ в Евро́пе. 볼가는 유럽에서 가장 긴 강이다.
Байка́л - са́мое чи́стое о́зеро в ми́ре. 바이칼은 세계에서 가장 깨끗한 호수이다.
Достое́вский и Толсто́й - велича́йшие ру́сские писа́тели.
도스토예프스키와 톨스토이는 가장 위대한 러시아 작가들이다.

1) 합성식 최상급

a) 합성식 최상급은 원급 형용사 앞에 са́мый(가장)를 붙인다. 이때 는 성·수·격이 뒤에 오는 형용사와 일치해야 한다.

b) -ший형 비교급 앞에 са́мый를 붙인다. 그러나 이 -ший형 비교급은 са́мый가 없어도 최상급으로 사용되는 경우가 있다.

са́мый большо́й	가장 큰	са́мый ху́дший	가장 나쁜
са́мый ма́ленький	가장 작은	са́мый ста́рый	가장 늙은
са́мый хоро́ший	가장 좋은	са́мый мла́дший	가장 젊은

Ива́н - ста́рший студе́нт на ку́рсе. = Ива́н - са́мый ста́рший студе́нт на ку́рсе.

2) 단일식 최상급

a) 형용사 어간에 -ейший를 붙인다. 어간 끝의 자음이 교체되어 상악음(ж, ч, ш, щ)이 될 때에는 -айший를 붙인다. 강세의 위치는 단일식 비교급과 같다.

-ейший	интере́сный	интере́снейший	가장 재미있는
	краси́вый	краси́вейший	가장 아름다운
	но́вый	нове́йший	가장 새로운
	си́льный	сильне́йший	가장 강한
-айший	вели́кий	велича́йший	가장 위대한
	высо́кий	высоча́йший	가장 높은
	дорого́й	дража́йший	가장 귀중한
	кро́ткий	кротча́йший	가장 상냥한
	ти́хий	тиша́йший	가장 조용한

b) 단일식 장어미형 비교급 또는 최상급 앞에 접두사 **наи**-를 붙여서 더욱 강한 최상급의 의미를 부여하는 경우가 있다.

наибóльший	가장 큰	**наи**лýчший	가장 좋은
наимéньший	가장 작은	**наи**хýдший	가장 나쁜

c) 단일식 비교급 뒤에 всё, все의 생격인 всегó, всех를 붙여서 최상급을 만들 수도 있다.

Я бóльше всегó люблю́ игрáть в тéннис. 나는 무엇보다 테니스 치는 것을 좋아한다.

Я бóльше всех люблю́ игрáть в тéннис. 나는 다른 누구보다도 테니스를 잘 친다.

(лýчше всех = Я бóльше, чем все други́е лю́ди, люблю́ игрáть в тéннис.)

Я лýчше всегó игрáю в шáхматы. 나는 무엇보다도 체스 두는 것을 좋아한다.

Я лýчше всех игрáю в шáхматы. 나는 다른 누구보다도 체스를 더 잘 둔다.

(лýчше всех = Я лýчше, чем все други́е лю́ди, игрáю в шáхматы.)

УПРАЖНЕ́НИЯ 연습문제

1. 문장을 완성하세요.

1) Ни́на *краси́вая*, а Све́та ещё ....

2) Михаи́л *у́мный*, а Серге́й ещё ....

3) Анто́н *высо́кий*, а Ива́н ещё ....

4) Э́та же́нщина *молода́я*, а та же́нщина ещё ....

5) Э́та су́мка *дорога́я*, а та су́мка ещё ....

6) Э́ти брю́ки *у́зкие*, а те брю́ки ещё ....

7) Минсу́ *хорошо́* говори́т по-ру́сски, а Юми́ говори́т ещё ....

8) Он говори́т *гро́мко*, а она́ говори́т ещё ....

2. 예시에 따라 질문에 대답해 보세요.

Моде́ль: - Глеб моло́же, чем *Ви́ка*?
- Да, Глеб моло́же *Ви́ки*.

1) Па́па ста́рше, чем *ма́ма*?
2) Такси́ доро́же, чем *авто́бус*?
3) Брат чита́ет ме́ньше, чем *сестра́*?
4) Са́ша поёт лу́чше, чем *Андре́й*?
5) Моро́женое вкусне́е, чем *торт*?
6) Ма́льчик бежи́т быстре́е, чем *де́вочка*?
7) Ру́сский язы́к трудне́е, чем *англи́йский*?
8) Фильм интере́снее, чем *вы́ставка*?

3. 자신의 생각에 따라 빈칸을 채워 대화를 완성하세요.

1.

- Э́то твоя́ .... сестра́?
- Да, э́то Мари́на.
- На ско́лько она́ ...., чем ты?
- Мари́на .... меня́ на ....

2.

- Ты изуча́ешь .... язы́к?
- Нет, я изуча́ю .... и .... языки́.
- .... язы́к тру́дный?
- Нет, ... язы́к трудне́е, чем ....

3.

- Кто са́мый бы́стрый в ми́ре?
- ....
- Кто са́мый си́льный?
- ....

4.

- Санкт-Петербу́рг – *большо́й* го́род?
- Да, но Москва́ .... Петербу́рга.
- Санкт-Петербу́рг – *ста́рый* го́род?
- Нет, Москва́ ...., чем Петербу́рг.

КУЛЬТУ́РА 하바로프스크(Хаба́ровск)

하바로프스크는 러시아연방 극동지방의 최대 도시 중의 하나이다. 17세기 중반 바이칼(Байка́л)호수까지 진출한 러시아인들은 동쪽에 무엇이 있는지 알지 못했는데, 1649년 카자크(каза́к)기병대장이었던 하바로프(Е. Хаба́ров, 1603~1671)는 원주민 에벤키로부터 동쪽으로 더 가면 '검은 용'이라고 불리는 강이 있고 황금과 곡식이 풍부하다는 말을 전해 듣고 동쪽으로 계속 진출하였다. 하바로프의 성을 따서 이 도시는 하바로프스크로 명명되었다. 이 도시는 1905년 시베리아 횡단철도의 부설과 함께 급속히 발전하였다. 1858년에 군사전초기지로 세워졌으며, 오늘날 러시아 극동지방의 문화·산업·상업의 중심지로 자리하고 있다. 교통의 요충지로 시베리아 횡단철도가 정차하며, 아무르 강 수운의 중심을 이루는 하항(河港)이 있다. 극동지역의 교육 중심도시로 태평양 국립대학교, 농업대학, 의과대학, 철도 교통 대학, 경제대학 등이 있으며 여러 개의 과학연구소가 있다.

가혹한 대륙성 기후로 1월 평균기온이 영하 22.3℃이다. 그러나 지하자원이 풍부하여 금, 망간, 마그네슘, 납, 철, 석탄 생산량이 극동지방 총 생산량의 7%에 달하며 산림(49억㎥) 자원도 풍부하다.

인천공항에서 비행기로 약 2시간 30분 거리에 있는 하바로프스크는 러시아연방 하바로프스크주(Хаба́ровский край)의 행정·산업·교통의 중심지이자 러시아 극동지방의 최대 도시 가운데 하나이며, '시베리아 하늘의 관문'이라고도 불린다. 우수리(Уссу́ри)강과 아무르(Аму́р)강의 합류지점에 있으며, 아무르 강이 도시를 관통하고 있다. '추운 동토의 시베리아'라는 이미지를 씻어버릴 만큼 고풍스런 건물들이 아무르 강을 바라보며 줄지어 있고, 많은 공원과 강변을 따라 산책하기 좋은 오솔길, 극동의 역사를 간직한 시내 등이 관광객들의 눈길을 사로잡는다.

ИНФОРМА́ТИКА IT 활용

http://www.ruscorpora.ru

1. 러시아가 운영하는 러시아어 말뭉치 (corpus) 검색 사이트의 초기화면이다. 문학 작품, 신문, 잡지 등의 많은 문서들 속에 포함된 단어, 어구의 쓰임을 알 수 있다.

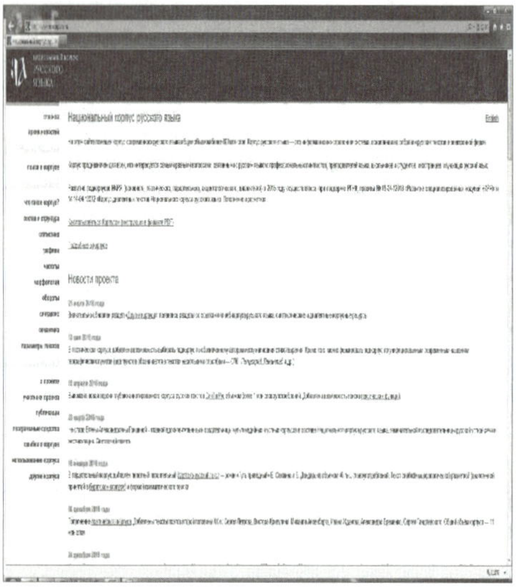

2. 초기화면 왼쪽의 찾기(по́иск в ко́рпусе)를 누르면 검색창이 나온다. 원하는 단어 또는 어구를 입력하고 바로 아래에 있는 찾기(иска́ть) 버튼을 누른다.

3. 방학(кани́кулы)이라는 단어를 검색했다. 찾은 문서의 숫자가 나온다. 각 문서의 출처가 명시되며 이 단어가 문장들 속에서 어떻게 쓰이고 있는지 확인할 수 있다.

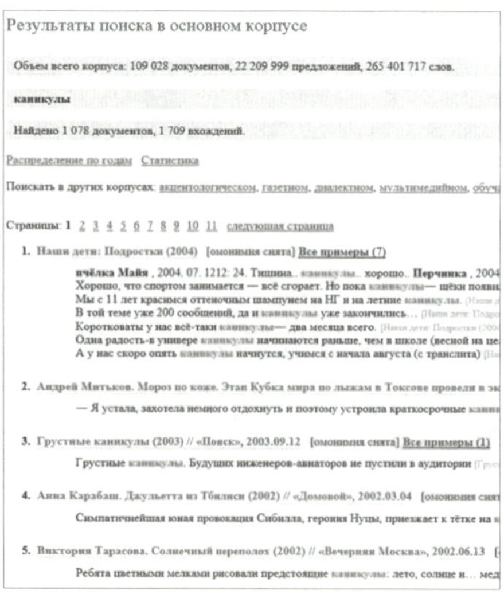

4. ‘без ума́ от’라는 표현을 검색했다. ‘~에 반하다’라는 이 표현에서 от 이하에 나오는 단어들의 쓰임을 알 수 있다. 작문 시 문법적 오류를 검사하는데도 활용된다.

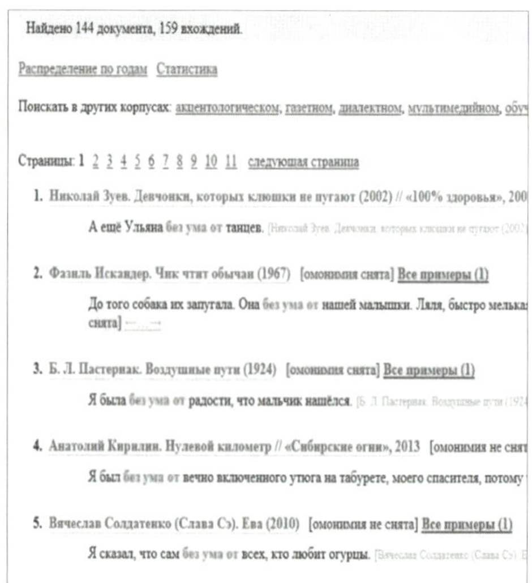

Уро́к 26

Сего́дня пе́рвое января́.

С Но́вым го́дом!

오늘은 1일 1일이다. 새해 복 많이 받으세요!

Поздравля́ю вас с пра́здником!	경축일을 축하합니다!
За́втра бу́дет пе́рвое ма́рта.	내일은 3월 1일이다.
Но́вый год отмеча́ют пе́рвого января́.	새해는 1월 1일에 기념한다.

ДИАЛО́Г 대화

1\. 

- Когда́ он роди́лся?
- В 2000 (двухты́сячном) году́.
- В како́м ме́сяце он роди́лся?
- Он роди́лся в сентябре́.

2\. 

- Поздравля́ю вас с пра́здником!
- Я то́же поздравля́ю вас.
- Жела́ю вам сча́стья и уда́чи!
- Я жела́ю вам здоро́вья и успе́хов!

ТЕКСТ 본문

В Росси́и отмеча́ют таки́е пра́здники: Но́вый год (1 января́), Рождество́ (7 января́), День защи́тника Оте́чества (мужско́й день) (23 февраля́), Же́нский день (8 ма́рта), День весны́ и труда́ (1 ма́я), День Побе́ды (9 ма́я), День Росси́и (12 ию́ня) и День наро́дного еди́нства (4 ноября́). В Росси́и есть тради́ция – провожа́ть зи́му и встреча́ть весну́. Э́то вре́мя называ́ется Ма́сленица. В э́тот день ру́сские пеку́т блины́. В ма́рте 2002 го́да в Москве́ пригото́вили о́чень большо́й блин – 150 m^2 (квадра́тных ме́тров). Москвичи́ испо́льзовали мно́го проду́ктов: 2500 яи́ц, 150 килогра́ммов муки́, 300 ли́тров молока́, 60 килогра́ммов са́хара, 1,5 (полтора́) килогра́мма со́ли.

ВОПРО́СЫ

1. Каки́е пра́здники есть в Росси́и? ____________________
2. Когда́ отмеча́ют Но́вый год? ____________________
3. Когда́ отмеча́ют Рождество́? ____________________
4. Когда́ отмеча́ют Мужско́й день? ____________________
5. Когда́ отмеча́ют Же́нский день? ____________________

СЛОВА́РЬ 어휘

девянóсто	90
девятьсóт	900
День весны́ и труда́	봄과 노동의 날
День защи́тника Оте́чества	조국 수호자의 날
День нарóдного еди́нства	민족 통합의 날
День Побе́ды	승전기념일
День Росси́и	러시아의 날
Же́нский день	여성의 날
килогра́мм	킬로그램
ли́тр	리터
Ма́сленица	마슬레니차
молокó	우유
москви́ч	모스크바 사람
мука́	밀가루
называ́ться(I)	~라고 불리다
Нóвый год	새해, 신년
отмеча́ть(I)	기념하다
печь (пеку́, печёшь; пеку́т)	굽다, 지지다
поздравля́ть(I)	축하하다
полтора́	1.5, 한 개 반
пра́здник	경축일, 휴일, 공휴일
приготóвить(II)	미리 준비하다, 마련하다, 채비하다
равнó	같다, ~이다, 마찬가지로, 동일하게
равня́ться(I)	동일하다 ~와 같다, ~와 일치하다
роди́ться(II) (рож-у́сь, род-и́шься; -я́тся)	태어나다, 출생하다
Рождествó	성탄절, 크리스마스
са́хар	설탕
соль (여)	소금
сча́стье	행운, 행복, 요행
тради́ция	전통
ты́сяча	1000
уда́ча (복: уда́чи)	성공, 만사형통, 행운
успе́х	성공, 성취, 성과, 진척
яйцó	계란, 알

ГРАММА́ТИКА 문법

1. 순서수사의 형성과 용법

순서수사는 개수사 어간에 형용사 장어미형 어미(-ый(-ой), -ая, -ое, -ые)를 붙여서 만들어지며 형용사처럼 변화한다.

пять	пя́тый, -ая, -ое, -ые	다섯 번째의
шесть	шесто́й, -а́я, -о́е, -ы́е	여섯 번째의

1) 50부터 복합어를 이루고 있는 순서수사는 앞부분의 수사가 단수 생격이 된다. (단 제 90의 (девяно́стый)는 예외이다.)

제 50의	пятидеся́тый	제 300의	трёхсотый

2) 몇몇 순서수사는 개수사의 어간과 다르거나 혹은 변형된 어간의 형태를 보여준다.

1	оди́н	пе́рвый	2	два	второ́й
4	четы́ре	четвёртый	7	семь	седьмо́й
8	во́семь	восьмо́й	100	сто	со́тый

2. 분수와 수학 연산 읽기

분수를 읽는 방법은 분자를 개수사로 읽고, 분모는 순서수사로 읽는다. 이때 분모는 여성명사인 '부분(часть)'의 정어로 형용사의 역할을 하게 된다. 따라서 분자가 1일 때는 단수 주격, 분자가 2이상일 때는 복수 생격의 형태를 취한다. часть는 보통 생략한다.

$^1/_2$ полови́на 또는 одна́ втора́я (часть)

$^1/_3$ (одна́) треть 또는 одна́ тре́тья (часть)

$^2/_3$ две тре́ти 또는 две тре́тьих (ча́сти)

$^1/_4$ (одна́) че́тверть 또는 одна́ четвёртая (часть)

$^1/_5$ одна́ пя́тая (часть) $^3/_5$ три пя́тых (ча́сти) $^5/_8$ пять восьмы́х (ча́сти)

5 + 6 = 11	Пять плюс шесть равня́ется (равнó) оди́ннадцати.
10 – 8 = 2	Дéсять ми́нус вóсемь равня́ется (равнó) двум.
7 × 3 = 21	Семь помнóженное на три равня́ется двадцати́ одномý.
10 ÷ 2 = 5	Дéсять разделённое на два равня́ется пяти́.

1) полови́на, треть, чéтверть는 각각 여성명사처럼 변화한다.

2) 주격 이외의 격들에서는 분모는 часть와 일치한다. 분자가 2이상일 경우 나머지 격들에서 분모의 순서수사는 복수형태의 격변화를 한다. 예를 들면, 분수 $^{3}/_{5}$의 격변화를 살펴보자.

주격 три пя́тых　　생격 трёх пя́тых　　여격 трём пя́тым

대격 три пя́тых　　조격 тремя́ пя́тыми　　전치격 трёх пя́тых

Я прочитáл óколо трёх пя́тых (частéй) э́того ромáна.

나는 이 소설의 약 3/5를 읽었다.

3. 날짜 표현

1) '몇 월 몇 일(«числó + мéсяц (일 + 월)»)'과 같이 날짜를 표현하는 경우, '몇 일'은 순서수사 단수의 중성 주격 형태로 나타내고, '몇 월'은 해당하는 달의 생격 형태로 표현한다.

- *Какóе* сегóдня *числó*? 　오늘 몇 일이지?
- Сегóдня *пéрвое января́*. 　오늘은 1월 1일이야.
- Сегóдня *1 (пéрвое) января́ 2018 (две ты́сячи восемнáдцатого) гóда*. 　오늘은 2018년 1월 1일이다.

2) 년도를 묻는 '지금은 몇 년인가?'라는 물음에 답을 할 때는 год를 사용한다.

- *Какóй* сейчáс *год?* 　지금은 몇 년인가?
- Сейчас 2018 *(две ты́сячи восемнáдцатый) год*. 　지금은 2018년이다.
- Сейчас 2000 *(двухты́сячный) год*. 　지금은 2000년이다.
- Сейчас 1999 *(ты́сяча девятьсóт девянóсто девя́тый) год*. 　지금은 1999년이다.

3) '언제 태어났는가?(когдá?)'라는 물음에 답을 할 때는 «순서수사 생격 + 달의 명칭 생격»의 형태로 대답한다.

- *Когдá вы родили́сь?*	당신은 언제 태어났습니까?
- Я роди́лся *пéрвого мáя*.	나는 5월1일에 태어났습니다.
- *В 2018 (две ты́сячи восемнáдцатом) годý.*	2018년에요.
- *В мáрте 2018 (две ты́сячи восемнáдцатого) гóда.*	2018년 3월에요.
- Пя́того мáрта ты́сяча девятьсóт девянóсто девя́того гóда.	1999년3월 5일에요.

4. 동사 ПОЗДРАВЛЯ́ТЬ/ПОЗДРА́ВИТЬ

러시아인들은 다른 사람을 축하해야 할 경우, 다음과 같은 형태로 축하의 말을 전한다:
поздравля́ть + когó (대격) + с чем (조격) (~날에 ...를 축하하다)

поздравля́ть/ поздрáвить	когó? (대격)	с чем? (조격)	
Я поздравля́ю	тебя́/вас	с Нóв**ым** гóд**ом**.	나는 새해에 너를(/당신을) 축하해.
Он поздравля́ет	её/егó	с дн**ём** рождéния.	그는 생일날 그녀(/그)를 축하한다.
Они́ поздравля́ют	сестр**ý**/брáт**а**	с Рождеств**óм**.	그들은 성탄절에 누나(/형)를 축하한다.
Мы поздрáвили	нáш**их** друз**éй**	с прáздник**ом**.	우리는 축일에 친구들을 축하한다.
Мы поздрáвим	нáш**у** мат**ь**	с жéнск**им** дн**ём**.	우리는 여성의 날에 엄마를 축하한다.

5. 동사 ЖЕЛА́ТЬ/ПОЖЕЛА́ТЬ

경축일에 다른 사람을 축하하면서, 기원을 표현하는 것은 다음과 같은 형식을 취한다: желáть + комý (여격) + чегó (생격) (~에게 ... 을 기원하다)

желáть/ пожелáть	комý (여격)	чегó (생격)	
Я желáю	тебé/вам	счáсть**я**.	나는 너(/당신)의 행운을 빌게.
Он желáет	ей/емý	здорóвь**я**.	그는 그녀(/그)의 건강을 기원한다.
Они́ желáют	сестр**é**/брáт**у**	удáч**и** и успéх**ов**.	그들은 누나(/형)의 성공과 성취를 기원하고 있다.
Они́ пожелáли	мáтер**и**	вс**его́** хорóш**его**	그들은 어머니의 만수무강을 기원하고 있다.

УПРАЖНÉНИЯ 연습문제

1. 예시에 따라 대화를 완성하세요.

Модéль: 1, апрéль — - Какóе сегóдня числó?
- Сегóдня *пéрвое апрéля.*

1) 15, ноя́брь..
2) 10, феврáль...
3) 23, май...
4) 2, ию́ль...
5) 20, áвгуст...
6) 5, январь...
7) 8, март..
8) 12, ию́нь..
9) 26, декáбрь..
10) 4, октя́брь..
11) 18, апрéль...
12) 27, сентя́брь...

Июль

пн		2	9	16	23	30
вт		3	10	17	24	31
ср		4	11	18	25	
чт		5	12	19	26	
пт		6	13	20	27	
сб		7	14	21	28	
вс	1	8	15	22	29	

Октябрь

пн	1	8	15	22	29
вт	2	9	16	23	30
ср	3	10	17	24	31
чт	4	11	18	25	
пт	5	12	19	26	
сб	6	13	20	27	
вс	7	14	21	28	

2. 예시에 따라 대화를 완성하세요.

Модéль: — - Что ты дéлал *три́дцать пéрвого декабря́*?
- *В суббóту* я был дóма, читáл кни́гу.

Январь

Пн	Вт	Ср	Чт	Пт	Сб	Вс
						01
02	03	04	05	06	07	08
09	10	11	12	13	14	15
16	17	18	19	20	21	22
23	24	25	26	27	28	29
30	31					

1) 1, январь

2) 6, январь

3) 10, январь

4) 14, январь

5) 25, январь

3. 자신의 생각에 따라 빈칸을 채워 대화를 완성하세요.

1.

- Когдá у тебя́ день рождéния?
- ....
- Поздравля́ю тебя́ с днём рождéния!
- ....

2.

- Когдá отмечáют Нóвый год?
- ....
- Что лю́ди дéлают ....?
- ....

3.

- Поздравля́ю вас ....!
- Спаси́бо.
- Желáю вам ....!
- Я тóже желáю вам ....!

4.

- Какóе сегóдня числó?
- ....
- Когдá у вас бу́дет экзáмен?
- ....

КУЛЬТУ́РА 러시아 스포츠

러시아에서 인기 스포츠는 축구(футбóл), 아이스하키(хоккéй), 테니스(тéннис), 리듬체조(гимнáстика), 피겨 스케이트(фигу́рное катáние), 배구(волейбóл), 농구(баскетбóл) 등이 있다. 또한 러시아 전통 무예인 '삼보(сáмбо)'는 호신용 무술로서 인기가 있다. 삼보는 러시아의 민속 레슬링과 유도를 혼합하여 만들었다. 삼보는 '무기가 없는 자기방어(САМозащи́та Без Ору́жия)'라는 문구의 머리글자를 딴 약자이다. 러시아의 세계적인 이종격투기 선수였던 표도르는 삼보 선수 출신이다.

► 아이스하키

러시아의 대중적인 스포츠 중 하나는 아이스하키이다. 러시아의 아이스하키 팀은 오랜 역사와 전통을 지니고 있으며, 세계 최강의 수준을 자랑한다. 2007년도에 세계 랭킹 1위를 차지하기도 했으며, 현재 미국 프로 아이스하키 리그(NHL)에서 활동하고 있는 선수가 40명이 넘는다. 대륙 하키 리그(Континентáльная Хоккéйная Ли́га -영문 KHL)는 총 8개국 27팀이 참가하고 있다. KHL의 팀들은 동부 컨퍼런스팀들과 서부 컨퍼런스팀들로 나뉘어 경기를 치르는데, 이유는 러시아의 거대한 영토 때문이다. 서부 컨퍼런스에는 유명한 도시인 상트 페테르부르크를 연고로 한 SKA 상트 페테르부르크와 모스크바에 연고를 둔 디나모, CSKA, 스파르타크 모스크바, HC 소치, 로코모티프 야로슬라블 등의 팀들이 속해 있고, 동부 컨퍼런스 에는 아크 바르스 카잔, 압토모빌리스트 예카테린부르크, 아드미랄 블라디보스톡, 아무르 하바롭스크, HC 돈바스 등이 속해 있다. 한 시즌에 각 팀마다 56경기를 하고, 각 컨퍼런스의 상위 8개 팀이 모여 플레이오프를 치른 후, 최종 우승팀은 우승컵인 '가가린 컵'을 차지할 수 있다.

대륙 하키 리그 우승컵 '가가린 컵'

대륙 하키 리그 로고

하키 경기장 응원 모습

▶ 축구

축구는 러시아 국민들이 가장 관심을 가지고 응원하는 스포츠 중 하나이다. 세계적으로 유명한 선수로는 레프 야신, 안드레이 아르샤빈, 알란 자고예프, 이고르 아킨페프 등의 선수들을 꼽을 수 있으며, 특히 아르샤빈은 영국 프리미어 리그 소속 아스날에서 활동하면서 유럽 국가대표 대항전인 유로 2008에서 러시아를 8강으로 이끌었고, 그 결과 '러시아의 작은 황제'라고 불리면서 국민들로부터 사랑 받는 축구선수가 되었다.

러시아 프리미어 리그 로고

스파르타크 모스크바 우승 세레모니

안드레이 아르샤빈

러시아 국가대표팀의 경기 장면

러시아 축구리그는 총 4부 리그로 구성되어 있는데, 프리미어 리그(16팀), 국가 리그(18팀), 프로 리그 (76팀), 3부 리그로 구분된다. 최상급인 프리미어 리그는 '러시아 프리미어 리그(Росси́йская Футбо́льная Премьер-ли́га)'라 불린다. 이 리그는 1992년 '탑 리그' 라는 이름으로 창설되어, 98년 '퍼스트 디비전'으로 명칭을 변경하였고, 2002년부터 '프리미어 리그' 라는 이름으로 불리게 되었다. 러시아 리그의 최다 우승팀은 10회나 우승을 거머쥔 스파르타크 모스크바이다. 소련 해체 이후 다른 공화국의 팀들이 리그를 떠나면서, 러시아 연방에 속한 클럽으로 한정하는 자국 리그를 창설하여 운영하게 되었다. 러시아 하키 리그와는 달리 동·서 컨퍼런스팀으로 나누지 않고 운영하기 때문에 극동 지역에 속해 있는 팀들의 원정 경기에는 비행기로 10시간 정도의 이동 시간이 필요하다. 시즌 종료 시점을 기준으로 각 리그 하위 팀과 하위 리그 상위 팀을 맞바꾸는 제도인 '승강제'를 실시하고 있다.

러시아 프리미어 리그에서 가장 인기 있는 축구팀으로는 스파르타크(Спартáк), 제니트(Зенúт), 로코모티프(Локомотúв), 쩨에스카(ЦСКА) 디나모(Динáмо) 등을 꼽을 수 있다. 쩨에스카 팀의 창설 100년이 넘었으며, 다른 팀들도 또한 90년 이상의 역사를 자랑한다. 모스크바 한 도시에만 디나모 모스크바, CSKA 모스크바, 스파르타크 모스크바 세 팀이 속해 있으며, CSKA와 스파르타크는 정부와 노동자들을 각각 대표하는 클럽으로서 서로 라이벌 관계를 유지하고 있다. 제니트 상트 페테르부르크 팀은 비(非)모스크바 지역을 대표하여 모스크바 팀들과 라이벌 관계를 형성하고 있다.

또한 러시아에서는 FIFA 월드컵 21번째 대회가 2018년 6월 14일에서 7월 15일까지 11개 도시 12개 경기장에서 열린다. 2018년 FIFA 월드컵 대회의 공식 마스코트는 늑대 "지비바가(забивáка: 러시아어로 '득점자'를 의미)이다. 세계에서 가장 큰 나라인 러시아는 선수들이 광대한 영토를 이동하는데 시간을 최소화하기 위해서 개최 도시를 모두 유럽 러시아 및 바로 근접한 외곽도시로 선정했다. 즉 니즈니 노브고로드, 로스토프 나 도누, 모스크바, 볼고그라드, 사란스크, 사마라, 상트 페테르부르크, 소치, 예카테린부르크, 카잔, 칼리닌그라드 등의 11개 도시이다.

2018 FIFA 월드컵 개최 도시 및 경기장 이름		
도시	경기장	수용인원
모스크바	루즈니키 스타디움	81,000명
모스크바	옷크리티예 아레나(스파르타크 스타디움)	45,360명
상트페테르부르크	크레스톱스키 스타디움(상트페테르부르크 스타디움)	68,134명
칼리닌그라드	칼리닌그라드 경기장	35,212명
니즈니 노브고로드	니즈니 노브고로드 스타디움	44,899명
볼고그라드	볼고그라드 아레나	45,568명
예카테린부르크	중앙 경기장(예카테린부르크 아레나)	35.696명
소치	피시트 올림픽 스타디움(피시트 스타디움)	47,659명
로스토프 나 도누	로스토프 아레나	45,000명
사란스크	몰도비아 아레나	44,442명
사마라	코스모스 아레나(사마라 아레나)	44,918명
카잔	카잔 아레나	45,379명

본선에 참가한 32개국은 4팀씩 묶여 8개조로 16강에 진출할 조별리그전을 치른다. 2017년 12월 1일에 조추첨을 통해서 독일, 스웨덴, 멕시코와 함께 F조에 속한 우리나라는 32강 예선을 니즈니 노브고로드, 로스토브 나 도누, 카잔 경기장에서 할 예정이다. 아래 사진은 월드컵 우승컵 형태와 공식 마스코트 그리고 월드컵 경기가 진행되는 주요 경기장의 모습이다.

모스크바 루즈니키 경기장

상트 페테르부르크 크레스톱스키 경기장

예카테린부르크 중앙 경기장

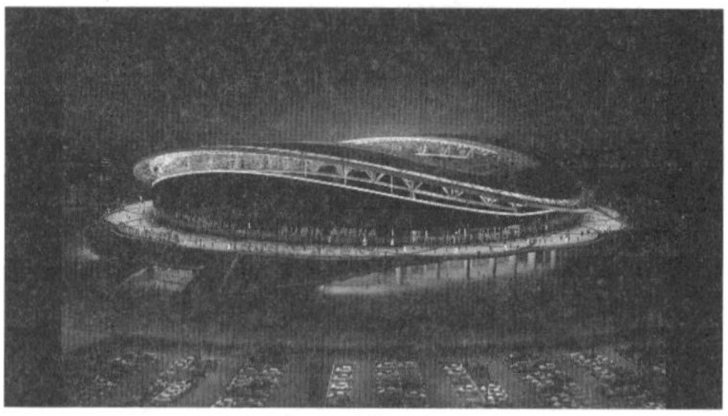
카잔 루빈 경기장

Уро́к 27

Как до́лго вы бы́ли там?

당신은 얼마나 오랫동안 거기에 있었습니까?

По́езд отпра́вился в полови́не восьмо́го. 기차는 7시 반에 출발한다.

Че́рез 2 часа́ 30 мину́т мы бы́ли на ме́сте. 2시간 30분 후 우리는 그 자리에 있었다.

С десяти́ до полови́ны пе́рвого мы гуля́ли по го́роду. 10시부터 12시 반까지 우리는 도시를 돌아 다녔다.

ДИАЛÓГ 대화

1. - В котóром часý ты лёг спать вчерá?
   - Я лёг без десяти́ двенáдцать.
   - Когдá ты встал сегóдня ýтром?
   - Я встал в восьмóм часý.
   - Когдá у тебя́ экзáмен?
   - Пóсле двух часóв дня.

2. - Когдá начинáется лéкция?
   - В полови́не деся́того.
   - Когдá кончáется лéкция?
   - Óколо двенáдцати.
   - Как дóлго у вас переры́в?
   - Примéрно минýт 15.

ТЕКСТ 본문

Кáждый год мы с друзья́ми éздим в путешéствие. Иногдá мы отправля́емся в гóры, иногдá на мóре, иногдá за грани́цу. В прóшлую суббóту мы éздили на мóре. Óколо семи́ часóв утрá мы встрéтились на вокзáле. Наш пóезд отпрáвился в полови́не восьмóго. Чéрез два часá три́дцать минýт мы бы́ли на мéсте. С десяти́ до полови́ны пéрвого мы гуля́ли по гóроду. Мы бы́ли в музéях и пáрках. Без пятнáдцати час мы пришли́ в кафé. Там мы хорошó пообéдали. Пóсле двух часóв бы́ло заселéние в гости́ницу. В три часá мы приéхали к гости́нице. Онá былá óколо мóря. Вид из кóмнаты был прекрáсный. До пóздней нóчи мы гуля́ли óколо мóря. В воскресéнье ýтром мы позáвтракали и поéхали на вокзáл. Путешéствие кончáлось, но мы бы́ли óчень довóльны, потомý что ва дня вéсело провели́ на мóре.

ВОПРÓСЫ

1. Кудá éздят друзья́ кáждый год? ________________
2. Кудá они́ éздили в э́тот раз? ________________
3. Когдá и что они́ дéлали в суббóту? ________________
4. Как дóлго они́ бы́ли на мóре? ________________
5. Почемý они́ бы́ли довóльны? ________________

СЛОВА́РЬ 어휘

бы́ть на ме́сте	자리에 있다
в э́тот раз	이번에
ве́село	즐겁게, 유쾌하게, 즐겁다
вид из ко́мнаты	방으로부터의 풍경
возвраща́ться(I)	돌아오다
встре́титься(II)	만나다
вы́ставка	전시회
городско́й (-ая, -ое, -ие)	도시의, 시립의
гости́ница	호텔
до по́здней но́чи	늦은 밤까지
дово́льны (дово́леный)	'만족스러운, 만족한'의 복수형 단어미
за грани́цу	해외로, 국외로
заселе́ние в гости́ницу	호텔 체크인, 호텔 투숙
кита́йский (-ая, -ое, -ие)	중국의, 중국인의
ле́кция	강의, 수업
ложи́ться(II)	눕다, 잠자리에 들다
отпра́виться(II)	가다, 떠나다, 향하다
отправля́ться(I)	가다, 떠나다, 향하다
полови́на	반, 절반
последний (-яя, -ее, -ие)	최근의, 마지막의
приме́рно	약, 대략
провести́(I) (провед-у́, -едёшь; -ду́т)	(시긴을) 보내다, 통과하다
путеше́ствие	여행
центра́льный (-ая, -ое, -ые)	중앙의, 중심의

ГРАММА́ТИКА 문법

1. 시간에 관한 표현

시간을 나타낼 때 у́тро, день, ве́чер, ночь 는 시간 뒤에서 단수 생격의 형태로 사용된다.

주격	생격	의미
у́тро	утра́	오전(06:00~12:00) : 아침부터 정오(по́лдень)까지
день	дня	오후(12:00~18:00) : 정오부터 어둡기 전까지
ве́чер	ве́чера	저녁(18:00~24:00) : 어두워질 때부터 자정(по́лночь)까지
ночь	но́чи	밤(24:00~06:00) : 자정부터 새벽까지

밤 1시 → час но́чи
낮 3시 → 3 часа́ дня
아침 6시 → 6 часо́в утра́
저녁 7시 → 7 часо́в ве́чера

1) '~시에' 라는 시간표현을 나타낼 때는 'в + 대격'을 사용한다.

- В кото́ром часу́ она́ легла́ спать вчера́? - Она́ легла́ спать в 11 часо́в ве́чера.	그녀는 어제 몇 시에 잤습니까? 그녀는 밤 11시에 잤습니다.
- В кото́ром часу́ она́ встаёт? - Она́ встаёт в 6 часо́в утра́.	그녀는 몇 시에 일어납니까? 아침 6시에 일어납니다.
- В кото́ром часу́ вы начина́ете рабо́тать? - Я начина́ю рабо́тать в 2 часа́ дня.	당신은 몇 시에 일을 시작합니까? 오후 2시에 일을 시작합니다.

2)'~분 전'을 표현할 때는 'без + 생격'을 사용한다.

1시 5분전 → без пяти́ (мину́т) час
3시 10분전 → без десяти́ (мину́т) три
5시 15분전 → без пятнадцати́ (мину́т) пять

3) '분(시) 후'를 표현할 때는 'че́рез + 대격'을 사용한다.

- Когда́ он бу́дет до́ма? 그는 언제 집에 옵니까?
- Он бу́дет до́ма че́рез два часа́. 2시간 후에 옵니다.

2. 순서수사를 사용한 시간표현

시간은 개수사를 사용하여 표현할 수 있을 뿐 아니라 순서수사를 사용해서 표현하기도 한다. 순서수사로 시간을 말할 때는 다음과 같은 규칙을 따르며 시각은 생격을 사용한다.

12시~1시 사이인 경우 : пе́рвый час
1시~2시 사이인 경우 : второ́й час
2시~3시 사이인 경우 : тре́тий час
3시~4시 사이인 경우 : четвёртый час
10시~11시 사이인 경우 : одинна́дцатый час
11시~12시 사이인 경우 : двена́дцатый час

3. 시간의 표시

1) 시간을 말할 때는 개수사와 순서수사를 사용할 수 있다.

a) 개수사

(оди́н) час	1시	два часа́	2시
четы́ре часа́	4시	ро́вно де́сять часо́в	정각 10시
без пяти́ (мину́т) семь	7시 15분전	три часа́ с полови́ной	3시 반
без че́тверти во́семь	8시 15분전	без че́тверти два (часа́)	1시 45분

b) 순서수사

пе́рвый час	제1시(12시부터 1시사이)
второ́й час	제2시(1시부터 2시사이)
тре́тий час	제3시(2시부터 3시사이)
двена́дцатый час	제12시(11시부터 12시 사이)
че́тверть тре́тьего (часа́)	2시 15분
полови́на деся́того (часа́)	9시 30분
со́рок одна́ мину́та оди́ннадцатого	10시 41분

※ 30분과 15분은 각각 полови́на와 че́тверть(1/4)를 사용하기도 한다.

c) 시간을 말할 때 사용하는 전치사

без (+생격)	без пяти́ семь	7시 5분전
в(+대격)	в два часа́ четы́ре мину́ты	2시 4분에
в(+전치격)	в тре́тьем часу́	제 3시에
на(+대격)	Она́ опозда́ла на деся́ть мину́т.	그녀는 10분 늦었다.
че́рез(+대격)	че́рез час	한 시간 후
по́сле(+생격)	по́сле двух часо́в	두 시 지나서
с(+생격) до(+생격)	с семи́ до девяти́	7시부터 9시까지
о́коло(+생격)	о́коло пяти́ часо́в	약 5시에
за(+대격) до(+생격)	за два часа́ до нача́ла уро́ка	수업 시작되기 2시간 전에

4. «Как до́лго?»와 «Когда́?»의 쓰임의 비교

어떤 행위가 얼마나 지속되었는지 알기 위해서 의문사 Как до́лго?를 사용하여 묻고, 그 행위가 언제 수행되는 지를 알고자 할 때는 의문사 Когда́?(언제?)를 사용한다. 또한 시간을 묻는 표현은 Кото́рый час?와 Ско́лько сейча́с вре́мени?가 있다.

Как до́лго?	얼마나 오랫동안?
до́лго/недо́лго це́лый (весь) день, ме́сяц це́лую (всю) ночь, суббо́ту це́лое (всё) у́тро, воскресе́нье с 5 (пяти́) часо́в до 7(семи́) часо́в	오래/잠시 온(하루)종일, 한달 내내 밤새도록, 토요일 내내 아침 내내, 일요일 내내 5시부터 7시까지

Когда́? (언제?)	Кото́рый час? (몇 시?)
- *Когда́* ты идёшь в парк? - Я иду́ в парк ... ***в** 1 час 5 мину́т* 1시 5분에 ***в** 2 часа́ 10 мину́т* 2시 10분에 ***в** 5 часо́в 30 мину́т* 5시 30분에	- *Кото́рый* сейча́с *час*? - Сейча́с ... *1 час 5 мину́т* 1시 5분 *2 часа́ 10 мину́т* 2시 10분 *5 часо́в 30 мину́т* 5시 30분

УПРАЖНÉНИЯ 연습문제

1. 예시와 같이 자신의 하루 일과를 작성하고, 서로 질문과 대답을 해 보세요.

Модéль:

시간	일과	시간	일과
в 7:00	Я встаю́.	в 5:45	Я иду́ в библиоте́ку.
в 8:20	Я за́втракаю.	в 7:00	Я возвраща́юсь домо́й.
в 8:50	Я иду́ в университе́т пешко́м.	в 7:30	Я у́жинаю.
в 9:30	Начина́ется пе́рвый уро́к.	в 8:30	Я смотрю́ телеви́зор.
в 12:30	Я обе́даю.	в 9:30	Я сижу́ в интерне́те.
в 1:30	Начина́ется пя́тый уро́к.	в 10:35	Я де́лаю дома́шнее зада́ние.
в 5:30	Конча́ется после́дний уро́к.	в 12:00	Я ложу́сь спать.

1) Когда́ ты встаёшь?

2) В кото́ром часу́ ты идёшь в университе́т?

3) Когда́ начина́ется пе́рвый уро́к?

4) В кото́ром часу́ ты идёшь в библиоте́ку?

5) Когда́ ты у́жинаешь?

6) Что ты де́лаешь по́сле у́жина?

7) Когда́ ты сиди́шь в интерне́те?

8) В кото́ром часу́ ты ложи́шься спать?

9) Как до́лго ты занима́ешься в библиоте́ке?

10) Как до́лго ты де́лаешь дома́шнее зада́ние?

2. 빈칸에 들어갈 말을 러시아어로 쓰고 말해 보세요.

- Скóлько сейчáс врéмени?	
- Котóрый час? - ________________________________.	
- Скóлько врéмени? - ________________________________.	
- Скóлько сейчáс врéмени? - ________________________________.	
- Котóрый час? - ________________________________.	
- Скóлько врéмени? - ________________________________.	
- Котóрый час? - ________________________________.	

3. 참고 어휘를 활용하여 예시에 따라 대화를 완성하세요.

Модéль: - Кудá вы идёте *в 9 часóв в понедéльник?*
- Я идý *в городскóй музéй.*

Словá для спрáвок:

1) нáша столóвая, 1:00, втóрник	4) центрáльный парк, 4:05, воскресéнье
2) хорóший концéрт, 8:15, средá	5) интерéсная вы́ставка, 3:10, суббóта
3) нóвая пóчта, 6:00, пя́тница	6) китáйский ресторáн, 7:30, четвéрг

ИНФОРМÁТИКA IT 활용

https://kr.rbth.com/

우리말로 제공되는 러시아뉴스 전문 웹사이트다. 러시아 정치, 경제, 사회, 문화, 교육, 과학, 여행 등에 대한 다양한 정보를 러시아 기사의 우리말 번역을 통해 접할 수 있다. 러시아 현지 사정을 이해하는데 도움이 되는 흥미로운 뉴스를 우리말로 쉽게 접하는 것은 러시아어 학습을 위해서도 유익한 경험이다. 과거에 이 사이트는 러시아 포커스라는 명칭을 지니고 있었으나 지금은 러시아 비욘드(Russia Beyond)로 이름이 바뀌었다.

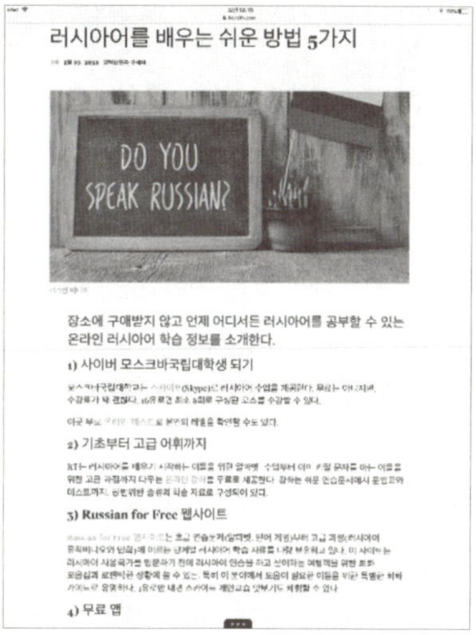

첫 페이지에는 한국인 또는 외국인들의 주목을 끌만한 가장 알려진 기사들을 배치해 놓았다. 우측 그림은 제일 첫 번째 기사를 선택한 것이다. 한편 오른쪽 위에 있는 돋보기 아이콘을 눌러 원하는 기사를 검색할 수도 있고, 그 옆에 있는 가로 3줄 모양의 아이콘을 눌러서 주제별로 기사를 한눈에 보이게 선택할 수도 있다(아래에 있는 검은색 화면).

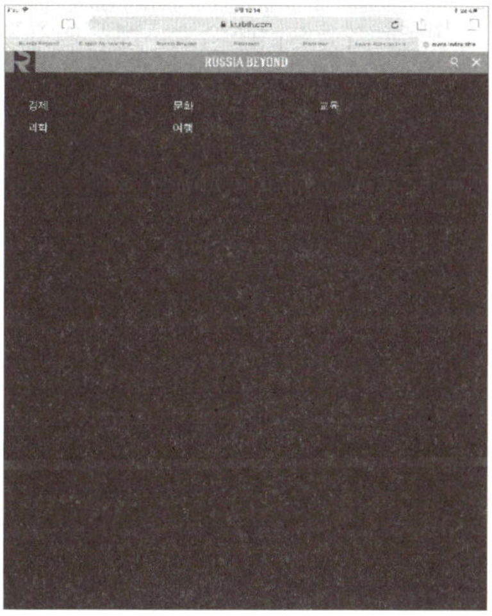

5개의 메뉴 가운데 교육을 선택하면 나타나는 다양한 교육 관련 기사들이다. 그림 사전이나 러시아어 테스트 등과 같이 학습에 도움이 되는 콘텐츠가 많이 있으니 러시아어 공부에 적극적으로 활용해 보자.

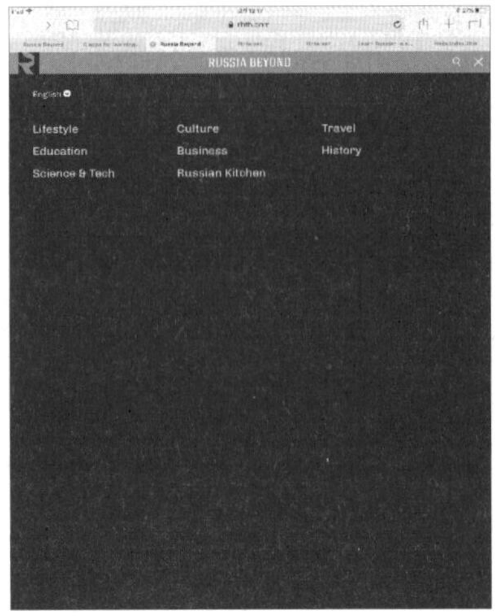

왼쪽 그림은 러시아 비욘드의 영어로 된 정식 홈페이지이다. 한국어 홈페이지보다 더 많은 기사들이 실려 있다. 주제별 바로 가기 메뉴를 열어 보면 한국어판보다 훨씬 더 많은, 모두 8개의 항목이 준비되어 있다.

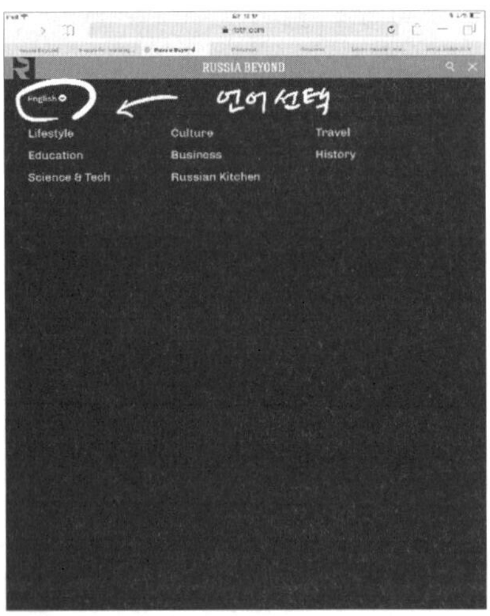

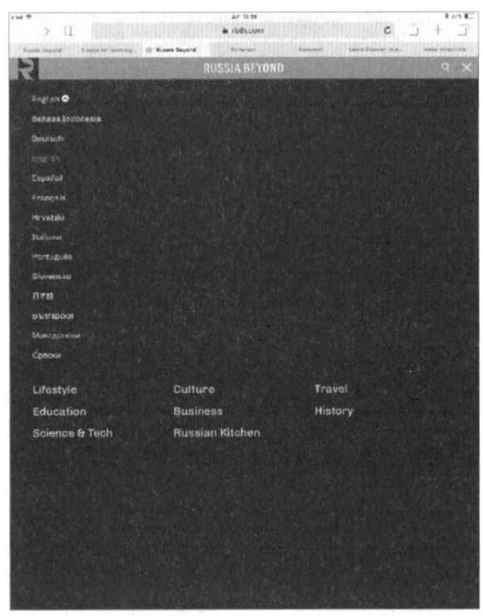

또한 여기에는 다양한 외국어로 러시아 관련 뉴스를 제공하는 러시아 비욘드를 편리하게 읽기 위해 자신이 원하는 언어를 선택할 수 있는 메뉴가 제공되고 있다. 안타깝게도 이곳에는 한국어를 선택할 수 있는 메뉴가 없다. 바로 한국어 사이트로 이동하기를 원한다면 영어 정식 홈페이지 주소 https://www.rbth.com에서 www 대신에 kr을 입력하자.

영어나 한국어로 읽은 마음에 드는 기사가 있으면 구글이나 러시아 검색 사이트 얀덱스 등에서 해당 러시아어 기사를 찾아 원어로 읽어 보자. 찾는 연습 자체도 러시아어 공부에 많은 도움이 될 것이다.

Уро́к 28

Мой друг гуля́л по у́лицам го́рода.

내 친구는 도시의 거리를 따라 산책했다.

О́коло университе́та есть кафе́.	대학교 근처에 카페가 있다.
Спра́ва от магази́на есть по́чта.	상점 오른쪽에 우체국이 있다.
Остано́вка нахо́дится напро́тив ба́нка.	정류장은 은행 맞은편에 있다.

ДИАЛÓГ 대화

1. - Как доéхать до вокзáла?
   - Поезжáйте на автóбусе №5.
   - Где остановка пятого автóбуса?
   - Остановка находится напрóтив бáнка.

2. - Скажи́те, пожáлуйста, где нахóдится пóчта?
   - Иди́те пря́мо до магази́на. Пóчта ря́дом с ним.
   - Большóе спаси́бо.

ТЕКСТ 본문

Мой друг éздил в Москвý на стажирóвку. Когдá он вернýлся из Росси́и в Корéю, он рассказáл мне мнóго о Москвé. Он чáсто гуля́л по москóвским ýлицам. Емý осóбенно понрáвилась Манéжная плóщадь. Онá нахóдится в цéнтре Москвы́, ря́дом с Крáсной плóщадью. На Манéжной плóщади нахóдится бóльшой торгóвый кóмплекс «Охóтный ряд». Он располагáется под землёй. Там внизý есть магази́ны, ресторáны, кафé. Наверхý – скамéйки и краси́вые фонтáны. Тут мóжно гуля́ть, фотографи́ровать. Слéва от Манéжной плóщади нахóдится Истори́ческий музéй. Спрáва от плóщади – стáрое здáние Москóвского университéта и гости́ница «Национáль». Недалекó от Манéжной плóщади нахóдится Росси́йская Госудáрственная библиотéка. Э́та библиотéка сáмая большáя в Росси́и. Мéжду Манéжной плóщадью и Крáсной нахóдится Алексáндровский сад. Там всегдá мнóго тури́стов. Я тóже óчень хочý поéхать в Росси́ю и посмотрéть на всё свои́ми глазáми.

ВОПРÓСЫ

1. О чём расскáзывает друг? ______________________
2. Где нахóдится Манéжная плóщадь? ______________________
3. Что располагáется на плóщади? ______________________
4. Где библиотéка и музéй? ______________________
5. Где Алексáндровский сад? ______________________

СЛОВА́РЬ 어휘

больни́ца	병원
верну́ться(I) (верн-у́сь, -ёшься, -у́тся)	돌아오다
внизу́	아래에, 아래쪽에
госуда́рственный (-ая, -ое, -ые)	국가의, 국립의
дива́н	소파
дое́хать(I) (дое́д-у, -дшь; -ут)	~에 이르다, 도착하다
кре́сло	안락의자, 팔걸이 의자
наверху́	위에, 위쪽에서
напро́тив	맞은편에, 반대편에
находи́ться(II)	~에 있다, 존재하다, 위치하다
осо́бенно	특히
остано́вка	(버스)정류장, 정류소
под землёй	지하에, 땅 밑에
располага́ться(I)	자리를 잡다, 배치되다
расска́зывать(I)	이야기하다, 말하다
самолёт	비행기
скаме́йка	벤치, 걸상
спра́ва	오른쪽에
стажиро́вка	연수(기간), 견습, 실습(생)
торго́вый ко́мплекс	쇼핑 센터, 상업 지역
ту́мбочка	경탁, 서랍장, 침대 옆 작은 서랍
тури́ст	여행객, 관광객
фонта́н	분수
фотографи́ровать(I)	사진을 찍다
фотогра́фия	사진
царь (남)	왕, 황제, 차르
ша́пка	털모자

ГРАММÁТИКА 문법

1. 전치사의 정리

전치사는 주격을 제외한 모든 격을 지배한다. 대부분의 전치사는 하나의 격만을 지배하지만, 어떤 전치사는 2~3개의 격을 지배하기도 한다.

1) 생격(когó-чегó) 지배 전치사

без (безо)	~없이	без словаря́	без кни́ги
вмéсто	~대신에	вмéсто брáта	вмéсто сестры́
внутри́	~의 내부에/~안에	внутри́ вокзáла	внутри́ магази́на
вне	~의 외부에/~밖에	вне страны́	вне гóрода
вокрýг	~의 주위에	вокрýг столá	вокрýг дóма
для	~을(를) 위해서	для мáмы	для отцá
до	~까지/~전에	до вéчера	до вокзáла
из(о)+지역/재료	~의 내부에서/~을 재료로	из Корéи	из дéрева
крóме	~이외에	крóме дрýга	крóме подрýги
óколо	~가까이/약(시간)	óколо дивáна	óколо трёх часóв
от	~로부터	от бéрега	от пáпы
пóсле	~후에/다음에	пóсле урóка	пóсле вас
(на)прóтив	반대편/맞은 편에	(на)прóтив шкáфа	(на)прóтив шкóлы
с(со)	~로부터	с 9 часóв	со стадиóна

Óколо университéта есть кафé.

Спрáва от магази́на есть пóчта.

Напрóтив пáрка нахóдится шкóла.

Вчерá я был *у* дрýга *до* 8 часóв.

Брат купи́л цветы́ *для* мáмы.

Пóсле лéкции я пошёл домóй.

2) 여격(комý-чемý) 지배 전치사

к (ко)	~쪽으로/~경에	к 3(трём) часáм	к óзеру	к врачý
по	~을(를) 따라/~마다 /~를 통해서	по ýлице	по магази́нам	по телефóну

Мы говори́ли *по* телефóну.

Сестрá лю́бит ходи́ть *по* магази́нам.

По пя́тницам я хожý тудá.

Я ходи́л *к* бáбушке.

3) 대격(кого́-что) 지배 전치사

в	~안으로/~에	в университе́т	в Росси́ю
за	~뒤로/~전에	за 2 часа́	(поста́вить) за шкаф
на	~위로/예정으로	на заво́д	на 2 года
про	~에 대하여	про семью́	про друзе́й
че́рез	~을(를) 지나서/건너서	че́рез час	че́рез доро́гу

Он идёт *в* библиоте́ку.

Он поста́вил зонт *за* дверь.

Я прочита́л книгу *за* час.

Она́ мно́го говори́т *про* друзе́й.

4) 조격(кем-чем) 지배 전치사

за	~뒤에/부르러/가지러	за столо́м	за врачо́м
ме́жду	~사이에	ме́жду столо́м и шка́фом	ме́жду студе́нтами
над (о)	~위에	над столо́м	над голово́й
пе́ред (о)	~앞에	пе́ред до́мом	пе́ред уро́ком
под (о)	~밑에/아래에	под крова́тью	под де́ревом
ря́дом с	~와 함께	ря́дом с по́чтой	ря́дом с метро́
с (со)	~와 함께/같이	с дру́гом	с са́харом

Шкаф стои́т *ря́дом с* дива́ном.

Пе́ред дива́ном лежи́т ковёр

Над столо́м виси́т ла́мпа.

За две́рью виси́т пальто́.

Под кре́слом лежи́т мяч.

Ме́жду ту́мбочкой и шка́фом стои́т дива́н.

5) 전치격(ком-чём) 지배 전치사

в (во)	~안에/에	в университе́те	в Коре́е
на	~위에/에	на рабо́те	на авто́бусе
о (об, обо)	~대하여/관하여	о бра́те	об уро́ке
при	~시대에/면전에/부속하여	при царе́	при университе́те

Я живу́ *в* Коре́е.

Мы ча́сто ду́маем *о* семье́.

Оте́ц рабо́тает *на* заво́де.

При университе́те есть больни́ца.

УПРАЖНЕ́НИЯ 연습문제

1. 괄호 안의 단어를 격변화시켜 문장을 완성하세요.

1) Вчера́ ве́чером мы ходи́ли в (рестора́н) ....

2) Никола́й рабо́тает на (заво́д) ....

3) Че́рез (час) .... бу́дет уро́к ру́сского языка́.

4) О́коло (по́чта) .... нахо́дится банк.

5) Ме́жду (кре́сло) .... и (шкаф) .... стои́т сто́лик.

6) Напро́тив (шко́ла) .... есть парк.

7) Он верну́лся из (Коре́я) ....

8) Я купи́л биле́т на самолёт по (интерне́т) ....

2. 참고 어휘를 활용하여 예시에 따라 문장을 완성하세요.

Моде́ль: - Где нахо́дится *стул*?
- Стул нахо́дится *о́коло стола́*.

Слова́ для спра́вок:

1) шкаф – у, крова́ть	4) цветы́ – на, ту́мбочка
2) дива́н – ме́жду, окно́, шкаф	5) су́мка – под, стул
3) по́лка – над, стол	6) телеви́зор – напро́тив, дива́н

3. 번역 앱(app)을 이용하여 대화를 러시아어로 옮기고 말해 보세요.

1.
- 어디에 극장이 위치해 있나요?
- 극장은 학교 오른쪽에 있습니다.
- 대단히 감사합니다.
- 천만에요.

2.
- 박물관은 어디에 있나요?
- 우체국의 맞은편(напро́тив)에요.
- 거기까지 얼마나 (걸어)가야만 하나요?
- 5분 (мину́та) 정도 (걸어)가면 됩니다.

3.
- 대학교까지는 어떻게 가야 하지요?
- 버스를 타고 가면 됩니다.
- 버스 정류장은 어디에 있지요?
- 정류장은 공원 맞은편에 있습니다.

4.
- 책상은 어디에 세워져 있습니까?
- 책상은 창문 옆에 세워져 있습니다.
- 사진은 어디에 걸려 있습니까(висе́ть)?
- 사진은 책상 위에 걸려 있습니다.

5.
- 외투는 어디에 걸려 있습니까?
- 외투는 문 옆에 걸려 있습니다.
- 털모자(ша́пка)는 어디 놓여있나요?
- 털모자는 의자 위에 놓여 있어요.

6.
- 너는 사전을 어디에 두었니(поста́вить)?
- 나는 사전을 책장에 두었어.
- 너의 교과서들은 어디에 있지?
- 내 교과서들은 책상 위에 놓여 있어.

4. 괄호 안의 단어를 사용하여 질문에 답하세요.

1) Когда́ вы идёте в кафе́? (*по́сле, заня́тие*)

2) Как до́лго рабо́тает по́чта? (*с, 8 часо́в, до, 6 часо́в*)

3) Когда́ вы обы́чно хо́дите на стадио́н? (*о́коло, 3 часа́ дня*)

4) К кому́ вы идёте ве́чером? (*к, де́душка и ба́бушка*)

5) У кого́ вы бы́ли ле́том? (*у, дя́дя и тётя*)

6) Отку́да и куда́ вы е́дете? (*из, Пуса́н, в, Сеу́л*)

7) О ком вы ду́маете? (*о, подру́га и друг*)

8) Для кого́ вы купи́ли пода́рок? (*для, мать и оте́ц*)

ИНФОРМÁТИКА IT 활용

Speak Russian, Learn Russian grammar & vocabulary

이 어플은 아이폰이나 아이패드에서만 이용할 수 있는 무료 러시아어 학습 프로그램이다. 이 프로그램은 말하기, 듣기, 문법, 어휘 등의 분야에서 러시아어를 학습할 수 있는 유튜브 3분짜리 동영상 채널들과 그 내부 콘텐츠들을 모아 놓았다. 엄밀히 말하자면 그 콘텐츠들의 유튜브 링크를 제공하고 있다. 사실 유튜브의 다양한 러시아 관련 채널들은 러시아와 러시아어를 공부하는데 대단히 유용하다. 유튜브 자체 홈페이지에서 영어로 russian 또는 russian language로 검색하면 다양한 채널들을 볼 수 있으며 계속 해당 채널의 콘텐츠를 이용하고 싶으면 무료로 채널 구독 신청도 할 수 있다. 그러나 너무 많은 정보는 늘 그렇듯이 학습자를 주눅이 들게 만든다. 그런 측면에서 이 어플은 3분 정도의 짧지만 흥미로운 주제를 주로 모아 놓아 학습자가 쉽고 편리하게 러시아어를 학습 할 수 있게 해준다. 아이폰을 사용하지 않는 학생들도 아래에 소개하는, 유튜브 채널을 운영하는 사이트의 주소를 직접 방문해서 학습도 하고 유튜브에서 구독 신청도 할 수 있다.

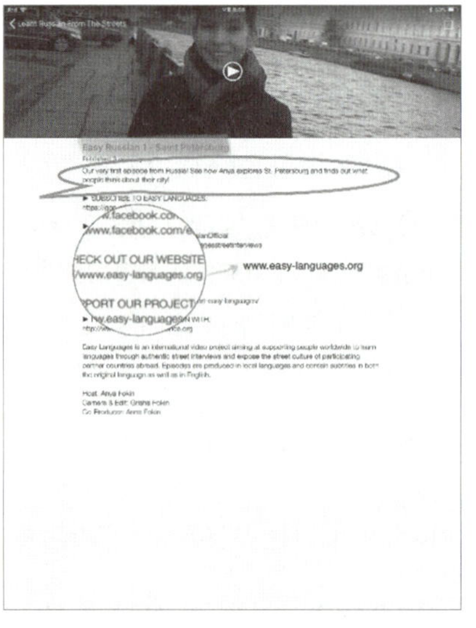

좌측 그림의 왼쪽에 위치한 동영상 목록(playlists)은 이 어플에서 학습할 수 있는 19개의 러시아어 학습 채널을 보여준다. 박스로 선택된 부분은 Learn Russian From The Streets 라는 채널로 흥미로운 질문의 짤막한 거리 인터뷰 영상을 통해 재미있게 러시아어를 학습할 수 있게 유도하고 있다. www.easy-languages.org에서 모든 콘텐츠를 확인할 수 있으며 현재까지 22개의 동영상이 올라와 있다.

오른쪽 그림은 22개 가운데 첫 번째 주제인 Saint Petersburg 관련 인터뷰 동영상이다. 말풍선 부분은 해당 동영상에 대한 간단한 설명이며, 그 아래에는 해당 채널에 대한 상세한 정보와 동영상 제작자 프로필이 소개되어 있다.

다음으로 소개하는 유튜브 영상은 Learn Russian With Video And Pictures로 그림과 동영상을 함께 활용해 효과적으로 러시아어를 학습할 수 있게 한 동영상 모음이다. 이 동영상들은 유명한 러시아어 학습 사이트인 www.RussianPod101.com에서 제작하였다. 참고로 해당 동영상은 이 사이트가 시도하고 있는 다양한 학습 프로젝트 가운데 하나로 제작되었으며 모두 25개의 동영상을 제공하고 있다.

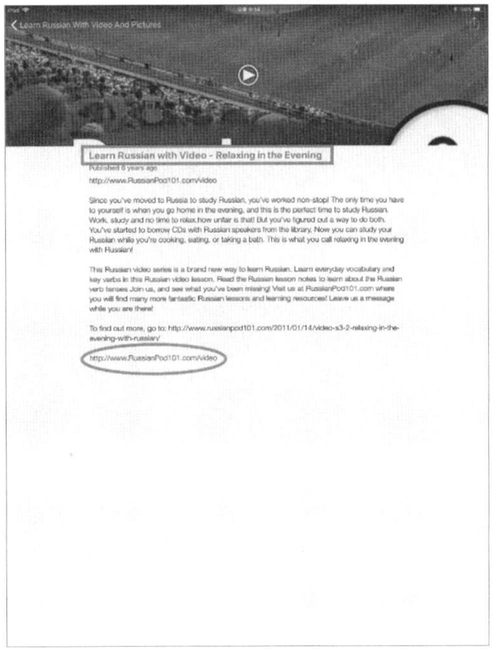

사이트를 직접 방문하면 수준별로 매우 다양한 러시아어 학습 자료들을 이용할 수 있다. 안드로이드 사용자가 가장 쉽게 이 동영상을 이용하는 방법은 유튜브 사이트 또는 유튜브 어플에서 Learn Russian With Video And Pictures로 검색하는 것이다. 학생들의 이해를 돕기 위해 해당 동영상의 내용을 간단히 소개한다.

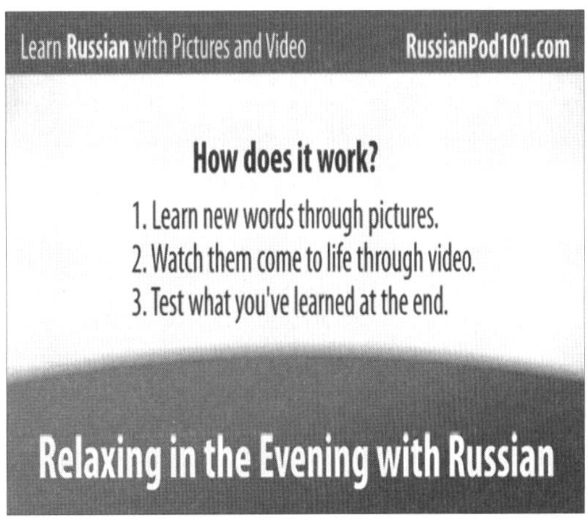

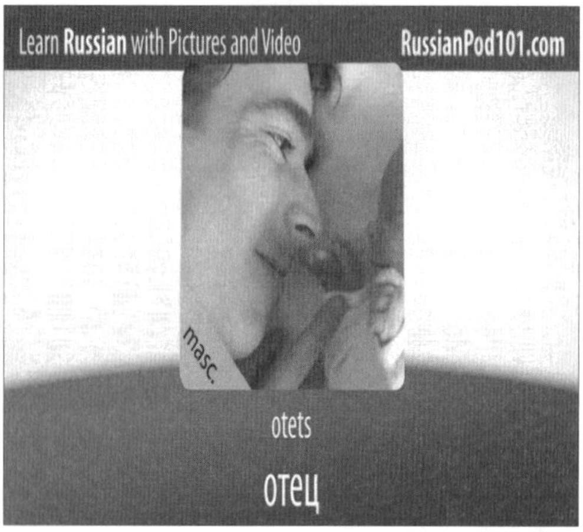

첫 번째 그림은 해당 동영상의 주제 Relaxing in the Evening을 보여준다. 첫째 줄 왼쪽에 있는 두 번째 그림은 해당 콘텐츠를 공부하는 요령을 설명해 주고 있다. 연이어 3개의 그림이 소개되고 마지막에는 그 그림들에 나온 단어들을 이용해 하나의 문장을 완성한다.

일상생활에서 쉽게 쓰이는 단어와 문장으로 내용을 구성하고 있어 처음 러시아어를 공부하는 사람들도 부담 없이 익힐 수 있을 뿐 아니라 실제 러시아인들과의 만남에서 즉시 활용할 수도 있다.

유튜브가 매우 내용이 훌륭하고 질적으로도 우수한 러시아어 학습 도구임은 부정할 수 없는 사실이다. 이 어플에서 소개되고 있는 짧지만 흥미로운 동영상들은 러시아어 학습에 강력한 동기를 부여해 준다. 안드로이드 운영 체계 사용자들을 위해 이 어플에 소개되고 있는 동영상들을 볼 수 있는 웹사이트 주소를 정리한다.

https://www.easy-languages.org

https://www.RussianPod101.com

http://learnrussian.org

http://www.funrussian.com

Уро́к 29

Когда́ и кем бы́ло постро́ено э́то зда́ние?

언제 누구에 의해서 이 건물이 건축되었는가?

Го́род был осно́ван в 1147 году́. 도시는 1147년에 설립되었다.

Э́то студе́нт, чита́ющий кни́гу. 이 사람이 책을 읽고 있는 대학생이다.

Э́то письмо́, прочи́танное ма́мой. 이것이 엄마가 읽었던 편지이다.

ДИАЛÓГ 대화

1. - Когдá был пострóен Кремль?
   - Стéны и бáшни бы́ли пострóены с 1485-ого по 1516-ой год.
   - Когдá был сóздан Истори́ческий музéй?
   - Здáние музéя на Крáсной плóщади бы́ло пострóено в 1875 годý.

2. - Когдá и кем был оснóван МГУ?
   - Университéт был оснóван в 1755 годý вели́ким рýсским учёным Михаи́лом Ломонóсовым.
   - Когдá бы́ло пострóено нóвое здáние Москóвского университéта?
   - В 1953 годý.

ТЕКСТ 본문

Москвá – столи́ца Росси́и. Э́то большóй совремéнный гóрод, располóженный в цéнтре европéйской чáсти Росси́и, на берегý Москвы́-реки́. Гóрод был оснóван в 1147 годý кня́зем Ю́рием Долгорýким. Он был нáзван по рекé, протекáющей недалекó от негó. Э́то культýрный, экономи́ческий, полити́ческий центр Росси́и. Москвá явля́ется вáжным туристи́ческим цéнтром страны́. Москóвский Кремль, Крáсная плóщадь и Новодéвичий монасты́рь, охраня́емые ЮНЕСКО, привлекáют тури́стов. Сéрдце Москвы́ – э́то Крáсная плóщадь, находя́щаяся в цéнтре гóрода. Кремль и собóр Васи́лия Блажéнного осóбенно люби́мы мнóгими тури́стами. Москвá явля́ется важнéйшим трáнспортным цéнтром, включáющим аэропóрты, вокзáлы и речны́е пóрты. С 1935 гóда в Москвé рабóтает метрó.

ВОПРÓСЫ

1. Какóй гóрод Москвá? ________________
2. Когдá и кем был оснóван гóрод? ________________
3. Где располóжена Москвá? ________________
4. Почемý гóрод нáзван «Москвá»? ________________
5. Почемý Москвá – туристи́ческий центр? ________________

СЛОВА́РЬ　어휘

ба́шня	타워, 탑
включа́ющий	포함하는, 연결하는(включа́ть의 능동형동사 현재)
говоря́щий	말하고 있는(говори́ть의 능동형동사 현재)
живу́щий	거주하고 있는(жить의 능동형동사 현재)
изуча́емый	학습되고 있는(изуча́ть의 피동형동사 현재)
изуча́ющий	공부하고 있는(изуча́ть의 능동형동사 현재)
истори́ческий (-ая, -ое, -ие)	역사의, 역사적인
культу́рный (-ая, -ое, -ые)	문화의, 문화적인
ку́пленный	구매된, 산(купи́ть의 피동형동사 과거)
люби́мый	사랑 받는(люби́ть의 피동형동사 현재)
монасты́рь (남)	수도원
на́зван	~로 불리는(назва́ть의 피·형·과거 남성 단어미)
напи́санный	다 쓰여진(написа́ть의 피동형동사 과거)
находя́щийся	~에 위치하는(находи́ться의 능동형동사 현재)
осно́ван	설립된(основа́ть의 피·형·과거 남성 단어미)
охраня́емый	보존되는(охраня́ть의 피동형동사 현재)
пода́ренный	기증된, 수여된(подари́ть의 피동형동사 과거)
позвони́вший	전화를 건(позвони́ть의 능동형동사 과거)
полити́ческий (-ая, -ое, -ие)	정치의, 정치적인
привлека́ть(I)	끌어들이다, 유인하다
пригото́вленный	준비된(пригото́вить의 피동형동사 과거)
протека́ющий	흐르는, 지나가는(протека́ть의 능동형동사 현재)
рабо́тавший	일하고 있던(работать의 능동형동사 과거)
располо́женный	~에 위치한(располо́житься의 피동형동사 과거)
расска́зываемый	이야기되는(расска́зывать의 피동형동사 현재)
речно́й порт	강 포구, 강어귀, 항구
сдава́емый	(시험) 치러지는(сдава́ть의 피동형동사 현재)
се́рдце	마음, 가슴, 심장
стена́	벽
столи́ца	수도
тра́нспортный (-ая, -ое, -ые)	운송기관의, 교통의
туристи́ческий (-ая, -ое, -ие)	관광의, 유람의
учи́вшийся	공부하고 있는(учи́ться의 능동형동사 과거)
ходи́вший	(걸어)가던(ходи́ть의 능동형동사 과거)
экономи́ческий (-ая, -ое, -ие)	경제의, 경제적인
явля́ться(I)	~이다, 나타나다

ГРАММÁТИКА 문법

I. 형동사

형동사란, 동사와 형용사의 성질과 기능을 함께 가지는 동사의 파생어이다. 즉 형동사는 동사와 마찬가지로 현재·과거, 능동·피동, 완료체·불완료체의 구별을 가지며, 보어(목적어)를 지배하고, 부사를 취할 수 있다. 또한 형용사와 마찬가지로 관계하는 명사와 성·수·격에 있어 일치하며, 피동형용사만이 단어미를 가진다.

1. 능동형동사 현재

능동형동사 현재는 불완료체동사 현재형 3인칭 복수로부터 만든다. 즉 어미의 -т를 떼어내고 남은 부분에 -щий(-щая, -щее, -щие)를 붙이면 된다.

미정형	3인칭 복수	능동형동사 현재	의미
читáть	читáю-т	читáющий	읽는, 읽고 있는
писáть	пи́шу-т	пи́шущий	쓰는, 쓰고 있는
говори́ть	говоря́-т	говоря́щий	말하는, 말하고 있는
люби́ть	лю́бя-т	лю́бящий	사랑하는, 좋아하는
учи́ться	ýча-т-ся	учáщийся	배우는, 배우고 있는

※ 재귀동사에서 만들어진 형동사는 모음 뒤에서도 -ся (-сь 대신)를 취한다.

одевáющаяся (옷을 입은), находя́щиеся (위치한, 발견한)

2. 능동형동사 과거

능동형용사 과거는 불완료체 동사와 완료체 동사의 과거형 어간에 -вший(-вшая, -вшее, -вшие) 또는 -ший(-шая, -шее, -шие)를 붙여서 만든다. (동사의 과거형 어간이 모음으로 끝나면 -вший를, 자음으로 끝나면 -ший를 붙인다.)

미정형	과거형 어간	능동형동사 과거	의미
читáть	читá-л	читáвший	읽던
прочитáть	прочитá-л	прочитáвший	읽은
говори́ть	говори́-л	говори́вший	말하던
сказáть	сказá-л	сказáвший	말한
учи́ться	учи́-л-ся	учи́вшийся	배우던
научи́ться	научи́-л-ся	научи́вшийся	배운
мочь	мог	мóгший	하던
нести́	нёс	нёсший	가지고 가던

※ 과거형 어간에서 탈락했던 자음 д, т가 형동사에서 다시 끼어드는 것이 있다.

идти́	шё-л(иду́)	ше́дший	(걸어) 가던
прийти́	пришё-л	прише́дший	(걸어) 온
смести́	смё-л(смету́)	смётший	쓸어버린

3. 피동형동사 현재

피동형동사 현재는 타동사인 불완료체 현재형 1인칭 복수 어미에 -ый(-ая, -ое, -ые)를 덧붙여서 만든다.

미정형	1인칭 복수	피동형동사 현재	의미
чита́ть	чита́-ем	чита́емый	읽히는
люби́ть	люб-и́м	люби́мый	사랑 받는

4. 피동형동사 과거

피동형용사 과거는 주로 타동사인 완료체 동사 과거형 어간에-нный, -енный, -ённый, -тый등을 붙여서 만든다.

미정형	과거형 어간	피동형동사 과거	의미	형동사 형성의 예
прочита́ть уви́деть потеря́ть	прочита́-л уви́де-л потеря́-л	прочи́танный уви́денный поте́рянный	읽힌 발견된 상실된	과거 어간이 -а, -е, -я로 끝나는 것은 -нный를 붙인다.
получи́ть реши́ть	получ-и́-л реш-и́-л	полу́ченный решённый	접수된 결정된	과거 어간이 -и-로 끝나는 것은 -енный 또는 -ённый를 붙인다 (이때 -и-는 떼어버린다.)
привезти́	привёз	привезённый	실려온	과거 남성형이 -л을 갖지 않는 것은 -ённый를 붙인다.
взять заня́ть мыть тро́нуть	взя-л за́ня-л мы-л тро́ну-л	взя́тый за́нятый мы́тый тро́нутый	가져간 점령된 씻겨진 건드려진	-нуть, -ыть, -нять형의 동사 및 몇몇 예외적인 동사는 과거형 어간에 -тый를 붙인다.

※ 예외적인 동사

нача́ть [완]	на́ча-л	на́чатый	시작된
оде́ть [완]	оде́-л	оде́тый	입혀진(입은)
спеть [완]	спе-л	спе́тый	노래 불리워진

※ 피동형 동사 과거를 만들 때, 어간의 자음이 교체되는 경우도 간혹 있다.

бро́сить [완]	бро́с-и-л	бро́шенный	내던져진
купи́ть [완]	куп-и́-л	ку́пленный	사들여진

5. 형동사의 단어미

피동형동사(현재·과거)만이 단어미를 가진다. 단어미를 만드는 방법은 형용사의 경우와 같다. (단 -енный, -нный처럼 -н-이 두 개 겹친 것은 그 중의 한 개를 떼어낸다.

피동형동사 현재		피동형동사 과거	
장어미	단어미	장어미	단어미
люби́мый	люби́м	прочи́танный	прочи́тан
люби́мая	люби́ма	прочи́танная	прочи́тана
люби́мое	люби́мо	прочи́танное	прочи́тано
люби́мые	люби́мы	прочи́танные	прочи́таны

※ 문장 속에서 장어미형은 정어로서 사용되며, 단어미형은 술어로서만 사용된다. 또한 단어미형은 быть의 과거 또는 미래형과 함께 사용되기도 한다.

а) 가까운 과거

Кни́га *прочи́тана*./ Кни́гу *прочита́ли*. — 책이 읽혀졌다./ 책을 읽었다.

Кни́га *прочи́тана* (кем?) студе́нтом./ (кто?) Студе́нт *прочита́л* кни́гу. — 책은 대학생에 의해 읽혀졌다./ 대학생은 책을 읽었다.

б) 오래된 과거

Рома́н *был напи́сан*. / Рома́н *написа́ли* (давно́). — 소설이 쓰여졌다./ 소설을 (오래 동안) 썼다.

Рома́н *был напи́сан* (кем?) изве́стным писа́телем./ (кто?) Изве́стный писа́тель *написа́л* рома́н (давно́). — 소설은 유명한 작가에 의해서 쓰여졌다./ 유명한 작가가 (오래 전에) 소설을 썼다.

Дом постро́ен.

Кни́га прочи́тана мои́м дру́гом.

Рома́н был со́здан Л.Н.Толсты́м.

Рома́н был переведён на мно́гие языки́.

Ско́ро э́та интере́сная кни́га бу́дет прочи́тана мои́м дру́гом.

Неда́вно э́тот интере́сный журна́л был прочи́тан мои́м дру́гом.

6. 형동사의 용법

형동사는 문장에서 형용사처럼 사용되지만, 형용사와는 달리 보어(목적어)를 가질 수 있다. 형동사는 관계대명사 котóрый의 역할을 할 수 있으며, 이 경우에도 관계하는 명사와 항상 성·수·격이 일치한다. 또한 의문사какóй?, какáя?, какóе?, какúе?의 물음에 답을 한다.

- *Кто* э́то? Э́то *читáющий* студéнт. Э́то студéнт, *читáющий кнúгу.*	- *О ком (о какóм* студéнте*)* вы говорúте? О *читáющем* студéнте. О студéнте, *читáющем кнúгу.*
- *Что* э́то? Э́то *прочúтанное* письмó. Э́то письмó, *прочúтанное мáмой.*	- *О чём (о какóм* письмé*)* вы дýмаете? О *прочúтанном* письмé. О письмé, *прочúтанном мáмой.* О *прочúтанном мáмой* письмé.

※ 피동형동사가 나타내는 행위·동작의 주체는 조격으로 표시한다.

7. 관계대명사 котóрый

котóрый는 형용사와 동일하게 변화하며, 그 선행사인 명사와 성·수만 일치한다. 관계대명사 및 그 선행사와 격은 각각 주문과 종속문에서의 역할에 따라 결정된다.

Студéнт, **читáющий** кнúгу, сидúт в аудитóрии. = Студéнт, котóрый читáет кнúгу, сидúт в аудитóрии. 책을 읽고 있는 대학생이 강의실에 앉아 있다.

Студéнт, **чúтавший** кнúгу, сидéл в аудитóрии. = Студéнт, котóрый чúтал кнúгу, сидéл в аудитóрии. 책을 읽고 있던 대학생이 강의실에 앉아 있었다.

Студéнт, **прочúтавший** кнúгу, узнáл мнóго интерéсного. = Студéнт, котóрый прочúтал кнúгу, узнáл мнóго интерéсного.

책을 다 읽은 학생이 많은 흥미로운 것(사실)을 알게 되었다.

Кнúга, **читáемая** мáльчиком, лежúт на столé. = Кнúга, котóрую читáет мáльчик, лежúт на столé. 소년이 읽고 있는 책이 책상 위에 놓여져 있다.

Кнúга, **прочúтанная** мáльчиком, лежúт на столé. = Кнúга, котóрую прочитáл мáльчик, лежúт на столé. 소년이 읽었던 책이 책상 위에 놓여져 있다.

УПРАЖНЕ́НИЯ 연습문제

1. 괄호 안의 단어를 사용하여 문장을 완성하세요.

1) Вот су́мка, ... (ку́пленный) вчера́.

2) У Оле́га, ... (живу́щий) в э́том доме, мно́го друзе́й.

3) Роди́тели слу́шали пе́сню, давно́ .... (люби́мый) и́ми.

4) Он разгова́ривал с ру́сской студе́нткой, ...(говоря́щий) по-коре́йски.

5) Мы говори́ли о кни́ге, ... (напи́санный) Че́ховым.

2. 예시에 따라 문장을 완성하세요.

Моде́ль: Вот ма́льчик, *чита́ющий/чита́вший* кни́гу.
Вот ма́льчик, *кото́рый чита́ет/чита́л* кни́гу.

1) Профе́ссор говори́т о студе́нтах, изуча́ющих ру́сский язы́к.

2) Мы живём в до́ме, находя́щемся о́коло па́рка.

3) Мой друг, живу́щий в Москве́, пи́шет мне пи́сьма.

4) В на́шей гру́ппе есть студе́нт, хорошо́ говоря́щий по-кита́йски.

5) Э́та де́вушка, учи́вшаяся в Росси́и, хорошо́ говори́т по-ру́сски.

6) Подру́га, позвони́вшая мне вчера́, сейча́с живёт в Аме́рике.

7) Я ви́дел Ива́на, рабо́тавшего в на́шей фи́рме.

8) На уро́ке не́ было Мари́ны, ходи́вшей в больни́цу.

3. 예시에 따라 문장을 완성하세요.

Модéль: Вот газéта, *читáемая/прочи́танная отцóм.*
Вот газéта, *котóрую читáет/прочитáл отéц.*

1) Мне нрáвится рýсская культýра, изучáемая мной в э́том семéстре.

2) Вчерá я прочитáл ромáн писáтеля, люби́мого мной.

3) Мы дóлго слýшали истóрии, рассκáзываемые А́нной.

4) Мы говори́м об экзáмене, сдавáемом студéнтами.

5) Вот здáние, пострóенное извéстным архитéктором.

6) На столé лежи́т подáрок, подáренный стáршим брáтом.

7) Николáй читáет письмó, напи́санное Натáшей.

8) Я ем суп, приготóвленный мáмой.

4. 예시에 따라 문장을 완성하세요.

Модéль: Ни́на прочитáла кни́гу.
Кни́га прочи́тана Ни́ной.

1) Дéдушка пострóил э́тот дом.

2) Брат купи́л э́ти подáрки.

3) Студéнты сдéлали домáшнее задáние.

4) Ю́рий Долгорýкий основáл Москвý.

5) Алексáндр Пýшкин написáл э́ти стихи́.

6) Михаи́л Ломонóсов сóздал пéрвую рýсскую граммáтику.

КУЛЬТУ́РА 블라디보스토크(Владивосто́к)

블라디보스토크(Владивосто́к)는 연해주(Примо́рский край) 남부의 무라비요프-아무르스키 반도 남단부에 있다. 러시아 해군의 태평양 함대 기지가 자리하고 있는 군사 항구 도시이며, 9288Km의 시베리아 횡단열차의 출발지이자 종착지이기도 한 블라디보스토크는 '동방을 정복하라'라는 의미를 가지고 있는 도시이다. 해안선과 높은 산이 어우러진 모습이나 계단식 도로들이 미국의 샌프란시스코의 모습과 유사하다고 해서 '러시아의 샌프란시스코'라는 별명으로 불리는데, 신시가지와 별장·휴양 지대는 반도 북부의 구릉지대로 뻗어있다.

1856년 러시아인들이 이 지역에 진출하기 시작하였고, 1860년에 항구와 도시의 건설이 시작되면서 블라디보스토크라고 명명되었고, 1872년에 니콜라예프스크에 자리했던 군항이 이곳으로 완전 이전하였다. 1890년대부터는 무역항으로서 크게 발전하였으며, 1903년 시베리아 철도가 개통됨으로써 러시아의 중심인 모스크바와도 이어지게 되었다. 블라디보스토크는 군항일 뿐만 아니라 무역항의 기능도 가지고 있지만, 현재는 무역항의 기능이 시의 동쪽 약 90km지점에 위치한 나호트카 항으로 옮겨졌다. 또한 블라디보스토크는 연해지방 최대 어업기지이며, 킹크랩 가공선과 냉동선의 근거지이다. 도시는 연해주지방의 경제·문화의 중심지이며 극동 과학센터와 러시아 연방대학교 등을 비롯하여 의학대학, 미술대학, 과학기술대학, 경제 대학, 수산대학 등의 여러 대학이 있다. 그 밖에도 태평양어업 해양학 연구소와 부속 해양박물관이 유명하다.

블라디보스토크에는 구한말부터 이 도시로 이주했던 이른바 '고려인'들이 '신한촌'을 이루고 살다가 스탈린의 민족정책에 의해 1937년 중앙아시아로 강제 이주를 당했다. 블라디보스토크는 우리나라와 지리적으로 가까운 이점이 있어 우리 기업들의 주요 수출지로 부각되고 있다. 또한 러시아 정부는 신동방정책 추진 과정에서 극동개발부를 신설하고, 2012년 블라디보스토크에서 APEC 정상회의 개최 및 극동지역 개발을 위한 투자 유치 그리고 주변국과의 경제협력 활성화를 목적으로 동방경제포럼(EEF)을 개최하는 등 이 지역의 개발·발전을 위해 많은 노력을 기울이고 있다.

ИНФОРМÁТИКА IT 활용

Lingvo

링보는 러시아의 세계적인 러시아어 ⇔ 다국어 전자사전 회사 ABBYY Lingvo가 만든 사전 프로그램이다. https://www.lingvolive.com/ru-ru에서 온라인 사전도 제공해 주고 있다. 페이스북이나 구글 또는 개인 이메일을 등록하면 모든 링보 사전 콘텐츠를 제약 없이 이용할 수 있다. 여기서는 어플용 링보 사전을 소개한다.

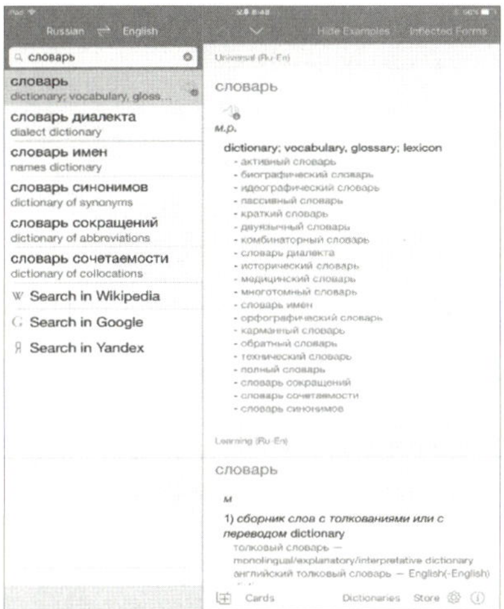

러-영 사전에서 словáрь를 검색해 보았다. 간단한 영어 뜻과 용례가 제시된다. 우측 그림에서 오른쪽 상단의 Inflected Forms를 누르면 품사, 성, 수, 격 등에 대한 기본 정보와 모든 변이형들을 확인할 수 있다. 명사 словáрь의 경우에는 단수와 복수 격변화가 제시되고 있다.

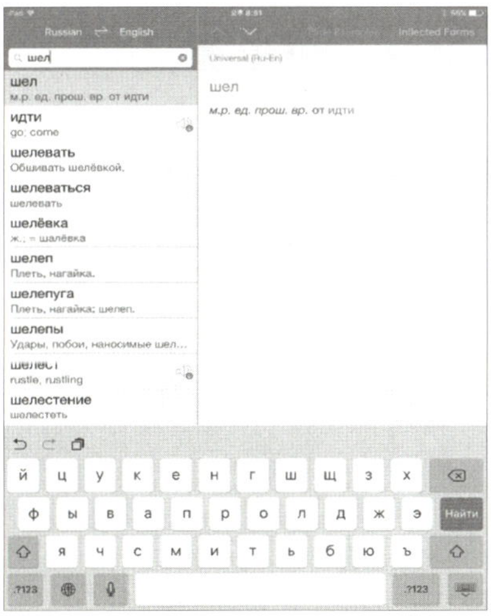

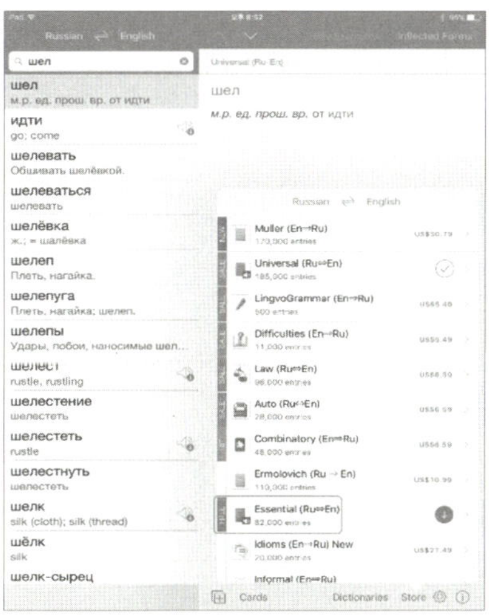

이 사전의 강점 가운데 하나는 단어의 변화형을 입력하면 그 단어의 원형을 알아서 제시해 준다는 것이다. 동사 과거형 шёл을 입력하자 원형 идти́를 알아서 찾아주었다. 기본 사전을 제외한 거의 모든 사전은 유료로 구매해야 한다. Store에서 전문 분야와 특수 목적 분야(예: 러-러사전, 동의어, 반의어 사전 등)의 사전을 필요에 따라 구입하면 된다.

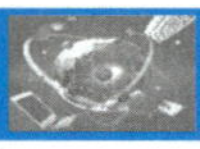

ИНФОРМА́ТИКА IT관련 숙어적 표현

входи́ть/войти́ (куда́?) ... в интерне́т на сайт в сеть на связь	들어가다, 접속하다 인터넷에 사이트에 전산망에 연락망에
загружа́ть/загрузи́ть ... (=устана́вливать/установи́ть) (что?) файл, игру́, приложе́ние (куда́?) в телефо́н, в смартфо́н	다운로드하다, 설치하다 파일을, 게임을, 어플을 전화에, 스마트폰에
иска́ть/найти́ (что?) ... файл сайт	검색하다, 찾다 파일을 사이트를
обща́ться/пообща́ться (как?) ... по телефо́ну по электро́нной по́чте по скáйпу че́рез ме́ссенджер	소통하다, 연락하다 전화로 전자우편으로 스카이프로 메신저로
подключа́ть/подключи́ть (что?) ... интерне́т вай-фа́й	접속하다, 연결하다 인터넷에 와이 파이에
получа́ть/получи́ть ... (что?) письмо́, сообще́ние, откры́тку	받다 편지를, 소식을, 엽서를
посыла́ть/посла́ть ... (=отправля́ть/отпра́вить) (что?) файл, сообще́ние, письмо́ (как?) по интерне́ту (куда́?) на по́чту	보내다 파일을, 소식을, 편지를 인터넷을 통해서 우편으로
регистри́ровать(ся)/зарегистри́ровать (где?) ... в ча́те на са́йте	등록하다 채팅에 사이트에
сиде́ть/посиде́ть (где?) ... в интерне́те на са́йте в ча́те на ска́йпе	~을 하며 앉아있다 인테넷 사이트 채팅 스카이프
ска́чивать/скача́ть ... (что?) файл, игру́, приложе́ние (отку́да?) из интерне́та, с са́йта	다운로드하다 파일을, 게임을, 어플을 인터넷에서, 사이트에서

Урóк 30

Гуля́я по Петербýргу...

페테르부르그를 거닐면서...

Гуля́я по гóроду, мы смотрéли краси́вые здáния.	도시를 다니면서 우리는 아름다운 건물들을 보았다.
Расскáзывая о поéздке, он покáзывал фотогрáфии.	여행에 관해 이야기하면서 그는 사진을 보여주었다.
Написáв письмó, он пошёл на пóчту.	편지를 쓴 후 그는 우체국으로 갔다.

ДИАЛÓГ 대화

1. - Что вы ви́дели, гуляя́ по Не́вскому проспе́кту?
   - Мы ви́дели удиви́тельные зда́ния.
   - В како́м музе́е вы бы́ли?
   - Погуля́в по Дворцо́вой пло́щади, мы пошли́ в Эрмита́ж. Там мы бы́ли 3 часа́. Бы́ло о́чень интере́сно!

2. - Вы бы́ли в Росси́и? Как до́лго?
   - Мы е́здили туда́ на две неде́ли.
   - А когда́ вы верну́лись?
   - Мы верну́лись то́лько вчера́.
   - Почему́ не позвони́ли, верну́вшись?
   - Прие́хав, мы заняли́сь ра́зными дела́ми.

ТЕКСТ 본문

Санкт-Петербу́рг – краси́вейший го́род Росси́и. Он был осно́ван в 1703 году́ Петро́м Пе́рвым. Называ́я Санкт-Петербу́рг «Се́верная Вене́ция», лю́ди име́ют в виду́, что в го́роде мно́го кана́лов, как в Вене́ции. Санкт-Петербу́рг – бы́вшая столи́ца Росси́и. В 1914 году́ назва́ние Санкт-Петербу́рг измени́ли на Петрогра́д. С 1917-ого го́да по 1991 год го́род называ́лся Ленингра́д в честь Ле́нина. Сего́дня Санкт-Петербу́рг – экономи́ческий и культу́рный центр. Здесь нахо́дится мно́го музе́ев, теа́тров, университе́тов и па́рков. Говоря́ о бога́той культу́рной жи́зни го́рода, мы должны́ сказа́ть об Александри́нском и о Марии́нском теа́трах. Приезжа́я в го́род, тури́сты восхища́ются великоле́пной архитекту́рой и красото́й. Са́мое люби́мое ме́сто – э́то Эрмита́ж, находя́щийся на Дворцо́вой пло́щади. В огро́мном музе́е, располо́женном в зда́нии Зи́мнего дворца́, 3 миллио́на карти́н и скульпту́р. У́лицы и пло́щади Санкт-Петербу́рга о́чень краси́вы. Гла́вная у́лица го́рода – Не́вский проспе́кт. Гуля́я по э́той у́лице, тури́сты знако́мятся с удиви́тельными зда́ниями, находя́щимися на проспе́кте. Здесь мо́жно уви́деть великоле́пное зда́ние Адмиралте́йства и Алекса́ндро-Не́вскую ла́вру. Санкт-Петербу́рг – э́то музе́й под откры́тым не́бом.

ВОПРО́СЫ

1. Како́й го́род Санкт-Петербу́рг? ______________________
2. Каки́е краси́вые места́ есть в го́роде? ______________________
3. Когда́ и кем был осно́ван го́род? ______________________
4. Что вы узна́ли об Эрмита́же? ______________________
5. Что вы узна́ли о Не́вском проспе́кте? ______________________

СЛОВÁРЬ 어휘

архитектýра	건축, 건축학, 건축술
восхищáться(I)	감동되다, 매혹되다, 황홀해지다
вы́учить(II)	배우다, 익히다
изменúть(II)	바꾸다
имéть в видý	고려하다, 염두에 두다
канáл	운하, 배수관, 수도관
картúна	그림, 회화, 광경
крéсло	안락의자, 팔걸이 의자
лáвра	대수도원
миллиóн	100만
назвáние	이름, 명칭
называ́ть в честь	~를 기념하여 이름을 짓다
нóвость (여)	뉴스, 소식, 신문
óвощи (복)	야채, 채소
овощнóй салáт	야채 샐러드
пригласúть(II) (-ашу, -асишь; -асят)	초대하다, 초청하다, 부르다
проспéкт	거리, 대로
скульптýра	조각상
удивúтельный (-ая, -ое, -ые)	멋진, 놀라운, 훌륭한
узнáть(I)	알다, 알아차리나, 인시하나
улыбáться(I)	미소 짓다, 빙그레 웃다
экзáмен	시험

ГРАММА́ТИКА 문법

I. 부동사

부동사는 동사와 부사의 성질 및 기능을 함께 가지는 동사의 파생어이다. 즉 부동사는 동사와 마찬가지로 완료체·불완료체의 구별이 있고 보어(목적어)를 가질 수 있다. 또한 부사와 마찬가지로 술어(동사)를 수식한다. 부동사는 동사처럼 인칭 변화하지 않는다.

1. 불완료체 부동사 (부동사 현재)

불완료체 부동사는 주문의 동사가 나타내는 동작과 동시에 일어나는 부차적 동작을 나타낸다. (따라서 부동사 현재라고도 한다.)

불완료체 부동사는 불완료체 동사의 현재형 3인칭 복수어간에 -я 또는 -а를 붙여서 만든다. (-а는 상악음 ж, ш, ч, щ뒤에서만 사용된다.)

미정형	3인칭 복수	불완료체 부동사	뜻
чита́ть	чита́ю-т	чита́я	읽으면서
говори́ть	говоря́-т	говоря́	말하면서
слы́шать	слы́ш-ат	слы́ша	들으면서
пла́кать	пла́ч-ут	пла́ча	울면서

Чита́я газе́ту, мы узнаём но́вости. = Мы чита́ем газе́ту и узнаём но́вости.
Ду́мая о семье́, оте́ц вспомина́ет де́тство.
= Оте́ц ду́мает о семье и вспомина́ет де́тство.

그러나 -авать형인 동사는 미정형 어간에 -я를 붙인다.

дава́ть	да-ю́т	дава́я	주면서
встава́ть	вста-ю́т	встава́я	일어나면서

※ быть(미래형бу́дут)의 부동사는 예외적으로 бу́дучи이다.

불완료체 부동사는 술어(동사)의 시제(вре́мя)에는 관계없이, 그 술어(동사)가 나타내는 동작과 동시에 이루어지는 동작을 나타낸다.

Чита́я газе́ту, я пил ко́фе.	나는 신문을 읽으면서 커피를 마셨다.
Я чита́л газе́ту и пил ко́фе.	나는 신문을 읽고 커피를 마셨다.
Когда́ я чита́л газе́ту, я пил ко́фе.	내가 신문을 읽을 때, 나는 커피를 마셨다.

Читáя письмó, Антóн улыбáлся. = Антóн читáл письмó и улыбáлся.
= Когдá Антóн читáл письмó, он улыбáлся.

재귀동사의 부동사는 -а, -я 뒤에 -сь를 붙인다. (형동사에서는 -ся)

занимáться	занимá-ют-ся	занимáясь	공부하면서, 일하면서
ложи́ться	лож-áт-ся	ложáсь	누우면서

Ложáсь спать, мать дýмала о сы́не.

Занимáясь рýсским языкóм, я смотрю́ нóвые словá в словарé.

2. 완료체 부동사 (부동사 과거)

완료체 부동사는 주문의 동사가 나타내는 동작에 선행하여 일어난 동작을 나타낸다. 이런 이유때문에 부동사 과거라고도 한다. 완료체 부동사는 완료체동사의 과거형 어간에 -в 또는 -вши를 붙여서 만든다.

미정형	과거형 어간	완료체 부동사	뜻
прочитáть	прочитá-л	прочитáв прочитáвши	읽고 나서
проговори́ть	проговори́-л	проговори́в проговори́вши	잠시 말하고 나서
собрáться	собрáл-ся	собрáвшись	모여서

※ 재귀동사의 경우에는 -в는 쓰지 않고 -вши(сь)만을 쓴다.

Прочитáв письмó, Антóн сел писáть отвéт.

= *Сначáла* Антóн прочитáл письмó, *потóм* он сел писáть отвéт.

= *Пóсле тогó как* Антóн прочитáл письмó, он сел писáть отвéт.

그러나 과거남성형이 -л을 가지지 않는 동사는 과거형 어간에 -ши를 붙인다.

принести́	принёс	принёсши	가지고 와서
привезти́	привёз	привёзши	싣고 와서

약간의 완료체 동사는 미래형 어간에 -а또는 -я(상악음 뒤에서)를 붙인다. 특히 идти́에서 파생한 동사에 많다.

미정형	3인칭 복수	완료체 부동사	뜻
прийти́	прид-у́т	придя́	와서, 도착해서
подойти́	подойд-у́т	подойдя́	가까이 와서
уви́деть	уви́д-ят	уви́дя	보고서
услы́шать	услы́ш-ат	услы́ша	듣고서

완료체 부동사는 술어(동사)의 시제에는 관계없이, 그 술어(동사)가 나타내는 동작에 선행하여 일어난 동작을 나타낸다.

Протáв газéту, я вы́пил кóфе. — 신문을 다 읽고서 나는 커피를 마셨다.

Сначáла я прочитáл газéту, потóм вы́пил кóфе.
Пóсле тогó как *я прочитáл газéту*, (я) вы́пил кóфе. — 나는 신문을 다 읽은 후, 커피를 마셨다.

Когдá я прочитáл газéту, (я) вы́пил кóфе. — 내가 신문을 다 읽었을 때, 커피를 마셨다.

※ 부동사 구문에는 시간, 조건, 동의, 이유 등이 함축적으로 포함되어 있기 때문에 번역할 때 이런 의미를 정확하게 파악해야 한다.

Прочитáв текст, я пошёл в кинó. = Пóсле тогó как я прочитáл текст, (я) пошёл в кинó.

Вы́учив рýсский язы́к, вы смóжете рабóтать перевóдчиком. = Éсли вы вы́учите рýсский язы́к, (вы) смóжете рабóтать перевóдчиком.

Не вы́учив нóвые словá, студéнт пытáлся прочитáть текст. = Несмотря́ на то, что студéнт не вы́учил нóвые словá, он пытáлся прочитáть текст.

Не поня́в вопрóса, студéнт молчáл. = Так как студéнт не пóнял вопрóса, он молчáл.

УПРАЖНЕ́НИЯ 연습문제

1. 예시에 따라 문장을 바꿔 써 보세요.

Моде́ль: *Слу́шая* му́зыку, Серге́й обе́дал.
Серге́й *слу́шал* му́зыку и обе́дал.

1) Расска́зывая о семье́, мой друг пока́зывал фотогра́фии.

2) Идя́ в университе́т, Анто́н ду́мал об экза́мене.

3) Ду́мая о де́тях, ма́ма всегда́ улыба́лась.

4) Мари́на чита́ла, си́дя в кре́сле.

5) Де́душка смотре́л кино́, лёжа на дива́не.

6) Уча́сь в университе́те, Дени́с изуча́л ру́сский язы́к.

7) У́жиная, оте́ц смотре́л но́вости.

8) Ни́на говори́ла, гро́мко пла́ча.

2. 주어진 동사의 불완료체 부동사를 만들어 보세요.

1) жить
2) рисова́ть
3) гото́вить
4) учи́ться
5) знать
6) лежа́ть
7) сиде́ть
8) слу́шать
9) изуча́ть
10) покупа́ть

3. 예시에 따라 문장을 바꿔 써 보세요.

Моде́ль: *Написа́в* письмо́, Глеб пошёл на по́чту.
Снача́ла Глеб *написа́л* письмо́, *пото́м он* пошёл на по́чту.

1) Купи́в о́вощи, ма́ма пригото́вила овощно́й сала́т.

2) Сде́лав дома́шнее зада́ние, ма́льчик пошёл на стадио́н.

3) Прочита́в текст, студе́нты отве́тили на вопро́сы.

4) Вы́учив но́вые слова́, Дима закры́л слова́рь.

5) Позвони́в подру́ге, Ни́на рассказа́ла ей о но́вой поку́пке.

6) Око́нчив университе́т, брат пое́хал за грани́цу.

7) Посмотре́в но́вый фильм, друзья́ до́лго говори́ли о нём.

8) Изучи́в но́вую те́му, Ири́на хорошо́ сдала́ экза́мен.

4. 주어진 동사의 완료체 부동사를 만들어 보세요.

1) поза́втракать

2) купи́ть

3) взять

4) пригласи́ть

5) услы́шать

6) научи́ться

7) позанима́ться

8) позвони́ть

9) отдохну́ть

10) погуля́ть

КУЛЬТУ́РА 상트 페테르부르크(Санкт-Петербу́рг)

러시아 서북부에 위치한 항구 도시 상트 페테르부르크는 보통 줄여서 '페테르부르크'라고 부르며, 러시아에서는 모스크바 다음으로 인구가 많은 도시이다. 상트 페테르부르크는 도시 면적의 약 10%가 물위에 있어 '북방의 베네치아'라고 불렸는데, 라도가 호수와 핀란드만(Фи́нский зали́в)으로 가는 수로를 잇는 네바(Нева́)강이 도시의 중심을 따라 흐르고 있고, 100여개의 크고 작은 섬과 수많은 운하와 300여개의 다리로 연결되어 있다. 페테르부르크는 재정 러시아의 수도로서의 위용을 보여주는 웅장하고 훌륭한 건축물과 다양한 장식물, 화려한 궁전에 부속한 아름다운 정원 및 50여 개의 다양한 박물관 등으로 유명한 관광 도시이며, 5월말부터 7월말까지 볼 수 있는 밤이 낮처럼 밝은 백야(бе́лые но́чи)현상으로도 유명하다.

표트르 대제(Пётр Вели́кий)는 1703년 서구화 정책의 일환으로 네바 강 하구에 이 도시를 건설하기 시작하여 1712년 도시를 완공한 후, 수도를 모스크바에서 이곳으로 이전하였다. 18세기 초부터 20세기 초까지 재정 러시아의 수도로서의 면모를 그대로 유지하고 있는 페테르부르크는 1990년 유네스코 세계문화유산으로 등록되어 역사적 문화적 가치를 세계적으로 인정받았다. 페테르부르크의 건축물 중 가장 대표적인 것은 '에르미타주(Эрмита́ж)'이다. 이 단어는 프랑스어로 '은자의 집'을 뜻하지만, 10년의 공사 끝에 완공된 황제들이 거처했던 '겨울궁전'이었고, 1922년부터 현재까지 러시아를 대표하는 박물관이다. 이곳에는 고대로부터 근대까지의 다양한 유물과 세계 최고의 화가와 조각가들의 명화와 조각품이 약 300만점 소장되어 있다. 에르미타주는 5개(극장 제외)의 건물로 이루어져 있으며, 건물의 둘레가 2km나 되고, 각종 대리석과 화려하게 도금된 천장과 벽, 고급목재를 이용한 바닥 장식과 샹들리에의 조명으로 고고한 아름다움을 보여주는 1,050개의 방과 홀, 120개의 계단과 1,100여 개의 창문으로 이루어져 있다. 또한 미하일로프 궁전을 개조한 러시아 박물관(Ру́сский музе́й)은 12-13세기 성상화부터 현대에 이르기까지 러시아 화가들의 작품만을 전시하고 있다.

이삭 성당(Исáакиевский собóр)은 1812년 나폴레옹에 대항한 조국 전쟁의 승리를 기념하기 위해서, 1818년부터 1858년까지 프랑스 출신 건축가 몽페랑이 40년에 걸쳐 완성한 건축물이다. 러시아 최대의 정교회 건축물인 이 성당은 14,000명을 동시에 수용할 정도로 웅장한 규모를 자랑하며, 112개의 서로 다른 화강암 기둥으로 장식되어 고전주의 양식과 전통적인 러시아의 비잔틴 양식이 조화를 이루고 있다. 성당의 높이는 101,5m이고 실내는 4,000㎡에 달하며 100kg의 황금을 사용하여 도금된 황금빛 둥근 지붕은 상트 페테르부르크를 더욱 빛나게 한다. 이 외에도 '카잔 사원(Казáнский собóр)', '그리스도 부활사원(Собóр Воскресéния Христóва (Спас на Крóви))', '마린스키 극장(Марúинский теáтр)', '페트로파블로프스키 요새(Петропáвловская крéпость)' 등 수많은 훌륭한 건축물과 박물관이 페테르부르크의 네바 강변과 네프스키 대로를 따라 보전되어 있다.

상트 페테르부르크에는 5개의 기차역이 있는데, 모스크바와 마찬가지로 행선지의 지명에 따라 '모스크바 역', '핀란드 역, '발트 역', '비텝스키 역', '라도가 역'이 있다. 이 기차역들은 지하철과 잘 연결되어 있어서 이용이 편리하다. 현재 페테르부르크의 지하철은 5호선이 운영되고 있는데, 지하철의 역들은 이용자들의 편의성에 초점을 맞추어 건설되었기 때문에 모스크바 지하철 보다 덜 복잡하다. 페테르부르크에는 모스크바와 달리 풀코보 공항 한 곳에서만 국제선과 국내선이 운영되고 있다.

페테르부르크 교외에는 재정 러시아 황제의 여름궁전이 여러 곳에 자리하고 있는데, 페트로드보레츠(Петродворéц), 파블로프스키 궁전(Павлóвский дворéц)과 푸쉬킨 시에 위치한 황제의 직속 마을이었던 차르스코예 셀로(Цáрское Селó)와 나란히 있는 예카테리나 궁전(Екатерúнинский дворéц) 등을 꼽을 수 있다.

◆ 수사 ◆

수	개수사	순서수사
1	оди́н, одна́, одно́, одни́	пе́рвый, -ая, -ое
2	два, две	второ́й, -а́я, -о́е
3	три	тре́тий, тре́тья, -ье
4	четы́ре	четвёртый, -ая, -ое
5	пять	пя́тый, -ая, -ое
6	шесть	шесто́й, -а́я, -о́е
7	семь	седьмо́й, -а́я, -о́е
8	во́семь	восьмо́й, -а́я, -о́е
9	де́вять	девя́тый, -ая, -ое
10	де́сять	деся́тый, -ая, -ое
11	оди́ннадцать	оди́ннадцатый, -ая, -ое
12	двена́дцать	двена́дцатый, -ая, -ое
13	трина́дцать	трина́дцатый, -ая, -ое
14	четы́рнадцать	четы́рнадцатый, -ая, -ое
15	пятна́дцать	пятна́дцатый, -ая, -ое
16	шестна́дцать	шестна́дцатый, -ая, -ое
17	семна́дцать	семна́дцатый, -ая, -ое
18	восемна́дцать	восемна́дцатый, -ая, -ое
19	девятна́дцать	девятна́дцатый, -ая, -ое
20	два́дцать	двадца́тый, -ая, -ое
21	два́дцать оди́н, одна́, одно́	два́дцать пе́рвый, -ая, -ое
22	два́дцать два, две	два́дцать второ́й, -а́я, -о́е
23	два́дцать три	два́дцать тре́тий, -ья, -ье
30	три́дцать	тридца́тый, -ая, -ое
40	со́рок	сороково́й, -а́я, -о́е
50	пятьдеся́т	пятидеся́тый, -ая, -ое

수	개수사	순서수사
60	шестьдеся́т	шестидеся́тый, -ая, -ое
70	се́мьдесят	семидеся́тый, -ая, -ое
80	во́семьдесят	восьмидеся́тый, -ая, -ое
90	девяно́сто	девяно́стый, -ая, -ое
100	сто	со́тый, -ая, -ое
101	сто оди́н	сто пе́рвый, -ая, -ое
140	сто со́рок	сто сорокво́й
200	две́сти	двухсо́тый, -ая, -ое
300	три́ста	трёхсо́тый, -ая, -ое
400	четы́реста	четырёхсо́тый, -ая, -ое
500	пятьсо́т	пятисо́тый, -ая, -ое
600	шестьсо́т	шестисо́тый, -ая, -ое
700	семьсо́т	семисо́тый, -ая, -ое
800	восемьсо́т	восьмисо́тый, -ая, -ое
900	девятьсо́т	девятисо́тый, -ая, -ое
1,000	ты́сяча	ты́сячный, -ая, -ое
1,001	ты́сяча оди́н	ты́сяча пе́рвый, -ая, -ое
2,000	две ты́сячи	двухты́сячный, -ая, -ое
5,000	пять ты́сяч	пятиты́сячный, -ая, -ое
10,000	де́сять ты́сяч	десятиты́сячный, -ая, -ое
100,000	сто ты́сяч	стоты́сячный, -ая, -ое
200,000	две́сти ты́сяч	две́ститы́сячный, -ая, -ое
1,000,000	миллио́н	миллио́нный, -ая, -ое
2,000,000	два миллио́на	двухмиллио́нный, -ая, -ое
1,000,000,000	миллиа́рд (биллио́н)	миллиа́рдный, -ая, -ое (биллио́нный, -ая, -ое)

◆ 문법 변화표 ◆

▶ 명사의 격변화

1. 남성

수·격 \ 변화		경변화(경자음)		연변화		
		불활동체	활동체	-ь	-й	-ий
단수	주격	стол	студе́нт	слова́р**ь**	геро́**й**	ге́ни**й**
	생격	стол**а́**	студе́нт**а**	словар**я́**	геро́**я**	ге́ни**я**
	여격	стол**у́**	студе́нт**у**	словар**ю́**	геро́**ю**	ге́ни**ю**
	대격	стол	студе́нт**а**	слова́р**ь**	геро́**я**	ге́ни**я**
	조격	стол**о́м**	студе́нт**ом**	словар**ём**	геро́**ем**	ге́ни**ем**
	전치격	о стол**е́**	о студе́нт**е**	о словар**е́**	о геро́**е**	о ге́ни**и**
복수	주격	стол**ы́**	студе́нт**ы**	словар**и́**	геро́**и**	ге́ни**и**
	생격	стол**о́в**	студе́нт**ов**	словар**е́й**	геро́**ев**	ге́ни**ев**
	여격	стол**а́м**	студе́нт**ам**	словар**я́м**	геро́**ям**	ге́ни**ям**
	대격	стол**ы́**	студе́нт**ов**	словар**и́**	геро́**ев**	ге́ни**ев**
	조격	стол**а́ми**	студе́нт**ами**	словар**я́ми**	геро́**ями**	ге́ни**ями**
	전치격	о стол**а́х**	о студе́нт**ах**	о словар**я́х**	о геро́**ях**	о ге́ни**ях**

2. 여성

수·격 \ 변화		경변화	연변화		특수 변화	
		-а	-я	-ия	-ь	-ь
단수	주격	ко́мнат**а**	неде́л**я**	фами́л**ия**	двер**ь**	мать
	생격	ко́мнат**ы**	неде́л**и**	фами́л**ии**	две́р**и**	ма́т**ери**
	여격	ко́мнат**е**	неде́л**е**	фами́л**ии**	две́р**и**	ма́т**ери**
	대격	ко́мнат**у**	неде́л**ю**	фами́л**ию**	двер**ь**	мать
	조격	ко́мнат**ой**	неде́л**ей**	фами́л**ией**	две́р**ью**	ма́т**ерью**
	전치격	о ко́мнат**е**	о неде́л**е**	о фами́л**ии**	о две́р**и**	о ма́т**ери**
복수	주격	ко́мнат**ы**	неде́л**и**	фами́л**ии**	две́р**и**	ма́т**ери**
	생격	ко́мнат	неде́л**ь**	фами́л**ий**	двер**е́й**	мат**ере́й**
	여격	ко́мнат**ам**	неде́л**ям**	фами́л**иям**	двер**я́м**	мат**еря́м**
	대격	ко́мнат**ы**	неде́л**и**	фами́л**ии**	две́р**и**	мат**ере́й**
	조격	ко́мнат**ами**	неде́л**ями**	фами́л**иями**	двер**я́ми**	мат**еря́ми**
	전치격	о ко́мнат**ах**	о неде́л**ях**	о фами́л**иях**	о двер**я́х**	о мат**еря́х**

3. 중성

수·격 \ 변화		경변화	연변화		특수 변화
		-о	-е	-ие	-мя
단수	주격	сло́в**о**	мо́р**е**	упражне́н**ие**	вре́**мя**
	생격	сло́в**а**	мо́р**я**	упражне́н**ия**	вре́**мени**
	여격	сло́в**у**	мо́р**ю**	упражне́н**ию**	вре́**мени**
	대격	сло́в**о**	мо́р**е**	упражне́н**ие**	вре́**мя**
	조격	сло́в**ом**	мо́р**ем**	упражне́н**ием**	вре́**менем**
	전치격	о сло́в**е**	о мо́р**е**	об упражне́н**ии**	о вре́**мени**
복수	주격	слов**а́**	мор**я́**	упражне́н**ия**	врем**ена́**
	생격	слов	мор**е́й**	упражне́н**ий**	врем**ён**
	여격	слов**а́м**	мор**я́м**	упражне́н**иям**	врем**ена́м**
	대격	слов**а́**	мор**я́**	упражне́н**ия**	врем**ена́**
	조격	слов**а́ми**	мор**я́ми**	упражне́н**иями**	врем**ена́ми**
	전치격	о слов**а́х**	о мор**я́х**	об упражне́н**иях**	о врем**ена́х**

мать(어머니), дочь*(딸)

	단 수	복 수
주	мать	ма́тери
생	ма́тери	матере́й
여	ма́тери	матеря́м
대	мать	матере́й
조	ма́терью	матеря́ми
전	ма́тери	матеря́х

* дочь의 복수조격은 дочерьми́

▶ 형용사의 격변화

1. 경변화 I (-ый, -ая, -ое, -ые)

격 \ 성·수	단수			복수
	남성	여성	중성	
주격	нóвый	нóвая	нóвое	нóвые
생격	нóвого	нóвой	нóвого	нóвых
여격	нóвому	нóвой	нóвому	нóвым
대격	주격 또는 생격	нóвую	нóвое	주격 또는 생격
조격	нóвым	нóвой	нóвым	нóвыми
전치격	о нóвом	о нóвой	о нóвом	о нóвых

2. 경변화 II (-óй, -áя, -óе, ы́е)

격 \ 성·수	단수			복수
	남성	여성	중성	
주격	молодóй	молодáя	молодóе	молоды́е
생격	молодóго	молодóй	молодóго	молоды́х
여격	молодóму	молодóй	молодóму	молоды́м
대격	주격 또는 생격	молодýю	молодóе	주격 또는 생격
조격	молоды́м	молодóй	молоды́м	молоды́ми
전치격	о молодóм	о молодóй	о молодóм	о молоды́х

3. 연변화 (-ий, -яя, -ее, -ие)

격 \ 성·수	단수			복수
	남성	여성	중성	
주격	си́ний	си́няя	си́нее	си́ние
생격	си́него	си́ней	си́него	си́них
여격	си́нему	си́ней	си́нему	си́ним
대격	주격 또는 생격	си́нюю	си́нее	주격 또는 생격
조격	си́ним	си́ней	си́ним	си́ними
전치격	о си́нем	о си́ней	о си́нем	о си́них

4. 혼합 변화 I (-г, -к, -х + -ий, -ая, -ое, -ие)

격 \ 성·수	단 수			복 수
	남 성	여 성	중 성	
주격	ру́сск**ий**	ру́сск**ая**	ру́сск**ое**	ру́сск**ие**
생격	ру́сск**ого**	ру́сск**ой**	ру́сск**ого**	ру́сск**их**
여격	ру́сск**ому**	ру́сск**ой**	ру́сск**ому**	ру́сск**им**
대격	주격 또는 생격	ру́сск**ую**	ру́сск**ое**	주격 또는 생격
조격	ру́сск**им**	ру́сск**ой**	ру́сск**им**	ру́сск**ими**
전치격	о ру́сск**ом**	о ру́сск**ой**	о ру́сск**ом**	о ру́сск**их**

5. 혼합 변화 II (-ж, -ч, -ш, -щ + -ий, -ая, -ее, -ие)

격 \ 성·수	단 수			복 수
	남 성	여 성	중 성	
주격	хоро́ш**ий**	хоро́ш**ая**	хоро́ш**ее**	хоро́ш**ие**
생격	хоро́ш**его**	хоро́ш**ей**	хоро́ш**его**	хоро́ш**их**
여격	хоро́ш**ему**	хоро́ш**ей**	хоро́ш**ему**	хоро́ш**им**
대격	주격 또는 생격	хоро́ш**ую**	хоро́ш**ее**	주격 또는 생격
조격	хоро́ш**им**	хоро́ш**ей**	хоро́ш**им**	хоро́ш**ими**
전치격	о хоро́ш**ем**	о хоро́ш**ей**	о хоро́ш**ем**	о хоро́ш**их**

6. 혼합 변화 III (-г, -к, -х; -ж, -ч, -ш, -щ + -о́й, -а́я, -о́е, -и́е)

격 \ 성·수	단 수			복 수
	남 성	여 성	중 성	
주격	дорог**о́й**	дорог**а́я**	дорог**о́е**	дорог**и́е**
생격	дорог**о́го**	дорог**о́й**	дорог**о́го**	дорог**и́х**
여격	дорог**о́му**	дорог**о́й**	дорог**о́му**	дорог**ии́м**
대격	주격 또는 생격	дорог**у́ю**	дорог**о́е**	주격 또는 생격
조격	дорог**и́м**	дорог**о́й**	дорог**и́м**	дорог**и́ми**
전치격	о дорог**о́м**	о дорог**о́й**	о дорог**о́м**	о дорог**и́х**

▶ 대명사의 격변화

1. 인칭대명사

수·격 \ 인칭		1인칭	2인칭	3 인 칭		
				남 성	여 성	중 성
단수	주격	я	ты	он	она́	оно́
	생격	меня́	тебя́	его́	её	его́
	여격	мне	тебе́	ему́	ей	ему́
	대격	меня́	тебя́	его́	её	его́
	조격	мной	тобо́й	им	ей	им
	전치격	обо мне	о тебе́	о нём	о ней	о нём
복수	주격	мы	вы	они́		
	생격	нас	вас	их		
	여격	нам	вам	им		
	대격	нас	вас	их		
	조격	на́ми	ва́ми	и́ми		
	전치격	о нас	о вас	о них		

2. 소유대명사

격 \ 성·수	단 수			복 수
	남 성	여 성	중 성	
주격	мой	моя́	моё	мои́
생격	моего́	мое́й	моего́	мои́х
여격	моему́	мое́й	моему́	мои́м
대격	주격 또는 생격	мою́	моё	주격 또는 생격
조격	мои́м	мое́й	мои́м	мои́ми
전치격	о моём	о мое́й	о моём	о мои́х
주격	наш	на́ша	на́ше	на́ши
생격	на́шего	на́шей	на́шего	на́ших
여격	на́шему	на́шей	на́шему	на́шим
대격	주격 또는 생격	на́шу	на́ше	주격 또는 생격
조격	на́шим	на́шей	на́шим	на́шими
전치격	о на́шем	о на́шей	о на́шем	о на́ших

3. 지시대명사 I

격 \ 성·수	단 수			복 수
	남 성	여 성	중 성	
주격	э́тот	э́та	э́то	э́ти
생격	э́того	э́той	э́того	э́тих
여격	э́тому	э́той	э́тому	э́тим
대격	주격 또는 생격	э́ту	э́то	주격 또는 생격
조격	э́тим	э́той	э́тим	э́тими
전치격	об э́том	об э́той	об э́том	об э́тих

4. 지시대명사 II

격 \ 성·수	단 수			복 수
	남 성	여 성	중 성	
주격	тот	та	то	те
생격	того́	той	того́	тех
여격	тому́	той	тому́	тем
대격	주격 또는 생격	ту	то	주격 또는 생격
조격	тем	той	тем	те́ми
전치격	о том	о той	о том	о тех

5. 정대명사

격 \ 성·수	단 수			복 수
	남 성	여 성	중 성	
주격	весь	вся	всё	все
생격	всего́	всей	всего́	всех
여격	всему́	всей	всему́	всем
대격	주격 또는 생격	всю	всё	주격 또는 생격
조격	всем	всей	всем	все́ми
전치격	обо всём	обо всей	обо всём	обо всех

6. 의문대명사

주격	кто	что
생격	кого́	чего́
여격	кому́	чему́
대격	кого́	что
조격	кем	чем
전치격	о ком	о чём

7. 부정(否定)대명사

주격	никто́	ничто́
생격	никого́	ничего́
여격	никому́	ничему́
대격	никого́	ничто́
조격	нике́м	ниче́м
전치격	ни о ком	ни о чём

▶ 개수사의 변화

	1			
	단 수			복 수
	남 성	중 성	여 성	3성 공통
주	оди́н	одно́	одна́	одни́
생	одного́		одно́й	одни́х
여	одному́		одно́й	одни́м
대	주 또는 생	одно́	одну́	주 또는 생
조	одни́м		одно́й(-о́ю)	одни́ми
전	об одно́м		об одно́й	об одни́х

	2		3	4
	남·중	여		
주	два	две	три	четы́ре
생	двух		трёх	четырёх
여	двум		трём	четырём
대	주 또는 생		주 또는 생	주 또는 생
조	двумя́		тремя́	четырьмя́
전	о двух		о трёх	о четырёх

	5	11	50
주	пять	оди́ннадцать	пятьдеся́т
생	пяти́	оди́ннадцати	пяти́десяти
여	пяти́	оди́ннадцати	пяти́десяти
대	пять	оди́ннадцать	пятьдеся́т
조	пятью́	оди́ннадцатью	пятью́десятью
전	о пяти́	об оди́ннадцати	о пяти́десяти

	40	90	100
주	со́рок	девяно́сто	сто
생	сорока́	девяно́ста	ста
여	сорока́	девяно́ста	ста
대	со́рок	девяно́сто	сто
조	сорока́	девяно́ста	ста
전	о сорока́	о девяно́ста	о ста

<200~900>

	200	300	500
주	две́сти	три́ста	пятьсо́т
생	двухсо́т	трёхсо́т	пятисо́т
여	двумста́м	трёмста́м	пятиста́м
대	две́сти	три́ста	пятьсо́т
조	двумяста́ми	тремяста́ми	пятьюста́ми
전	двухста́х	трёхста́х	пятиста́х

[주] ① 400은 300과 동일하게 변화함.

② 600, 700, 800, 900의 변화는 500과 동일함.

<1000>

	1000	2000	5000
주	ты́сяча	Две ы́сячи	пять ты́сяч
생	ты́сячи	двух ты́сяч	пяти́ ты́сяч
여	ты́сяче	двум ты́сячам	пяти́ ты́сячам
대	ты́сячу	две ты́сячи	пять ты́сяч
조	ты́сячей(-чью)	двумя́ ты́сячами	пятью́ ты́сячами
전	ты́сяче	двух ты́сячах	пяти́ ты́сячах

▶ 중성특수변화

		-мя	-тя
단수		시간	어린아이
	주	вре́-мя	дитя́
	생	вре́-мени	(дитя́ти)
	여	вре́-мени	(дитя́ти)
	대	вре́-мя	дитя́
	조	вре́-менем	(дитя́тею)
	전	вре́-мени	(дитя́ти)
복수	주	вре-мена́	де́т-и
	생	вре-мён	дет-е́й
	여	вре-мена́м	де́т-ям
	대	вре-мена́	дет-е́й
	조	вре-мена́ми	дет-ьми́
	전	вре-мена́х	де́т-ях

▶ **-ин(-ын), -ов(-ев)**으로 끝나는 지명, 인명의 변화

	단수				복수
	남성		중성	여성	남·여
	인명	지명	지 명	인 명	인 명
주	Кали́нин		-ин-о	-ин-а	-ин-ы
생	Ивано́в		-ов-о	-ов-а	-ов-ы
여	-а		-а	-ой	-ых
대	-у		-у	-ой	-ым
조	-а	-	-о	-у	-ых
전	-ым	-ом	-ом	-ой	-ыми
	-е		-е	-ой	-ых

◆ Ключи́ ◆

Уро́к 1

2.

Здра́вствуйте! Я А́нна Ива́новна. Я профе́ссор.

Приве́т! Я Ви́ктор. Я студе́нт. Приве́т! Я Ни́на. Я студе́нтка.

3.

Он: центр, авто́бус, банк, би́знес, бале́т, до́ктор, клуб, класс, компью́тер, парк, поэ́т, па́спорт, де́душка, па́па, дя́дя, музе́й, учи́тель, геро́й, сын, брат, день, друг, оте́ц.

Она́: пло́щадь, анке́та, ви́за, ма́ма, исто́рия, мину́та, пробле́ма, му́зыка, во́дка, де́вушка, тётя, семья́, сестра́, о́пера, река́, ба́бушка, дочь, фами́лия, ночь, бу́ква, подру́га.

Оно́: зада́ние, кино́, вре́мя, зда́ние, у́тро, мо́ре, ле́то, сло́во, зна́мя, и́мя, ме́сто, фо́то, со́лнце.

Уро́к 2

1.

1) Э́то врач? - Да, э́то врач. 2) Э́то учи́тельница? - Да, э́то учи́тельница. 3) Э́то шко́ла? - Да, э́то шко́ла. 4) Э́то спортсме́н? - Да, э́то спортсме́н. 5) Э́то студе́нт? - Да, э́то студе́нт. 6) Э́то студе́нтка? - Да, э́то студе́нтка.

2.

1) Э́то университе́т? - Нет, э́то не университе́т. Э́то шко́ла./Нет, э́то не университе́т, а шко́ла. 2) Э́то студе́нт? - Нет, э́то не студе́нт. Э́то профе́ссор./Нет, э́то не студе́нт, а профе́ссор. 3) Э́то кни́га? - Нет, э́то не кни́га. Э́то слова́рь./Нет, э́то не кни́га, а слова́рь. 4) Э́то врач? - Нет, э́то не врач. Э́то учи́тель./Нет, э́то не врач, а учи́тель. 5) Э́то шко́льница? - Нет, э́то не шко́льница. Э́то студе́нтка./Нет, э́то не шко́льница, а студе́нтка. 6) Э́то спортсме́н? - Нет, э́то не спортсме́н. Э́то бизнесме́н./Нет, э́то не спортсме́н, а бизнесме́н.

Уро́к 3

1.

1) Кто э́то? - Э́то ма́льчик. 2) Кто э́то? - Э́то де́вочка. 3) Кто э́то? - Э́то мужчи́на. 4) Кто э́то? - Э́то же́нщина. 5) Кто э́то? - Э́то соба́ка. 6) Кто э́то? - Э́то ко́шка.

2.

1) Кто э́то? - Э́то Ви́ктор.; Кто он?- Он по́вар.. 2) Кто э́то? - Э́то Ива́н.; Кто он?- Он бизнесме́н. 3) Кто э́то? - Э́то А́лла.; Кто она́?- Она́ учи́тельница. 4) Кто э́то? - Э́то Бори́с.; Кто он?- Он инжене́р.

3.

1) Что э́то? - Э́то дом. 2) Что э́то? - Э́то рюкза́к. 3) Что э́то? - Э́то су́мка. 4) Что э́то? - Э́то телефо́н. 5) Что э́то? - Э́то компью́тер. 6) Что э́то? - Э́то зонт.

Уро́к 4

1.

Э́то твоя́ шко́ла? - Да, э́то моя́ шко́ла.; Э́то твоя́ ко́шка? - Да, э́то моя́ ко́шка.; Э́то твой профе́ссор? - Да, э́то мой профе́ссор.; Э́то твоя́ су́мка? - Да, э́то моя́ су́мка.; Э́то твой дом? - Да, э́то мой дом.; Э́то твоя́ ко́мната? - Да, э́то моя́ ко́мната.; Э́то твоя́ крова́ть? - Да, э́то моя́ крова́ть.; Э́то твоё окно́? - Да, э́то моё окно́.; Э́то твоя́ соба́ка? - Да, э́то моя́ соба́ка.; Э́то твоя́ тетра́дь? - Да, э́то моя́ тетра́дь.; Э́то твоя́ сестра́? - Да, э́то моя́ сестра́.; Э́то твой сад? - Да, э́то мой сад.; Э́то твой зонт? - Да, э́то мой зонт.; Э́то твоя́ дочь? - Да, э́то моя́ дочь.; Э́то твой учи́тель? - Да, э́то мой учи́тель.; Э́то твоя́ ма́ма? - Да, э́то моя́ ма́ма.; Э́то твой брат? - Да, э́то мой брат.; Э́то твой врач? - Да, э́то мой врач.; Э́то твоё зада́ние? Да, э́то моё зада́ние.; Э́то твой рюкза́к? - Да, э́то мой рюкза́к.; Э́то твой университе́т? - Да, э́то мой университе́т.; Э́то твоё пла́тье? - Да, э́то моё пла́тье.; Э́то твоё кольцо́? - Да, э́то моё кольцо́.; Э́то твоё и́мя? - Да, э́то моё и́мя.

2.

1) Э́то Ви́ка. Вот её ру́чка. 2) Э́то И́горь, а э́то его́ подру́га. 3) Э́то мы, а э́то наш преподава́тель. 4) Э́то Мари́на и Ива́н. Э́то их па́па. 5) Э́то я. Э́то мой друг.

Уро́к 5

1.

1) Как её зовут? - Её зову́т Ле́на./ Кто она́? - Ле́на – студе́нтка. 2) Как его́ зовут? - Его́ зову́т Анто́н./ Кто он? - Анто́н – инжене́р. 3) Как его́ зовут? - Его́ зову́т Па́вел./ Кто он? – Па́вел – спортсме́н. 4) Как её зовут? - Её зову́т Ли́за./ Кто она́? - Ли́за – перево́дчик.

2.

1) Её зову́т .... 2) Нас зову́т .... 3) Её зову́т .... 4) Их зову́т .... 5) Меня́ зову́т .... 6) Её зову́т .... 7) Её зову́т ....

3.

Ива́н	Ива́нович	Ива́новна
И́горь	И́горевич	И́горевна
Алекса́ндр	Алекса́ндрович	Алекса́ндровна
Серге́й	Серге́евич	Серге́евна

Уро́к 6

1.

1) Како́й э́то храм? - Э́то большо́й храм. 2) Кака́я э́то у́лица? - Э́то краси́вая у́лица. 3) Какое э́то метро́? - Э́то но́вое метро́. 4) Како́й э́то парк? - Э́то но́вый парк. 5) Кака́я э́то маши́на? - Э́то совреме́нная маши́на. 6) Какое э́то зда́ние? - Э́то высо́кое зда́ние. 7) Какое э́то кафе́? - Э́то ма́ленькое кафе́ 8)Кака́я э́то река́? - Э́то широ́кая река́.

2.

1) Э́та су́мка некраси́вая, а та су́мка краси́вая. 2) Э́тот стол большо́й, а тот стол ма́ленький. 3) Э́то зда́ние ни́зкое, а то зда́ние высо́кое. 4) Э́тот мужчи́на ста́рый, а тот мужчи́на молодо́й. 5) Э́та кни́га хоро́шая, а та кни́га плоха́я. 6) Э́то письмо́ ста́рое, а то письмо́ но́вое.

Уро́к 7

1.

1) Каки́е э́то у́лицы? - Э́то у́зкие у́лицы. 2) Каки́е э́то часы́? - Э́то ста́рые часы́. 3) Каки́е э́то дома́? - Э́то ни́зкие дома́. 4) Каки́е э́то поля́? - Э́то больши́е поля́. 5) Каки́е э́то дере́вья? - Э́то высо́кие дере́вья. 6) Каки́е э́то авто́бусы? - Э́то но́вые авто́бусы. 7) Каки́е э́то ша́хматы? - Э́то краси́вые ша́хматы. 8) Каки́е э́то доро́ги? - Э́то широ́кие доро́ги.

2.

1) Э́то твои́ подру́ги? 2) Э́то ва́ши сёстры? 3) Э́то но́вые слова́ри. 4) Э́то ма́ленькие де́ти. 5) Э́то высо́кие зда́ния. 6) Э́то больши́е о́кна. 7) Чьи э́то сту́лья?

Уро́к 8

1.

1) Что вы де́лаете? - Я игра́ю. /Он то́же игра́ет? - Нет, он не игра́ет. Он ду́мает. 2) Что вы де́лаете? - Я рабо́таю. /Он то́же рабо́тает? - Нет, он не рабо́тает. Он отдыха́ет. 3) Что вы де́лаете? - Я чита́ю. /Он то́же чита́ет? - Нет, он не чита́ет. Он рису́ет. 4) Что вы де́лаете? - Я танцу́ю. /Он то́же танцу́ет? - Нет, он не танцу́ет. Он гуля́ет.

2.

1) Я чита́ю. 2) Вы отдыха́ете? 3) Что он де́лает? 4) Как они́ пи́шут? 5) Ты хорошо́ танцу́ешь? 6) Ива́н Петро́вич объясня́ет.

3.

гуля́ть	гуля́ю	гуля́ешь	гуля́ет	гуля́ем	гуля́ете	гуля́ют
дава́ть	даю́	даёшь	даёт	даём	даёте	даю́т
игра́ть	игра́ю	игра́ешь	игра́ет	игра́ем	игра́ете	игра́ют
писа́ть	пишу́	пи́шешь	пи́шет	пи́шем	пи́шете	пи́шут
понима́ть	понима́ю	понима́ешь	понима́ет	понима́ем	понима́ете	понима́ют
танцева́ть	танцу́ю	танцу́ешь	танцу́ет	танцу́ем	танцу́ете	танцу́ют

Уро́к 9

1.

1) Что де́лает Ири́на? - Она́ пла́вает. 2) Что де́лает Да́ша? - Она́ звони́т. 3) Что де́лает Артём? - Он гото́вит. 4) Что они́ де́лают? - Они́ говоря́т по-англи́йски. 5) Что де́лает ко́шка? - Она́ спит. 6) Что де́лают де́ти? - Они́ игра́ют до́ма.

2.

1) Минхо́ и Сухо́ – корейцы. Они́ хорошо́ говоря́т по-коре́йски. 2) Ива́н – ру́сский. Он хорошо́ говори́т по-ру́сски. 3) Джейн – америка́нка. Она́ хорошо́ говори́т по-англи́йски. 4) Юки́ко – япо́нка. Она́ хорошо́ говори́т по-япо́нски. 5) Э́то ру́сские студе́нты. Они́ хорошо́ говоря́т по-ру́сски и по-англи́йски. 6) Э́то коре́йские студе́нты. Они́ хорошо́ говоря́т по-коре́йски и по-англи́йски. 7) Меня́ зову́т Минсу́/Юми́. Я коре́ец/ корея́нка. Я

хорошо́ (пло́хо) говорю́ по-англи́йски. 8) Э́то мои́ друзья́. Они́ коре́йцы. Они́ хорошо́ говоря́т по-коре́йски и по-англи́йски.

3.

боя́ться	бою́сь	бои́шься	бои́тся	бои́мся	бои́тесь	боя́тся
гото́вить	гото́влю	гото́вишь	гото́вит	гото́вим	гото́вите	гото́вят
звони́ть	звоню́	звони́шь	звони́т	звони́м	звони́те	звоня́т
лежа́ть	лежу́	лежи́шь	лежи́т	лежи́м	лежи́те	лежа́т
люби́ть	люблю́	лю́бишь	лю́бит	лю́бим	лю́бите	лю́бят
познако́-миться	познако́м-люсь	познако́-мишься	познако́-мится	познако́мимся	познако́-митесь	познако́мятся
спать	сплю	спишь	спит	спим	спи́те	спят
стро́ить	стро́ю	стро́ишь	стро́ит	стро́им	стро́ите	стро́ят
учи́ться	учу́сь	у́чишься	у́чится	у́чимся	у́читесь	у́чатся

Уро́к 10

1.

чита́ть			слу́шать		
газе́ту	журна́л	письмо́	о́перу	пе́сню	диало́г
рома́н	зада́ние	слова́рь	мю́зиклы	поп-му́зыку	кла́ссику
ко́миксы	кни́ги	текст	конце́рт	рэп	рок

2.

1) Что лю́бят студе́нты? - Они́ лю́бят футбо́л (игра́ть в футбо́л)./Что они́ хотя́т де́лать? - Они́ хотя́т игра́ть в футбо́л. 2) Что лю́бит Я́на? - Она́ лю́бит му́зыку́ (слу́шать му́зыку)./ Что она́ хо́чет де́лать? - Она́ хо́чет слу́шать му́зыку. 3) Что лю́бит Глеб? - Он лю́бит кни́ги (чте́ние; чита́ть кни́ги)./ Что он хо́чет де́лать? - Он хо́чет чита́ть (кни́ги). 4) Что лю́бит Оле́ся? - Она́ лю́бит рисова́ние (рисова́ть; жи́вопись)./ Что она́ хо́чет де́лать? - Она́ хо́чет рисова́ть.

Уро́к 11

1.

1) дру́га, Све́ту, Артёма, профе́ссора; 2) Са́шу, Андре́я, Дени́са, И́горя; 3) дя́дю, отца́, учи́теля, де́душку; 4) э́ту де́вушку, э́того студе́нта; 5) ста́ршего бра́та, изве́стного певца́; 6) но́вых студе́нтов, мои́х друзе́й

Уро́к 12

1.

1) в хра́ме (в це́ркви); 2) в интерне́т-кафе́; 3) в кино́ (в кинотеа́тре); 4) в ба́нке; 5) в па́рке; 6) на уро́ке; 7) в дере́вне; 8) на вокза́ле; 9) в кафе́; 10) на пло́щади; 11) в общежи́тии; 12) на ры́нке; 13) в магази́не; 14) на мо́ре; 15) в университе́те; 16) на стадио́не.

2.

1) в университе́те, в шко́ле, на факульте́те; 2) на заво́де, в фи́рме, на по́чте; 3) до́ма, в общежи́тии, в ко́мнате; 4) в све́тлой аудито́рии, на э́том стадио́не; 5) в столо́вой, в но́вом рестора́не; 6) в ра́зных стра́нах, в высо́ких дома́х.

4.

говори́ть	говори́л	говори́ла	говори́ло	говори́ли	говори́(те)
писа́ть	писа́л	писа́ла	писа́ло	писа́ли	пиши́(те)
слу́шать	слу́шал	слу́шала	слу́шало	слу́шали	слу́шай(те)
смотре́ть	смотре́л	смотре́ла	смотре́ло	смотре́ли	смотри́(те)
пить	пил	пила́	пи́ло	пи́ли	пе́й(те)
танцева́ть	танцева́л	танцева́ла	танцева́ло	танцева́ли	танцу́й(те)

Уро́к 13

1.

1) О чём мечта́ет брат? - Он мечта́ет о велосипе́де. 2) О чём говоря́т друзья́? - Они́ говоря́т о футбо́ле. 3) О чём забыва́ет Глеб? - Он забыва́ет об уро́ке. 4) О чём спра́шивает Да́ша? - Она́ спра́шивает о соба́ке. 5) О чём разгова́ривают роди́тели? - Они́ разгова́ривают о де́тях. 6) О чём ду́мает оте́ц? - Он ду́мает о рабо́те. 7) О чём расска́зывает ба́бушка? - Она́ расска́зывает о вну́ке. 8) О чём говори́т врач? - Он говори́т о здоро́вье. 9) О чём ду́мает учи́тель? - Он ду́мает об ученика́х. 10) О чём зна́ет А́нна? - Она́ зна́ет об экза́мене.

2.

1) о них; 2) о ней; 3) о нас; 4) обо мне; 5) о ней; 6) о нём.

3.

1) бу́ду ду́мать – поду́маю; 2) бу́ду ждать – подожду́; 3) бу́ду забыва́ть – забу́ду; 4) бу́ду звони́ть – позвоню́; 5) бу́ду ви́деть – уви́жу; 6) пое́ду; 7) бу́ду получа́ть – получу́; 8) бу́ду конча́ть – ко́нчу.

Уро́к 14

1.

1) Я хочу́ купи́ть бра́ту часы́. 2) Я хочу́ купи́ть подру́ге торт. 3) Я хочу́ купи́ть ба́бушке телефо́н. 4) Я хочу́ купи́ть ма́тери и отцу́ матрёшку. 5) Я

хочу́ купи́ть Андре́ю фотоаппара́т. 6) Я хочу́ купи́ть Мари́и су́мку. 7) Я хочу́ купи́ть до́чери компью́тер. 8) Я хочу́ купи́ть друзья́м кни́ги.

3.

1) Како́е пла́тье нра́вится А́нне? - Ей нра́вится жёлтое пла́тье. Она́ лю́бит жёлтый цвет. 2) Кака́я ю́бка и блу́зка нра́вятся Ни́не? - Ей нра́вятся зелёная ю́бка и блу́зка. Она́ лю́бит зелёный цвет. 3) Кака́я ку́ртка нра́вится Серге́ю? - Ему́ нра́вится кори́чневая ку́ртка. Он лю́бит кори́чневый цвет. 4) Како́й пиджа́к нра́вится Артёму. - Ему́ нра́вится си́ний пиджа́к. Он лю́бит си́ний цвет. 5) Каки́е брю́ки и футбо́лки нра́вятся роди́телям? - Им нра́вятся бе́лые брю́ки и футбо́лки. Они́ лю́бят бе́лый цвет. 6) Каки́е костю́мы нра́вятся Ка́те и Ди́ме? - Им нра́вятся чёрные костю́мы. Они́ лю́бят чёрный цвет.

Уро́к 15

2.

1) д; 2) в; 3) а; 4) ж; 5) г; 6) е; 7) б.

Уро́к 16

1.

1) Сего́дня нет Све́ты (Гле́ба, Михаи́ла, Мари́ны). 2) У студе́нта (де́вочки, А́нны, Андре́я) нет уче́бника. 3) Здесь нет словаря́ (по́чты, банка, тетра́ди). 4) Э́то су́мка э́той де́вушки (э́того молодо́го челове́ка). 5) Э́то уче́бник ста́ршего брата (но́вой студе́нтки). 6) Э́то письмо́ моей ма́тери (моего́ отца́, лу́чшего дру́га). 7) Сейча́с уро́к ру́сского языка (ру́сской культу́ры).

2.

1) Нет, у Ната́ши нет уро́ка. 2) Нет, у Све́ты и Серге́я нет соба́ки. 3) Нет, у Анто́на нет маши́ны. 4) Нет, у меня́ нет вре́мени. 5) Нет, у меня́ нет до́чери и сы́на.

Уро́к 17

1.

1) 30 рубле́й, 53 рубля́, 72 рубля́, 91 рубль; 2) два бра́та, две соба́ки, два словаря́, две тетра́ди; 3) друзе́й, ле́кций, уро́ков, рубле́й; 4) па́рков, авто́бусов, враче́й, музе́ев; 5) де́нег, брю́к, сестёр, дете́й; 6) больши́х стадио́нов, но́вых шко́л.

Уро́к 18

1.

1) худо́жником; 2) учи́тельницей; 3) по́варом; 4) певцо́м; 5) спортсме́ном; 6) профе́ссором; 7) бизнесме́ном; 8) медсестро́й; 9) моде́лью.

2.

1) она́, спо́ртом; 2) он, му́зыкой; 3) она́, та́нцами; 4) она́, англи́йским языко́м.

3.

1) г; 2) в; 3) а; 4) б.

5.

1) Мари́я ча́сто по́льзуется интерне́том. 2) Анто́н всегда́ по́льзуется смартфо́ном. 3) Ни́на о́чень ча́сто по́льзуется ме́ссенджером. 4) И́горь ежедне́вно по́льзуется электро́нной по́чтой.

Уро́к 19

1.

1) С кем Бори́с рабо́тает в фи́рме? - с Ната́шей; 2) С кем Ди́ма игра́ет в футбо́л? - с друзья́ми; 3) С кем И́ра и Ива́н обе́дают в кафе́? - с Гле́бом; 4) С кем Ве́ра бе́гает в па́рке? - с Андре́ем; 5) С кем брат гуля́ет в лесу́? – с роди́телями; 6) С кем мать отдыха́ет на мо́ре? - с до́черью.

2.

1) в; 2) д; 3) а; 4) б; 5) г.

3.

1) Я изуча́ю ру́сский язы́к, потому́ что люблю́ ру́сскую культу́ру. 2) Я люблю́ э́тот фильм, потому́ что сюже́т о́чень интере́сный. 3) Я чита́ю э́ту кни́гу, потому́ что люблю́ э́того писа́теля. 4) Я не е́здил(а) на мо́ре, потому́ что шёл снег. 5) Я не́ был(а) на уро́ке, потому́ что был в больни́це.

Уро́к 20

1.

1) Кака́я сего́дня пого́да? - Сего́дня па́смурно. 2) Кака́я пого́да у́тром? - У́ром хо́лодно. 3) Кака́я пого́да в апре́ле? – В апре́ле тепло́. 4) Кака́я пого́да ле́том? - Ле́том жарко. 5) Кака́я пого́да о́сенью? - О́сенью ду́ет ве́тер. 6) Кака́я пого́да

зимóй? - Зимóй идёт снег.

Урóк 21

1.

1) Ивáн ужé посмотрéл. 2) Кáтя ужé послýшала. 3) Денѝс ужé сдéлал. 4) Брат ужé позáвтракал. 5) Онѝ ужé вы́пили.

2.

1) Что вчерá сдéлал Пáвел Ивáнович? - Вчерá он послáл имéйл Вѝктору. 2) Что вчерá сдéлала Áнна? - Вчерá онá позвонѝла Дáше. 3) Что вчерá сдéлал Кóстя? - Вчерá он отпрáвил эсэмэ́ску Артёму.

3.

1) занимáлись; 2) посмотрéл; 3) написáл; 4) говорѝли; 5) покупáла; 6) вы́учили.

Урóк 22

1.

1) Кудá ты рéдко хóдишь? - Я хожý в парк. 2) Кудá ты хóдишь кáждый день? - Я хожý на стадиóн. 3) Кудá ты хóдишь кáждый вéчер? - Я хожý в бассéйн. 4) Кудá ты хóдишь кáждую срéду? - Я хожý в библиотéку. 5) Кудá ты хóдишь кáждое воскресéнье? - Я хожý на занятия. 6) Кудá ты хóдишь кáждую суббóту? - Я хожý в гóры.

2.

1) в шкóле, в шкóлу; 2) в музéе, в музéй; 3) в университéте, в университéт; 4) в магазѝне, в магазѝн; 5) на пóчте, на пóчту; 6) в больнѝце, в больнѝцу; 7) на вокзáле, на вокзáл; 8) в ресторáне, в ресторáн.

3.

1) Кудá вы éдете днём? - Я éду *в* Сеýл. 2) Кудá вы éдете лéтом? - Я éду на Чеджудó. 3) Кудá вы éдете зимóй? - Я éду в Япóнию. 4) Кудá вы éдете на канѝкулах? - Я éду в Москвý. 5) Кудá вы éдете вéчером? - Я éду на концéрт. 6) Кудá вы éдете в выходны́е? - Я éду в деревню.

Урóк 23

1.

1) из университéта домóй; 2) с óстрова Чеджудó в Сеýл; 3) из Санкт-Петербýрга в Москвý; 4) с концéрта на вы́ставку; 5) из деревни в гóрод; 6) с рабóты на стадиóн.

2.

1) а) на стадиóне; игрáл(а) в футбóл; б) на стадиóн. 2) а) в кинотеáтре (в кинó); смотрéл(а) фильм; б) в кинотеáтр (в кинó). 3) в университéте (на занятии, на урóке, в шкóле); изучáл(а) рýсский язы́к; б) в университéт (на занятие, на урóк, в шкóлу). 4) в пáрке (в лесý); éздил(а) на велосипéде; б) в парк (в лес).

3.

1) до центрáльного стадиóна; на автóбусе № 3; 2) до Москóвского университéта; на трамвáе № 5; 3) до городскóй больнѝцы; на метрó; 4) до Крáсной плóщади; на троллéйбусе № 4.

Урóк 24

1.

1) прекрáсна; 2) интерéсны; 3) красѝва; 4) стáро; 5) здорóва; 6) высóки; 7) ýмён; 8) кóротко.

2.

высóкая, стрóйная; большѝе; мáленький, красѝвые; дóбрая, весёлая; популярная.

Урóк 25

1.

1) красѝвее; 2) умнée; 3) вы́ше; 4) молóже; 5) дорóже; 6) ýже; 7) лýчше; 8) грóмче.

2.

1) мáмы; 2) автóбуса; 3) сестры́; 4) Андрéя; 5) тóрта; 6) дéвочки; 7) английского; 8) вы́ставки.

Уро́к 26

1.

1) пятна́дцатое ноя́бря; 2) деся́тое февра́ля; 3) два́дцать тре́тье ма́я; 4) второ́е ию́ля; 5) двадца́тое а́вгуста; 6) пя́тое января́; 7) восьмо́е ма́рта; 8) двена́дцатое ию́ня; 9) два́дцать шесто́е дека́бря; 10) четвёртое октя́бря; 11) восемна́дцатое апре́ля; 12) два́дцать седьмо́е сентя́бря.

2.

1) пе́рвого января́; в воскресе́нье; 2) шесто́го января́; в пя́тницу; 3) деся́того января́; во вто́рник; 4) четы́рнадцатого января́; в суббо́ту; 5) два́дцать пя́того января́; в сре́ду.

Уро́к 27

3.

1) в час, во вто́рник; в на́шу столо́вую; 2) в 8 часо́в 15 мину́т, в сре́ду; на хоро́ший конце́рт; 3) в 6 часо́в, в пя́тницу; на но́вую по́чту; 4) в 4 часа́ 5 мину́т, в воскресе́нье; в центра́льный парк; 5) в 3 часа 10 минут, в суббо́ту; на интере́сную вы́ставку; 6) в 7 часо́в 30 мину́т, в четве́рг; в кита́йский рестора́н.

Уро́к 28

1.

1) в рестора́н; 2) на заво́де; 3) че́рез час; 4) о́коло по́чты; 5) ме́жду кре́слом и шка́фом; 6) напро́тив шко́лы; 7) из Коре́и; 8) по интерне́ту.

2.

1) шкаф; у крова́ти; 2) дива́н; ме́жду окно́м и шка́фом; 3) по́лка; над столо́м; 4) цветы́; на ту́мбочке; 5) су́мка; под сту́лом; 6) телеви́зор; напро́тив дива́на.

4.

1) Я иду́ в кафе́ по́сле заня́тия. 2) По́чта рабо́тает с восьми́ (часо́в) до шести́ часо́в. 3) Обы́чно я хожу́ на стадио́н о́коло трёх часов дня. 4) Ве́чером я иду́ к де́душке и (к) ба́бушке. 5) Ле́том я бы́л(а) у дя́ди и (у) тёти. 6) Я е́ду из Пуса́на в Сеу́л. 7) Я ду́маю о подру́ге и (о) дру́ге. 8) Я купи́л(а) пода́рок для ма́тери и (для) отца́.

Уро́к 29

1.

1) ку́пленная; 2) живу́щего; 3) люби́мую; 4) говоря́щей; 5) напи́санной.

2.

1) Профе́ссор говори́т о студе́нтах, кото́рые изуча́ют ру́сский язы́к. 2) Мы живём в до́ме, кото́рый нахо́дится о́коло па́рка. 3) Мой друг, кото́рый живёт в Москве́, пи́шет мне пи́сьма. 4) В на́шей гру́ппе есть студе́нт, кото́рый хорошо́ говори́т по-кита́йски. 5) Э́та де́вушка, кото́рая учи́лась в Росси́и, хорошо́ говори́т по-ру́сски. 6) Подру́га, кото́рая позвони́ла мне вчера́, сейча́с живёт в Аме́рике. 7) Я ви́дел Ива́на, кото́рый рабо́тал в на́шей фи́рме. 8) На уро́ке не́ было Мари́ны, кото́рая ходи́ла в больни́цу.

3.

1) Мне нра́вится ру́сская культу́ра, кото́рую я изуча́ю в э́том семе́стре. 2) Вчера́ я прочита́л рома́н писа́теля, кото́рого я люблю́. 3) Мы до́лго слу́шали исто́рии, кото́рые расска́зывает А́нна. 4) Мы говори́м об экза́мене, кото́рый сдаю́т студе́нты. 5) Вот зда́ние, кото́рое постро́ил изве́стный архите́ктор. 6) На столе́ лежи́т пода́рок, кото́рый пода́рил ста́рший бра́т. 7) Никола́й чита́ет письмо́, кото́рое написа́ла Ната́ша. 8) Я ем суп, кото́рый пригото́вила ма́ма.

4.

1) Э́тот дом постро́ен де́душкой. 2) Э́ти пода́рки ку́плены бра́том. 3) Дома́шнее зада́ние сде́лано студе́нтами. 4) Москва́ осно́вана Ю́рием Долгору́ким. 5) Э́ти стихи́ напи́саны Алекса́ндром Пу́шкиным. 6) Пе́рвая ру́сская грамма́тика со́здана Михаи́лом Ломоно́совым.

Уро́к 30

1.

1) Мой друг расска́зывал о семье́ и пока́зывал фотогра́фии./Когда́ мой друг расска́зывал о семье́, он пока́зывал фотогра́фии. 2) Анто́н шёл в университе́т и ду́мал об экза́мене./ Когда́ Анто́н шёл в университе́т, он ду́мал об экза́мене. 3) Ма́ма ду́мала о де́тях и всегда́ улыба́лась./ Когда́ ма́ма ду́мала о де́тях, она́ всегда́ улыба́лась. 4) Мари́на сиде́ла в кре́сле и чита́ла. 5) Де́душка лежа́л на дива́не и смотре́л кино́. 6) Дени́с учи́лся в университе́те и изуча́л ру́сский язы́к./ Когда́ Дени́с учи́лся в университе́те, он изуча́л ру́сский

язы́к. 7) Оте́ц у́жинал и смотре́л но́вости./ Когда́ оте́ц у́жинал, он смотре́л но́вости. 8) Ни́на говори́ла и гро́мко пла́кала.

2.

1) живя́, 2) рису́я, 3) гото́вя, 4) уча́сь, 5) зна́я, 6) лёжа, 7) си́дя, 8) слу́шая, 9) изуча́я, 10) покупа́я.

3.

1) Снача́ла ма́ма купи́ла о́вощи, пото́м она́ пригото́вила овощно́й сала́т. 2) Снача́ла ма́льчик сде́лал дома́шнее зада́ние, пото́м он пошёл на стадио́н. 3) Снача́ла студе́нты прочита́ли текст, пото́м они́ отве́тили на вопро́сы. 4) Снача́ла Дима вы́учил но́вые слова́, пото́м он закры́л слова́рь. 5) Снача́ла Ни́на позвони́ла подру́ге, пото́м она́ рассказа́ла ей о но́вой поку́пке. 6) Снача́ла брат око́нчил университе́т, пото́м он пое́хал за грани́цу. 7) Снача́ла друзья́ посмотре́ли но́вый фильм, пото́м они́ до́лго говори́ли о нём. 8) Снача́ла Ири́на изучи́ла но́вую те́му, пото́м она́ хорошо́ сдала́ экза́мен.

4.

1) поза́втракав, 2) купи́в, 3) взяв, 4) пригласи́в, 5) услы́шав, 6) научи́вшись, 7) позанима́вшись, 8) позвони́в, 9) отдохну́в, 10) погуля́в.